부자를 꿈꾸는 청지기

김동윤 지음

생명의말씀사

부자를 꿈꾸는 청지기

ⓒ 생명의말씀사 2005

2005년 5월 20일 1판 1쇄 발행
2008년 9월 25일   5쇄 발행

펴 낸 이   김창영
펴 낸 곳   생명의말씀사
등   록   1962. 1. 10. No.300-1962-1
주   소   110-101 서울 종로구 송월동 32-43
전   화   (02)738-6555(본사), (02)3159-7979(영업부)
팩   스   (02)739-3824(본사), 080-022-8585(영업부)

지 은 이   김동윤

기획편집   박보영, 문효진
디 자 인   이선주
제   작   신기원, 오인선, 홍경민
마 케 팅   이지은, 선승희, 박혜은
영   업   박재동, 김창덕, 김규태, 이성빈, 김덕현, 황성수
인   쇄   영진문원
제   본   정문바인텍

ISBN 89-04-15605-X (03230)

저작권자의 허락없이 이 책의 일부 또는 전체를
무단 복제, 전재, 발췌하면 저작권법에 의해 처벌을 받습니다.

부자를 꿈꾸는 청지기
Steward Dreaming of Rich Man

[추천의 글]

　김동윤 장로님께서 예수님 다음으로 돈이 좋아요에 이어 부자를 꿈꾸는 청지기를 펴내신 것을 함께 기뻐하고 싶습니다. 돈의 문제는 인간의 삶에서 가장 실제적으로 중요하면서도 누구나 솔직하게 마음 열기를 꺼려 하는 판도라의 상자 같은 것입니다. 김 장로님께서 이 상자를 용기 있게 여신 것을 축하드립니다. 김 장로님은 회계학을 전공하신 재정 전문가로서 돈을 다루는 일생을 살아오신 분입니다. 그리고 틈나는 대로 유서 깊은 복음주의적 신학교인 트리니티 복음주의 신학교에서 신학을 공부하여 재정과 신학 두 분야에 전문지식을 갖고 계신 분입니다.

　이 책은 단순히 욕심을 자극하여 성공을 추구하게 하는 성공학의 아류에 속한 책들과는 차원을 달리하는 경건한 깊이를 담아내고 있습니다. 그러나 소위 경건한 신학적 성찰을 가진 분들이 우리로 하여금 돈 문제에 소극적으로 대처하도록 금욕주의적으로 우리를 안내하는 도피성의 글도 아닙니다. 저자는 우리의 마음과 생각을 다스리는 데서 진정한 돈 관리가 시작된다는 전제에서 출발합니다. 그리고 이런 마음과 생각이 어떻게 성경적으로 세례받은 크리스천 마인드에 근거해야 하는가를 친절하게 가이드하고 있습니다.

　지금 우리가 살고 있는 이 시대는 바야흐로 부자를 꿈꾸는 사람들을 충동하는 선전으로 넘쳐흐르는 PR시대입니다. 현대 미디어들은 이런 시대의 영웅들을 신화화하여 등장시킴으로써 우리의 입맛을 끊임없이 자극해 왔습니다. 그러나 문제는 이런 시대의 대부분의 홍보 문서들의 가치관이 하나님과 상관없는 세속적인 가치관에 근거하고 있다는 것입니다. 따라서 뜻있는 그리스도인들은 부의 성공을 포기하지 않으면서 부의 성공을 추구하는 패러독스적인 질문을 가슴에 묻어두고 있었던 것이 사실입니다. 사실 성경은 성공 그 자체를 외면하지는 않습니다. 우리말 번역에 "형통"이라는 단어는 성공이라는 현대적인 단어와 의미상으로 다를 것이 없습니다. 문제는 성경적인 성공이 무엇이냐는 것입니다. 그런 의미에서 김동윤 장로님의 부자를 꿈꾸는 청지기는 이런 우리의 질문들에 대해 속 시원히 대답해 주는 균형 잡힌 관점의 책입니다. 이 책은 우리로 하여금 부를 탐욕의 상징으로 외면하게 할 만큼 너무 좁지도 않고, 브레이크가 고장 난 자동차처럼 욕망의 가도로 질주하게 할 만큼 너무 넓지도 않은 적정한 기준을 제시하고 있습니다.

이 시대의 진정한 부자를 꿈꾸는 모든 분들에게, 그리고 성경적인 재정사역의 전망을 필요로 하는 모든 재정 사역자들, 그리고 성경적인 재정의 관점으로 돈에 대해 가르치고 설교해야 하는 모든 사역자들, 한걸음 더 나아가 돈에 대한 성실한 청지기로 일생을 살고자 기도하는 모든 성도들에게 일독을 권하고 싶습니다.

지구촌교회 이동원 목사

저자 서문

지금은 돈이 인간을 지배하는 세상이라 해도 과언이 아니다. 정치인의 불법 정치자금 수수나 기업인의 상납, 서민들의 카드빚으로 인한 가정의 몰락, 과도한 교육열, 노조를 포함한 수많은 이해집단의 시위 등 신문지상에 실리는 기사들은 바야흐로 경제가 알파요 오메가인 세상에 살고 있음을 입증해 주는 내용들이 대부분이다.

이렇게 돈이 최고의 선으로 추구되는 이 세대의 가치관과 풍조 속에서 그리스도인인 우리들은 신앙과 돈의 문제를 어떻게 정립해야 할까? 나는 회계사로서, 또 크리스천 재정전문가로서 수십 년 동안 돈 문제를 상담해 오면서 돈과 믿음의 문제는 결코 분리될 수 없는 성질의 것임을 거듭 확인하곤 했다. 극단적으로 말해 돈 문제에 성공해야 신앙생활에도 성공한다고 믿게 되었다. 그 말은 곧 부자가 되어야 성공적인 그리스도인이라는 말이 아니다. 또한 가난해야 신실하고 깨끗하게 믿음생활을 했다는 말은 더욱 아니다. 부자든 가난하든 물질에 관한 태도와 자세, 물질 관리의 습관과 우선순위의 문제 등은 결국 믿음의 문제와 깊이 직결된다는 뜻이다.

나는 개인적인 내 삶 속에서 물질로 인한 희노애락을 깊이 체험한 적이 있었다. 아마도 그것이 이 책을 쓰게 된 가장 뚜렷한 이유인지도 모른다. 빈손으로 미국 유학을 떠난 후 쓰라린 가난과 역경 끝에 학업을 마치기까지 나는 수많은 날들을 돈 걱정하며 살아야 했다. 지금 재정전문가로 안정된 자리에 앉은 후에는 많은 가정들의 경제적 아픔을 같이 나누며 고민하고 있다. 한편 물질에 눈이 멀어 벤처사업에 투자했다가 수억 원을 날리고, 그 후 잃은 돈을 복구하려고 증권에 투자했다가 몇 배의 감당할 수 없는 돈을 잃고 심한 자책감 속에서 불면의 밤들을 보낸 날들이 얼마나 많은지 모른다.

그런 과정들을 거치는 동안, 나는 돈이 우리 그리스도인들의 현실적인 삶에 얼마나 중요한 영향을 끼치며 돈에 관한 우리의 태도에 따라 우리 삶이 얼마나 달라지는지를 깊이 실감할 수 있었다. 돈 때문에 살고 돈 때문에 죽으려는 사람들의 심정도 읽게 되었다. 돈에 미친 사람들의 심리와 부자들의 공통점에 대해서도 깊이 연구하는 계기가 되었다. 또한 성경에서는 과연 돈을 어떻게 해석하고 있으며 우리 시대의 그리스도인들이 과연 어떻게 살아야 부자로 살아갈 수 있는지에 대해서도 많은 관심을 갖게 되었다.

나는 바라건대 그리스도인들이 경제적인 부유함을 누리며 살았으면 좋겠다. 신실한 그리스도인들에게 맡겨진 재물은 가정과 사회와 나라를 잘살게 하는 데 사용될 터이기 때문이다. 그런 의미에서 부자가 되는 성경적인 지름길이 있다면 그 길을 적극 알리고 함께 걸어가고 싶은 마음이 간절하다.

이 책은 그런 간절한 마음의 표현이다. 즉, 부자로 가는 성경적 투자

방법의 길들을 하나씩 짚어나간 결과물들이다. 내가 지금도 아쉽게 생각하는 부분이 있다면 일찍이 누가 내게 투자의 중요성에 대해 가르쳐 주었다면 오늘날 내가 또 따른 경제적 상황에 처해 있을 것이라는 생각이다. 성실하게 일해서 돈을 버는 원칙은 경제의 가장 기본적인 원칙이고 거기에 더해져야 할 것이 바로 투자의 개념이다. 나는 성경적인 투자의 삶을 통해 이 땅에 크리스천 거부들이 많이 나오기를 간절히 고대하며 이 책을 써내려 갔다.

특별히 나는 이 책을 통해 경제로 인해 깨어진 가정들이 다시 회복되기를 간절히 소망한다. 나는 가정사역자는 아니지만 수많은 가정의 경제 상황을 조언하고 상담하면서 돈이 들어오는 가정과 돈이 새어나가는 가정들의 차이점이 무엇이고 가정경제의 파탄 원인이 무엇인지를 추적해 볼 수 있었다. 또한 가정경제의 흥망이 곧 나라경제의 흥망임을 확신하면서 궁극적으로는 이 책이 가정경제의 회복뿐만 아니라 관계 회복으로까지 이어질 수 있기를 바라는 소망으로 가정 회복의 메시지를 감히 적어 보았다.

깨어지고 무너진 가정들은 우리 힘으로는 복구될 수 없다. 그러나 하나님의 은혜가 임하고 우리의 자세가 달라지면 회복될 수 있다고 나는 믿는다. 그 첫걸음이 무엇인가? 현실을 살아가는 우리에게는 무엇보다 물질에 관한 시선과 자세를 교정하는 데서 비롯된다고 할 것이다. 그리고 거기서 더 나아가 성경적인 투자의 삶으로까지 이어진다면 무너진 가정들도 회복되고 일어서며 마침내 마음과 삶이 풍요롭고 부유한 인생이 될 것이다.

우리는 모두 하나님의 신실한 청지기로 부름받았다. 신실한 청지기는 주인의 뜻을 지혜롭게 알아들어 주어진 모든 것들을 잘 관리하고 다스릴 책임을 지닌 사람이다. 즉, 정말 지혜롭고 신실한 청지기라면 그가 가진 경제관 역시 주인의 뜻에 합당한 경제관이어야 한다는 말이다. 부디 이 책을 통해 주인의 뜻에 합당한 경제관을 발견했노라 고백하는 독자가 한 분이라도 생기기를 소망한다. 그리하여 우리에게 주어진 시간과 지혜와 건강과 삶을 잘 관리하고 다스려서 물질에서도 풍성한 이윤을 남기는 독자의 간증이 있기를 소원한다.

몇 해 전에 출판했던 책(예수님 다음으로 돈이 좋아요)과는 다른 각도에서 접근하였다. 이번에 이렇게 책을 출판하도록 도와주신 생명의말씀사에 감사의 말씀을 전한다. 또한 늘 뒤에서 격려해 주신 하이패밀리 대표 송길원 목사님께 깊은 감사를 드린다. 송 목사님의 변함없는 사랑과 탁월한 조언이 없었다면 이번에도 출판의 용기를 내지 못했을 것이다.

바쁘신 와중에도 추천사를 흔쾌히 써주신 존경하는 이동원 목사님과 양창삼 교수님, 그리고 송길원 목사님께 진심으로 감사를 드린다.

2005년 봄의 문턱에서
김동윤

Contents

추천의 글 · 004   저자 서문 · 006

1부 | 생각을 다스리는 청지기
Steward Managing the Thought

- 01 · 부자 마인드를 습득하라 · 014
- 02 · 실력이 있어야 부자가 된다 · 041
- 03 · 목적이 이끄는 성공적인 삶 · 067
- 04 · 좋은 목표가 좋은 돈을 부른다 · 123

2부 | 물질을 다스리는 청지기
Steward Managing Money

- 05 · 돈 잘 버는 방법이 따로 있다 · 136
- 06 · 대박을 노리면 쪽박 찬다 · 159
- 07 · 실패를 딛고 일어서라 · 180

| 목차

3부 | 가정을 다스리는 청지기
Steward Managing Home

- 08 · 내게 보여 주신 하나님의 경제원리   **214**
- 09 · 대화가 풀려야 돈이 풀린다   **233**
- 10 · 자녀들에게 돈을 가르치라   **252**

4부 | 부자를 꿈꾸는 청지기
Steward Dreaming of Rich Man

- 11 · 그리스도인은 잘 살아야 한다   **270**
- 12 · 꿈꾸는 사람이 진정한 부자다   **283**

1부 | 생각을 다스리는 청지기
Steward Managing the thought

부자 마인드를 습득하라 / Chapter 01

[다스리는가, 휘둘리는가 | steward]

　미국에서 회계사로 활동하며 재정 상담을 해온 지 어느덧 25년. 그간 나는 많은 사람들과 재정 상담을 해왔고, 물질문제로 인한 많은 가정의 흥망성쇠를 지켜보았다. 그뿐인가. 나 역시 돈 문제로 인한 절망과 성취감을 반복적으로 경험해 보았다. 이 땅을 사는 사람치고 돈에 울고 웃어 보지 않은 사람이 있을까. 지금 전 세계는 돈 때문에 돌고(?) 있다고 해도 과언이 아니다. 돈은 전쟁도 일으키고 평화를 만드는 매체가 되기도 한다. 한 사람의 생명을 살리기도 죽이기도 하는 수단이 된다. 각종 악의 수단으로도, 또 선의 수단으로도 사용되는 것이 바로 돈인 것이다.

현대를 살아가는 우리는 이런 돈의 양면성에 휘둘려 살아갈 때가 많다. 돈을 다스린다기보다는 돈의 다스림을 받으며 사는 인생이 되어버렸다. 특별히 경제적 압박이 심각해진 지금은 더욱 그렇다. 일단 돈맛을 본 이후에 찾아온 IMF는 시래기죽으로 연명하며 살던 보릿고개 시절보다 더욱 극한 절망감을 우리에게 안겨 주었다. 32평 아파트에 살다가 15평 월세 주택으로 이사한 것을 비관하여 죽음을 결심하는 사람도 있다. 최근 20-30대 사망 원인 1위는 바로 자살이다. 사글세 단칸방에서 여러 식구가 살면서도 연탄 들여 놓고 김장해 놓으면 만사 제쳐놓고 웃을 수 있었던 옛 시절의 여유를 지금은 찾아볼 수 없다. 돈의 위력이 그만큼 커져버린 세상이기에 상대적 박탈감에 세상을 향한 끈을 놓아버리는 것이다.

그러나 아무리 세상이 변했다 해도 절대적 가치관을 지니고 있으면 상대적 박탈감에 마음이 무너지는 일은 막을 수 있다. 절대적 존재인 하나님의 시각으로 돈을 보면 우리는 돈에 휘둘려 살아가는 존재가 아닌 돈을 다스리며 사는 존재가 될 수 있다. 돈이 많을 때든, 돈이 없을 때든 돈을 다스릴 수 있으면 그 사람은 결국 부자로 살아가는 인생이 된다.

내 친구 중에도 돈 때문에 망했지만 돈에 관한 바른 개념을 알게 된 후 행복하게 살아가는 친구가 있다. 그 친구의 이야기를 잠깐 하려 한다.

그는 미국에 이민한 후 로스앤젤레스 흑인가에서 주류를 판매하는 가게를 운영했었다. 그런데 매상이 너무도 좋아서 얼마 안 가 빌딩을 하나 샀고, 은행 빚을 얻어 점포도 계속 늘려나갔다. 세상 두려울 것이 없는 승승장구의 세월이 지속되었다.

그러나 사람의 일이란 한 치 앞도 예측할 수 없는 것이었다. 어느 날 갑자기 흑인 폭동이 일어나 모든 점포가 다 불타 없어지고 만 것이다. 게다가 보험이라곤 전혀 든 게 없었기에 보상도 받지 못했고, 가지고 있던 빌딩을 헐값에 팔아 은행 빚을 갚고 나니 수중에 남은 건 한 푼도 없었다. 십수 년의 땀의 대가가 완전히 재가 되어 돌아온 것이다.

그가 흘렸을 절망과 한탄의 눈물이 조금이라도 느껴지는가. 그렇다면 당신은 돈의 허무함을 경험해 본 사람일 것이다. 그는 몇 날 며칠 동안 밤잠을 이루지 못했다. 십수 년간 땀 흘린 세월이 한낱 물거품이 되어 버렸으니 그 심정을 어떻게 표현할 수 있겠는가. 이민자의 설움과 고생을 딛고 벌어 들였던 돈이 하루아침에 날개를 달고 날아가 버렸으니 살아온 인생이 얼마나 헛되게 느껴졌겠는가. 온갖 원망과 분노, 그리고 죽음까지도 깊이 생각해 봤을 것이다.

그런데 이때, 그는 잃어버린 돈을 묵상한 게 아니라 한 치 앞의 인생도 내다보지 못하면서 자신의 능력을 과신했던 인간의 교만에 대해 몹시 부끄러움을 느끼기 시작했다. 특히 미국처럼 모든 면에서 안전한 나라에서도 하루아침에 모든 것을 잃을 수 있다는 사실을 경험하면서 인생의 유한함과 인간의 지혜의 어리석음을 깨달았다. 결국 인생의 모든 복은 하나님께서 주셔야 함을 절실히 깨달은 그는 교회에 나가기 시작했다. 먼저 하나님의 나라와 의를 구할 때 우리의 인생을 책임지시고 더욱 풍성케 인도하시는 하나님을 만나게 된 것이다. 그 하나님과 함께하니 그는 자신이 망한 것도 감사함으로 받아들일 수 있었다. 이제는 돈을 열심히 벌되, 돈에 휘둘리며 살아가는 게 아닌, 돈을 다스리며 살아가는 인생으로 재기하여 행복하게 살고 있다.

돈 개념을 바로 알아야 돈을 번다 | STEWARD

　돈 때문에 무너지는 가정의 모습은 더 이상 새삼스러운 일이 아니다. 최근 들어 한국의 이혼율이 급격하게 늘어난 데에도 경제 문제가 가장 큰 문제로 대두되었다. 그래서인지 유사 이래 최대의 불황이라는 출판계에서는 '10억 만들기'의 아이템을 가진 책만이 호황을 누리고 있다.

　그러나 경제를 공부한 나로서는 '10억 만들기'나 '100억 만들기'의 프로그램이 과연 총체적인 한국 경제의 문제를 해결하는 답이 될 수 있을지 의문이 든다. 물론 그런 프로그램들이 합리적인 소비와 효율적인 재테크를 가르칠 수는 있을 것이다. 그러나 예측불허의 변수가 너무도 많은 현대인의 삶에서, 그것도 하나님 나라와 의를 먼저 구해야 하는 우리 그리스도인들의 삶에서 과연 얼마나 현실성이 있는지 의문이다. 즉, 모든 돈의 우선순위를 저축과 재테크에 몰아가는 10억 만들기 프로그램은 나누고 베풀며 살아가는 사람들이나 십일조와 감사헌금, 선교헌금부터 먼저 드린 후에 가정경제를 꾸려가는 그리스도인들을 바보로 만들기도 한다.

나는 가난하기도 해봤고 돈을 벌기도 해봤으며, 돈을 잃어보기도 했고, 다시 회복하기도 하면서 돈에 관한 일반적인 경영 이론들이 얼마나 성경적으로 상반되는가를 실감했다. 돈에 관한 경영학적 이론들이 실상은 우리 그리스도인들의 경제원리와는 매우 상충되는 것을 볼 수 있었다.

래리 버켓이 돈 걱정 없는 가정이란 책에서 밝힌 대로, OPM원칙, 즉 한 사람의 구매능력은 그가 얼마를 버느냐보다는 얼마의 돈을 빌릴 수 있느냐에 의해 결정된다는 일반 경영학의 원칙은 오늘날 경제를 살리는 주범이 아닌, 4만 신용불량자와 가계 파산을 낳는 주범이 되었다. 360만 명이 신용불량자로 낙인찍힌 사회가 된 데에는 카드 한 장이면 너무나 쉽게 돈을 빌려 쓰게 해준 사회구조적 책임이 크다고 하겠다. 돈의 순환이 이루어지는 범위 내에서는 일단 소비해도 된다는 심리들이 각 가정들을 파산시키고 만 것이다.

어디 그뿐인가. "개처럼 벌어 정승처럼 쓴다."는 일반인들의 돈에 관한 인식과는 달리 성경은 돈 버는 과정을 결과보다 더욱 중요하게 말씀한다.

그렇다면 왜 이렇게 일반 경영학적 이론과 성경의 이론이 다른 것일까? 혹시 성경에서는 돈 그 자체를 죄악시하는 것은 아닐까?

결론부터 말하자면 결코 그렇지 않다. 성경에서는 돈을 매우 중요한 주제로 다루고 있다. "네 보물 있는 그곳에는 네 마음도 있느니라"(마 6:21)는 말씀처럼, 물질이 우리 삶에 차지하는 비중이 매우 높음을 인정하기에 하나님께서는 그만큼 물질관리의 차원도 비중 있게 다루셨다.

다만, 하나님께서는 물질의 복도 맘껏 내려 주길 원하시면서도 돈이 우리 인생의 우상이 되지 않기를 언제나 경고하신다. 돈에 눈이 멀어서 하나님을 바라보지 못하는 우리의 어리석음을 책망하신다. 돈은 축복의 수단이 되지만 동시에 우리를 유혹하는 미끼가 될 수도 있다. 그래서 인간이 돈 그 자체를 쫓아가다 보면 결국 돈이라는 미끼에 걸려 넘어지고 마는 것이다. 돈은 그만큼 다른 어떤 것보다 위험인자를 가진 축복의 수단이기에 하나님께서는 돈에 관한 개념, 돈에 관한 태도, 물질 관리의 지혜를 성경에서 찾기 원하신다. 즉, 돈이 나오는 근원지는 경영학 원리가 아닌, 바로 성경이라는 뜻이다.

부유함은 축복이다 | STEWARd

그렇다면 하나님께서는 돈에 대해 우리가 어떤 태도를 갖길 바라고 계실까? 부자와 가난에 대해 성경은 어떻게 말씀하고 있는가?

우리는 이 부분에서 상당한 오해를 하며 살아가는 것 같다. 돈을 우상시하지 말라는 하나님의 말씀을 극단적으로 생각한 나머지 돈 그 자체를 죄악시하는 경향이 짙은 것이다. 돈에 관심을 가지면 세속적인 사람인 양 치부하기도 하고, 심지어는 부자들을 경멸하기도 한다. 이런 경향은 한국에서 더욱 심하다. 이는 일부 부자들이 부정축재 등의 그릇된 방법으로 돈을 모은 사례들에 대한 염증이기도 하면서, 동시에 오래전부터 한국에 뿌리내린 불교와 유교 문화의 영향이기도 하다.

예부터 우리나라는 청빈주의의 물질관을 미덕으로 삼았다. 즉, "가난하게, 깨끗하게" 사는 물질관을 최고의 가치로 삼은 것이다. 그 당시 안빈낙도(安貧樂道)를 노래하는 시조들이 얼마나 많았는가. "나물 먹고 물 마시고 팔베개 누웠으니 대장부 살림살이 이만하면 족하다."라고 가난한 선비의 삶을 칭송하곤 했다. 이것은 마치 기독교의 자족하는 삶을 노래하는 듯하지만 사실은 현실 도피가 아닐 수 없다. 아닌 말로, 나물 먹고 물만 마시면 영양실조에 걸려 병원비가 더 들어가며, 팔베개하고 계속 누워 있으면 허리디스크에 걸릴 가능성이 커진다. 게다가 우리 조상들의 가부장적 개념은 얼마나 잘못되었는지, 열심히 일해서 가족들 부양할 생각은 안 하고 글 쓰고 노래하며 은둔자로 살아가는 선비들을 대장부라 칭송했다.

이런 생각들이 지금까지도 이어져 나태하고 게으른 삶을 합리화하는 생각의 수단이 되고 있다. 가난한 자들을 멸시하면서도 한편으로는 "난 별로 돈에 관심이 없어."라는 말로 자신의 청빈주의를 내세운다.

그러나 돈에 관심을 갖지 않는 것은 건강한 현대인의 모습이 아니다. 돈이 혐오의 대상이거나 무관심의 대상이 되어서는 안 된다. 오히려 돈에 적극적인 관심을 보여야 한다. 돈 그 자체가 우리의 목표가 되어서는 안 되지만 돈을 적극 활용할 줄 아는 자가 크고 작은 일들을 해낼 수 있기 때문이다.

유대인들을 보라. 그들은 결코 금욕적이지 않다. 그들은 돈을 혐오하지 않고 오히려 인생의 도움이 되는 것으로 적극 활용한다. 또한 그들은 가난을 인간의 행복의 커다란 적으로 간주한다. 왜냐하면 지나친 가난은 정신적으로 다른 것을 찾을 마음의 여유를 갖지 못하게 하기 때문이다. 성경에서도 이렇게 말씀한다.

> 나로 가난하게도 마옵시고 부하게도 마옵시고 오직 필요한 양식으로 내게 먹이시옵소서. (잠 30:8)

너무 부한 것도 좋지 않지만 너무 부족한 것도 좋지 않다.

하나님께서는 우리에게 복 주시기를 원하신다. 인간을 창조하시고 그들에게 복을 주시며 "생육하고 번성하여 땅에 충만하라"(창 1:28)고 말씀하신 것을 보라. 구약성경은 물질의 축복을 하나님께서 주시는 복 중에 중요한 것으로 간주했고, 실제로 믿음의 족장들인 아브라함, 이삭, 야곱, 욥, 솔로몬 역시 물질의 풍요함을 누렸다.

이처럼 기독교의 물질관은 청부주의를 강조한다. 즉, "정직하게 열심히 일하고 많이 벌어서 하나님 뜻에 합당하게 물질을 사용하는 청지기가 되는 것"이 기독교가 강조하는 물질관인 것이다.

하지만 여전히 '가난의 면류관'을 신앙의 궁극적인 목표로 삼으면서 부자를 꿈꾸는 사람들을 잘못된 신앙인으로 은연중 경시하고 있으니 안타깝기 그지없는 일이다. 예수님도 가난하셨고, 기독교는 가난한 자의 이웃이 되어야 한다는 주장은 백 번 옳다. 그러나 청빈한 삶만이 옳은 삶은 아니다. 또한 부자는 모두 악한 사람이라는 주장도 옳지 않다. 나와 다르게 살아간다는 것이 결코 잘못 살아가고 있다는 뜻이 아님을 잊지 말아야 한다. 청빈이 있을 수 있듯이, 청부도 있을 수 있다는 것이다. 주를 위해 헌신하는 깨끗한 부자도 얼마든지 있을 수 있음을 인정해야 한다.

프로테스탄티즘의 근본을 이루는 것은 청지기 의식이다. 이것은 사실상 청빈과 함께 청부를 추구하는 사상이기도 하다. 막스 웨버는 이 힘이 자본주의를 창출해 냈다고 분석한다.

그렇다면 예수님이 이 땅에 오셔서 가난한 자들을 사랑하신 것은 무엇을 뜻하는가. 주님께서 가난한 자들을 사랑하신 것은 사실이지만 가난 자체를 찬양하신 적은 한 번도 없으셨다. 부자들의 교만함과 탐욕을 공격하신 것은 사실이지만 물질이나 재물 자체를 죄악시하지는 않으셨다. 예수님 역시 영적인 면에서뿐만 아니라 물질적인 면에서 풍족하고 풍성한 것을 좋아하셨다. 그분은 이적을 행하실 때도 모인 군중에게 딱 맞게 물고기와 떡을 베푸시기보다는 열두 광주리가 남도록 이적을 베푸셨다. 만약 가난 그 자체가 좋은 것이라면 예수님은 가난한 자들을 가난하게 살도록 내버려두시지, 그들을 돌봐 주라고 말씀하지 않으셨을 것이다. 예수님, 그분은 가난한 자들을 항상 돌봐 줄 것을 간곡하게 명하셨다.

경제적 빈곤과 가난은 우리의 삶을 힘들게 하고 신앙생활에 많은 지장을 주기도 한다. 사람이 너무 가난하면 마음이 황폐해진다. 수많은 범죄가 돈 때문에 생긴다. 돈 때문에 사람을 죽이고, 돈 때문에 유괴도 한다. 가난을 비관한 부모가 죄 없는 자녀들까지 죽이고 동반자살까지 하는 세상이 아닌가. 극한 가난은 사탄의 올무에 걸려들게 하는 수단이 된다.

경제적인 물질의 유무가 우리 인생의 풍요로움을 결정하는 잣대는 될 수 없다. 그러나 은둔자가 아닌 이상, 우리는 세상 속에서 그리스도인의 임무를 완수하며 살아가야 하는데 그러기 위해서는 물질을 잘 관리하는 지혜가 필요하다. 다가오는 태풍 피해를 막기 위해서도 돈이 필요하며 가난한 이웃을 구제하거나 선교를 하려고 해도 재정적 뒷받침이 있어야 한다. 따라서 돈을 적극적으로 활용하고 관리하여 하나님의 사역을 해야 하는 우리로서는 더더욱 생활 속에서 물질의 축복을 꿈꾸며 기도해야 한다. 우리는 은연중에 부자를 꿈꾸는 부자 마인드가 잘못된 것인 양 경시하는 풍조를 지니고 산다. 그러나 이제는 부자를 꿈꾸어야 한다. 그것도 세속적 부자 마인드가 아닌, 성경대로 물질을 관리하고 활용하는 성경적 부자 마인드를 지녀야 한다. 부자를 꿈꾸는 것, 그것이 부자로 가는 첫 번째 선택이다.

감사하는 넉넉한 마음이 부유한 마음 | STEWARd

성경에 나오는 요셉은 부자였다. 그런데 그가 진정으로 부유한 사람이라는 증거는 그의 내면에 있다. 그는 어려운 환경 속에서도 하나님을 원망하지 않았다. 출애굽한 이스라엘 백성들처럼 매사에 불평, 불만을 쏟아 놓는 법이 없었다. 고통이 뒤따를수록 그는 꿈을 꾸며 하나님의 은혜 안에서 감사하며 살았다.

감사하는 것도 실력이다. 감사의 실력을 갖춘 사람이야말로 인생을 부유하게 사는 사람이다. 이런 사람은 외적 환경이나 조건에 따라 감사를 고백하지 않는다. 범사에 감사거리를 발견하고 습관처럼 감사의 고백을 토하며 넉넉하게 산다. 그래서 그는 환경의 지배를 받지 않고 환경을 감사로 지배하며 산다. 돈이 없으면 "그래도 건강이 있어 재기할 기회를 주심"에 감사하고, 건강과 돈을 잃었을 때도 "인생의 무상함을 깨닫게 해주시고 하나님만 의지하게 해주셔서 감사하다."는 고백을 한다.

이렇게 감사하며 자족하는 사람에게 하나님께서는 복에 복을 더해 주신다.

언젠가 내가 조카에게 조그만 선물을 해 준 적이 있다. 조카는 그 선물을 받고 얼마나 고마워하는지 당장이라도 더 좋은 선물을 사주고 싶은 마음이 들 정도였다. 반면, 어떤 선물을 줘도 감사해 하기는커녕 더 좋은 것을 "다고 다고." 하는 사람이 있다. 그런 사람에게는 선물 줄 일이 생겨도 주고 싶은 마음이 안 생긴다.

하나님은 개인뿐 아니라 감사하는 사람들이 세우는 나라 또한 축복하신다. 추수감사절의 유래를 보라. 1620년, 미국 땅에 도착한 청교도들은 첫 겨울을 보낸 후 인구의 반 이상이 죽음을 겪는 어려움을 겪어야 했다. 그러나 그들은 이에 굴하지 않고 원주민들의 도움을 얻어 첫 농사를 지었고 그 후 원주민들을 90명이나 초대하여 칠면조와 호박으로 3일간의 축제를 한 것이 바로 추수감사절의 유래가 되었다. 추운 겨울에 죽지 않고 살아남은 것, 인디언과 가까워지고 농사를 지어서 먹을 양식이 생긴 것이 그들에게는 감사거리였다. 무엇보다도 박해나 제약 없이 하나님을 예배할 수 있다는 것이 감사한 일이었다. 하나님께서는 이렇게 감사할 줄 아는 사람들이 세운 나라를 축복하시어 미국을 지구상에서 가장 강대한 국가로 만들어 주셨다.

하나님께서 이스라엘 민족에게 절기(유월절, 맥추절, 초막절)를 지키라고 명령하신 것도 구원하신 하나님께 감사를 드리라고 요청하시는 것이다. 이런 백성을 축복하신다는 말이다.

우리는 일반적으로 다음과 같은 세 종류의 감사를 하나님께 고백하며 산다.

첫째는 '만일의 감사'(if)다. "만일 당신께서 이 소원을 들어 주시면 감사하겠습니다."라는 조건부 감사를 말한다.

둘째는 '때문에 감사'(because)다. 과거를 가만히 생각해 보니 그것 때문에 감사하는 것이다. "취직이 되어서 감사합니다." "병을 낫게 해주셔서 감사합니다."라는 근거에 입각한 감사를 말한다. 이런 감사를 고백할 수 있는 사람도 드물다. 모두가 자기가 잘나서 축복받은 줄 알고 '때문에 감사'조차 고백할 줄 모른다. 그러나 진정한 믿음의 사람은 이런 '때문에 감사'를 뛰어넘어 다음 단계의 감사까지 가야 한다.

셋째는 '그럼에도 불구하고의 감사'(in spite of)다. "내가 가난하지만 그럼에도 불구하고", "내가 실패했음에도 불구하고", "내게 병을 주셨음에도 불구하고" 감사하는 것이다. 이렇게 '그럼에도 불구하고' 감사할 수 있을 때 자족할 줄 알고 범사에 감사하는 사람이 된다.

어떤 사람은 난치병에 걸렸을 때 이런 고백을 하며 감사하는 모습을 보여 주었다.

"하나님, 손가락 하나 까딱 할 수 없는 병을 얻어 인생의 허망함과 나 자신의 연약함을 이토록 철저히 알게 해주시니 감사합니다. 풀은 마르고 꽃은 시들고 인생은 결국 이렇게 시드는 것임을, 그래서 영원하신 하나님만이 우리의 소망되심을 알게 하시니 감사합니다. 하나님께서 기회를 주시면 이제는 하루를 살더라도 하나님의 영광을 위해 살고 싶은 소망과 비전도 주시니 감사합니다. 소원하오니 부디 건강을 회복시켜 주시어 하나님만을 위하여 달려가는 영광된 인생 되게 하여 주시옵소서."

병 낫기를 간구하는 기도를 드리기 전에 그는 자신의 병듦이 하나님의 섭리 안에 있음을 발견하여 감사하는 기도를 먼저 드렸다. 이렇게 감사할 줄 아는 사람, 감사의 안목을 지닌 사람은 고난을 극복한 뒤에는 그야말로 큰 그릇이 되어 하나님의 사역을 감당할 수 있다. 그러나 감사가 없는 사람은 결국 실패의 길을 가고 만다. 하나님의 은혜로 고난을 극복한 뒤에는 더더욱 그렇다. 가난했던 사람이 돈을 벌면 자신의 힘으로 부자가 되었다고 착각하고는 가난한 자들을 아예 무시하기 일쑤다. 병들었던 자가 건강을 회복한 뒤에는 세상살이에 바빠 예수님을 멀리하는 경우가 허다하다. "교만은 패망의 선봉"(잠 16:18)이라 했다. 범사에 감사하는 실력 없이 성공을 이루면 교만해질 수밖에 없다. 그리고 패망으로 가게 되어 있다.

그러므로 성공을 꿈꾸기 전에 겸손과 감사를 먼저 배워야 한다. 그것도 조건부 감사나 때문에 감사가 아닌 '그럼에도 불구하고'의 감사를 배워야 한다.

감사를 가로막는 '비교'라는 장애물 | STEWARD

왜 우리는 범사에 감사하지 못하는가? 그것은 감사의 조건을 성경에서 찾기보다는 '비교'에서 찾기 때문이다. 성경의 인물들은 감사를 비교에서 찾지 않고 하나님과의 관계에서 찾았다. 죄인인 나를 구원해 주셨기에 원천적으로 감사할 수 있었고, 언제나 나와 동행해 주심을 믿고 느끼고 체험하기에 감사할 수 있었다. 가난하거나 병들어도 흔들리지 않는 하나님과의 관계 속에서 감사를 고백하며 고난을 헤쳐 나갔다. 감사가 있었기에 고난이 더 이상 고난으로 남지 않았다.

그러나 감사가 없는 삶은 비극을 낳았다. 사울을 보라. 그는 다윗과 자신을 비교하기 시작하면서 감사를 잃어버렸다. 하나님께서 사울에게 허락하신 그 무한한 축복이 얼마나 큰 은혜인지를 망각하고 말았다. 다윗이 블레셋과의 전투에서 골리앗을 죽이고 돌아올 때 여인들이 환영하며 한 말로 인해 사울은 비교의식에 싸이게 된다.

> 여인들이 뛰놀며 창화하여 가로되 사울의 죽인 자는 천천이요 다윗은 만만이로다 한지라 사울이 이 말에 불쾌하여 심히 노하여 가로되 다윗에게는 만만을 돌리고 내게는 천천만 돌리니 그의 더 얻을 것이 나라밖에 무엇이냐 하고 그날 후로 사울이 다윗을 주목하였더라. (삼상 18:7-9)

사울은 다윗과 자신을 끊임없이 비교했기에 시기와 질투라는 부정적 대응을 하게 되었고, 마침내 하나님으로부터 버림받아 비극적인 최후를 맞이하고 말았다.

이처럼 죄는 비교에서 시작될 때가 많다. 사탄은 우리에게 비교를 통해 하나님께 감사하지 못하도록 은밀하게 속삭인다.

"너는 속도 없냐? 누구는 10억 가졌다는데 이제 겨우 자산 1억 가진 사람이 무슨 감사헌금이고 구제헌금이야? 한 푼이라도 모아서 떵떵거리며 살아봐야 할 거 아냐?"

"누구는 물려받은 재산이 많아 부자로 살아가는데 너는 어째 이런 집안에 시집 와서 매일 고생만 하냐? 차라리 혼자 사는 게 백 번 낫지."

사탄은 이와 같은 속삭임으로 우리를 불행감과 교만에 빠지도록 인도한다. 아담과 하와의 타락 과정에서도 사탄은 이와 같은 방법을 사용했다.

> *너희가 그것을 먹는 날에는 너희 눈이 밝아 하나님과 같이 되어 선악을 알 줄을 하나님이 아심이니라.* (창 3:5)

하와는 사탄의 이 비교하는 말("하나님과 같이 되어")에 넘어가 하나님께서 금하신 실과를 먹고 말았다.

가인과 아벨의 살인 사건도 비교의식에서 시작되었다. 가인은 하나님께서 자신의 제사를 안 받으신 것보다 아벨의 제사를 받으신 것이 더 분통했다. 왜 하나님께서 자신의 제사를 안 받으셨는지를 하나님 앞에서 돌아보고 자신의 믿음을 재정비했으면 되었을 일을 아벨을 죽이는 것으로 결말짓고 만다.

우리도 이런 모습일 때가 얼마나 많은지 모른다. "사촌이 땅을 사면 배가 아프다."는 말은 이런 우리의 정서를 잘 반영해 준다. 내 집 아이가 대학 떨어진 것은 참을 수 있는데 옆집 아이가 대학에 합격한 것은 참지 못한다. 그래서 매사에 감사가 없다. 끊임없는 비교 속에서 질투와 열등감에 시달리기 일쑤다.

우리는 상품이 아닌 작품이다. 성경에서도 "우리는 그의 만드신 바"(엡 2:10)라고 했다. 하나님께서 우리 자신을 독특하게 만드셨기에 그 자체로 절대적 가치를 지닌다는 뜻이다. 상품은 질과 가격을 비교당하며 그 가치를 평가받지만 우리는 작품이기에 비교할 수도, 비교당할 수도 없는 존재이다.

따라서 비교 속에서 감사를 드리는 것보다 하나님과의 절대적 관계

속에서 감사를 드리는 것이 더 수준 있는 감사라 하겠다. "하나님, 제가 저 사람보다는 나은 삶을 살게 되어 감사합니다."라는 상대적 감사는 또 다른 비교상황 속에서 자기 비하를 갖게 만든다. 그러나 "하나님, 언제나 제 삶에 동행해 주셔서 감사합니다."라는 절대적 감사는 어떤 상황에서도 감사를 낳게 한다.

물질에 대한 감사도 마찬가지다. 나보다 조금이라도 많이 가진 사람을 비교하며 바라보면 평생 감사할 수 없다. 며칠 후에 갚아야 할 사글세 방값이 없을지라도 밥 한 공기 차려진 밥상머리에서 감사기도를 할 수 있으면 그 사람이 진정한 부자가 아니겠는가. 천 원 앞에 감사할 수 없다면 10억이 생겨도 감사할 수 없다. 10억이 생기면 100억 가진 사람 앞에서 위축되기 때문이다. 그런 사람은 평생 마음이 쪼들린 채로 '난 왜 이렇게 가난하지?'라는 마음으로 살아갈 것이다. 이렇게 비교의식이 강한 사람이 성공하면 어떤 자리에 가도 그 성공을 갖고 떠벌리며 자랑하고 싶어 한다. 자식이 성공하면 자식 이야기로 화제를 돌리고, 물질을 좀 모았다 싶으면 돈 이야기로 화제를 돌린다. 이런 사람은 삶의 대부분을 "남보다 더 많이, 남보다 더 잘나게"라는 모토 속에서 살아가는 피곤한 인생이기에 사실은 '슬픈 인생'이 되고 만다.

반면 적게 가져도 넉넉하게 살아가는 마음의 부자들도 있다. 세상은 인간을 외형적으로 판단하기에 겉으로 드러나는 것으로 비교하며 평가하지만 하나님의 평가는 이와 전혀 다르다. 하나님께서는 우리의 살아가는 자세와 태도에 더 관심을 가지신다. 하나님께서 주신 2달란트를 우리가 어떻게 선용하는가, 5달란트를 어떻게 선용하는가에 집중하신다. 2달란트 받은 사람이 2달란트의 이윤을 남기는 것과 5달란트 받은 사람이 5달란트의 이윤을 남기는 가치를 똑같이 평가하시고, 똑같이 칭찬하신다. 따라서 우리가 진정으로 하나님 앞에서 살아가는 청지기의 인생이라면 내 주머니에 10원이 있든 10억이 있든 그것으로 위축될 필요가 없다. 물론 물질이 없으면 눈물 나는 순간이 많다. 병든 자식을 치료할 병원비가 없을 때, 공부시킬 자식의 등록금이 준비되지 않을 때 우리는 하나님 앞에서 울 수밖에 없다. 물질을 보내 달라고 간청할 수밖에 없다. 그러나 미리 마음이 위축될 필요는 없다는 뜻이다. 사람 앞에서 스스로 초라해져서는 안 된다.

1억을 가진 사람이 이윤을 내어 10억을 모으는 것보다 더 어려운 것은 단 돈 만 원을 가진 사람이 진정한 감사를 하나님께 날마다 고백하며 사는 일이다. 따라서 이 시대의 진정한 부자 마인드는 적게 가진 그 순간에도 감사를 고백할 줄 아는 마음이라 하겠다. 감사를 고백하는 마음속에는 이미 어떤 상황도 감당할 수 있는 넉넉함이 있다. 그런 사람은 이미 상황을 초월하여 살아갈 줄 아는 크나큰 자유를 소유했다.

범사에 감사할 줄 아는 실력이야말로 최상의 실력이다. 부자를 꿈꾸는가? 그렇다면 먼저 감사의 실력을 키워야 한다. 감사의 실력이야말로 부자 마인드의 전제조건이다. 무엇을 소유했기 때문이 아니라 주님께서 나와 동행해 주시기에 감사할 줄 아는 원천적인 감사를 먼저 소유한 이 시대의 부자들이 많이 나오기를 소원한다.

하나님의 것을 구별하는 마음이 부자 마인드 | steward

돈이 어디서 와서 어디로 가는지를 한눈에 볼 수 있는 사람이라면 그 사람이야말로 진정한 부자라 할 수 있다. 그런 사람은 돈의 흐름을 꿰뚫고 있기에 물질 사용의 우선순위도 잘 구별할 것이다. 축복의 근원지가 어디인지를 알기에 근원지에 대한 고마움을 잊지 않을 테고, 그에 대한 감사의 표현도 잊지 않을 것이다.

반면, 어리석은 사람은 돈의 유통 경로에 대한 이해를 아예 닫아버려서 내 손에 주어진 물질을 내 마음대로 내 마음껏 사용하는 우를 범하고 만다. 한 치 앞도 알 수 없는 인생을 의지하여 "내가 번 돈, 내가 쓰겠다는데 무슨 잔소리가 많냐?"며 거들먹거린다. 은혜로 주어지는 물질의 축복을 자신의 공로로 얻은 축복인 양 착각하여 감사 대신 교만함만이 가득하다. 때문에 감사의 표현이란 있을 수도 없다.

이것은 마치 수돗물을 틀면 물이 나오고 그 수도 사용료를 내가 내고 있으니 나 자신이 물의 주인이라 착각하는 것과 같다. 우리가 사용하는 물은 하늘에서 비를 닫아버리면 전혀 사용할 수 없다. 물의 주인은 우리가 아닌, 천지의 주인이신 하나님이신 것이다. 물이 어디서 어떻게 시작되는지에 대한 근본적인 이해가 없는 농부는 결국 농사를 망칠 수밖에 없다. 비를 맞지 않은 곡식은 말라 죽게 되는 것이다.

부자를 꿈꾸는 당신은 어느 쪽인가? 삶의 기초를 어떻게 쌓아가고 있는가? 모래 위에 집을 짓고 있는가, 반석 위에 짓고 있는가?

18세가 되는 한 청년이 성인으로서의 인생을 출발하기에 앞서 동네에서 가장 연세가 많은 노인을 찾아가 질문했다고 한다.

"이제부터는 성인으로서 제 인생을 개척해 가야 할 텐데 무엇을 하면 좋겠습니까?"

그러자 노인은 청년에게 다시 물었다.

"네가 지금까지 무엇을 배웠느냐?"

청년은 "비누와 양초를 만드는 일을 배웠을 뿐입니다."라고 대답했다. 그 대답에 노인은 즉석에서 이렇게 답했다.

"계속해서 그 일을 해라. 다만 조건이 있다. 주님을 너의 동업자로 모셔라. 그 증거로 수입이 생기면 십분의 일은 동업자인 주님께 바쳐라. 꼭 기억할 것은 네 인생은 네 자신이 주관하는 것이 아니라 하나님께서 주관하신다는 사실이다. 하나님께서 네 인생을 보살피고 계신다."

이 청년은 노인의 충고대로 열심히 십일조 생활을 했고, 나중에는 사업이 크게 성공하게 된다. 세계적인 치약 사업가로 성공한 윌리엄 콜게이트(William Colgate)가 자신의 청년 시절을 회고하며 쓴 자서전에 나오는 이야기이다.

이처럼, 십일조란 자기 수입의 십분의 일을 하나님께 드림으로써 내 삶의 근본과 생존의 터전이 하나님의 은혜라는 것을 겸손하게 인정하고 고백하는 행위이다.

또한 십일조는 하나님께 대한 내 사랑의 표현이다. 힘들게 번 돈의 일부를 하나님께 드림으로써 재물보다 하나님을 더 사랑하며 귀히 여긴다는 나의 믿음을 구체적으로 표현하고 눈으로 확인하는 것이다. 그러기에 십일조는 다른 어떤 믿음의 표현보다 하나님 앞에 귀하고 중요한 모습이다.

그럼에도 십일조가 어려운 이유 | STEWARD

앞에서 말했듯이 십일조는 정말 중요하다. 그런데도 우리는 십일조를 온전하게 드리며 사는 것을 어려워한다. 왜 그럴까?

첫째, 수입보다 지출이 많기 때문이다. 십일조를 드리고 싶은 마음은 있는데 막상 지출이 수입보다 많다 보니 십일조를 못하게 된다. 이때 우리는, 십일조가 내 것 중의 십분의 일을 하나님께 드리는 것이 아님을 상기해야 한다. 본래 내 것은 하나도 없다. 하나님께서 내게 맡겨 주신 것 중에 겨우 십분의 일을 다시 하나님께 돌려 드리는 것이 십일조다. 마치 아파트에 세 들어 사는 사람이 집주인에게 매월 월세를 지불하는 행위 속에는 "이 집이 내 집이 아니라 주인의 소유"라는 의미가 포함되어 있는 것과 비슷한 이치다.

따라서 십일조를 지출의 차원으로 생각해서는 안 된다. 십일조는 하나님께서 내게 많은 것을 맡겨 주심에 대한 감사의 표현이다. 내가 가진 모든 것의 주인이 하나님이시라는 믿음의 표현이다. 그러므로 십일조는 다른 모든 지출 후에 드리는 것이 아니라 수입이 들어오는 즉시 모든 지출에 앞서 구별된 마음으로 드려야 한다. 하나님께 드리는 것은 일반적인 지출과 다른 의미이기 때문이다.

둘째, 십일조로 드려야 할 돈이 아까워 십일조를 못하는 경향이 있다. 생활비가 모자라거나 부족한 것은 아니지만 십일조로 나가는 돈 자체가 아까운 것이다. 사실, 세상적인 경제논리로 따져본다면 십일조만큼 아까운 돈은 없다. 봉급 생활자가 10억을 만들기 위해 매월 불입하는 돈의 액수를 따져볼 때 십일조는 굉장한 액수의 돈이다. 십일조를 1년만 모은다면, 아니 5년을 모은다면 꽤 큰 액수가 될 수 있다. 그런 의미에서 그리스도인의 경제논리는 일반인의 경제논리와 완전히 다르다. 그리스도인은 검소하게 생활하고 알뜰하게 저축하면서 부자를 꿈꾸는 것과 동시에 모든 복의 근원이 하나님께 있음을 고백하면서 즐겨 드리는 믿음의 실천이 따라야 한다. 알뜰살뜰 돈 모으는 일에 집중하는 것은 부자로 가는 첫걸음이다. 그러나 그 자체가 목표가 된 나머지 돈에 혈안이 되어버리면 부자로 살아가기 어렵다. "흩어 구제하여도 더욱 부하게 되는 일이"(잠 11:24 상) 있고, "과도히 아껴도 가난하게 되는"(잠 11:24 하) 일이 있다.

지인 중에 평생을 돈밖에 모르는 구두쇠가 있었다. 그는 화장지 한 칸도 아껴서 사용하는 자린고비 중의 자린고비였다. 심지어는 아내가 꽂아둔 전기밥통의 콘센트까지 전기세가 아까워 몰래 빼버릴 정도였다. 신발 한 켤레 맘 놓고 사 신은 적이 없었기에 조금씩 조금씩 돈이 모이기 시작했다. 교회 나가라고 아무리 전도해도 십일조가 아까워 나갈 수 없노라며 교회 나가기를 사양했다. 그러던 어느 날 증권에 손을 대기 시작하면서 평생 모은 재산을 잃기 시작했다. 그의 표현대로라면 돈을 모으는 데는 평생이 걸렸지만 잃어버리는 데는 하루아침밖에 걸리지 않았다. 정말 과도히 아껴도 가난하게 되는 일이 일어난 것이다.

반면 또 다른 지인은 열심히 일해서 구제하는 일에 앞장서곤 했다. 그가 성실히 일하는 이유는 돈을 벌어 어려운 사람들을 돕고 싶었기 때문이었다. 남들은 그를 향해 손이 크다고 했다. 그는 그렇게 베푸는 일이라면 아낌이 없었지만 내적으로는 언제나 검소하게 생활했다. 십일조는 당연히 구별하여 드렸고, 선교사님들을 돕는 일에도 자신의 일처럼 나서서 했다. 그런데 그에게는 희한한 일들이 일어났다. 그가 하는 일들이 형통하게 잘 풀렸을 뿐 아니라 결국 적잖은 재산까지 모이게 되었다. 통장관리를 잘한 것도, 누가 갑자기 억만금을 갖다 준 것도 아니었는데 노년에 이르자 부자 소리까지 듣게 되었다. "흩어 구제하여도 부하게 되는 일"이 그에게 일어난 것이다.

재물에 대해 우리는 "주신 자도 여호와시요 취하신 자도 여호와"(욥 1:21)이심을 언제나 상기해야 한다. 내가 마치 재물의 주인인 양 돈을 움켜쥐고 있거나 내 맘대로 사용하는 것이 아니라 재물을 성실하게 관리하고 선용하는 청지기 의식이 있어야 한다는 뜻이다. 청지기 의식이 없으면 하나님의 풍성하신 축복을 기대하면서도 한편 하나님께 드리는 것이 아까워 인색하게 헌금하는 모순을 범하게 된다. 적게 심는 자는 적게 거두고, 많이 심는 자는 많이 거둔다는 성경의 원리를 기억할 일이다.

성경에 기록된 사람 중 아브라함은 이 사실을 잘 반영해 주는 삶을 살았다. 아브라함이 모리아산에서 칼을 들어 이삭을 하나님께 번제물로 바치려고 할 때 여호와의 사자가 나타나 아브라함의 손을 멈추게 하고 대신 수양을 번제물로 바치게 했다. 이에 아브라함은 그 땅 이름을 '여호와 이레'라고 불렀고, 여호와의 사자는 아브라함을 '복의 근원'으로 만들겠다고 또 한번 약속한다. '여호와 이레', '복의 근원.' 그리스도인이라면 누구나 누리고 싶어 하는 축복의 언어들이다. 그러나 우리가 눈여겨 봐야 할 사실은 이러한 축복들이 저절로 주어진 것이 아니라 "네 아들 네 독자라도 아끼지 아니한"(창 22:12) 아브라함의 믿음 위에 이루어졌다는 점이다.

드리되 사랑과 기쁨으로 드리라 | steward

십일조하기 어려운 셋째 이유는 정직하고 꾸준하게 드리지 않기 때문이다.

　십일조는 개인의 사정이나 형편에 따라 또는 기분이나 감정에 따라 드릴 수 있는 성질의 것이 아니다. 그럼에도 모든 일들이 잘 되어갈 때, 또는 목회자나 교인들과의 관계가 좋을 때는 기쁨으로 십일조를 드리다가도, 가정이나 사업이 힘들어지고 더욱이 목회자가 마음에 들지 않을 때 또는 교회에서 하는 일들이 자기 생각과 다르게 느껴질 때 십일조를 중단하는 사람들이 있다. 그럴수록 십일조하기는 점점 힘들어진다.

　십일조를 포함한 모든 헌금은 '사람'을 위해 내는 것이 아니라 근본적으로 '하나님'께 드리는 것이다. 즉, 교회라는 단체를 위해 기부하는 것이 아니라 주님을 위해 주님께 내어드리는 것이다. 하나님께서 교회를 통해 십일조를 받으신다는 사실이다.

　정직한 청지기는 주인을 속이지 않는다. 초대교회 시절에는 땅이나 집을 판 돈을 사도들에게 가져오면 그들이 필요에 따라 나눠 줬는데 아나니아와 삽비라 부부는 돈의 일부만 가져와서는 전부 가져왔다고 거짓말을 했다. 그러나 하나님을 속일 수 있다고 생각한 그들에게는 죽음이라는 결말이 찾아오고 말았다. 하나님께 십일조 드리기를 이미 결정하고 시작했으면 항상 정직하고 온전한 십일조를 꾸준히 드리도록 노력해야 한다.

　십일조하기 어려운 마지막 넷째 이유는 십일조를 마치 복받기 위한 투자의 차원으로 생각하기 때문이다. 도박하는 사람처럼 하나님께 십분의 일을 드려서 더 많은 것을 얻어 보려고 십일조하는 사람도 있다. 이런 사람은 십일조를 드린 후 여러 가지 시험이나 어려움을 당하면 십일조 드리는 일을 포기해 버린다. '뭐야? 십일조까지 드렸는데 손해를 보다니!' 그러나 이런 생각을 갖게 된 밑바탕에는 그동안 십일조에 대해 교회가 잘못 가르친 탓도 있다. "십일조하면 복이 저절로 굴러온다."는 원리를 강조하며 십일조 생활을 성도들에게 가르쳐왔기 때문이다.

그러나 십일조는 하나님을 감동시키기 위한 뇌물이나 하나님의 마음을 움직이기 위한 미끼가 아니다. 다만 보상을 바라지 않는 순수한 믿음의 행위로 하나님께 드릴 때, 복 주시기를 기뻐하시는 하나님께서 그 중심을 보시고 복에 복을 더해 주시는 것이다. 예수님도 가난한 과부가 드린 동전 두 닢의 헌금을 보시고 칭찬하지 않으셨던가. 주님께서 우리가 드리는 헌금에 얼마나 많은 관심을 가지시는가를 보여 주는 대목이다. 따라서 온전한 십일조는 복을 얻기 위한 수단은 아니지만, 궁극적으로 하나님의 복을 얻는 비결인 것만은 분명하다.

십일조를 복받기 위한 투자 도구로 이용하고 있는가? 그런 심령 위에 하나님의 복이 임할 리는 만무하다. 하나님께서는 십일조하지 않는 것에 대해 '도적질'이라고 말씀하셨고, 십일조를 드리는 사람에게는 더 많은 축복뿐만 아니라 재물의 손실까지도 막아 주시겠다고 약속하셨다(말 3:8-10).

물론 십일조가 구원과 직접적인 관계가 있는 것은 아니다. 그러나 구원받은 사람은 마땅히 하나님의 신실한 청지기로 살아가야 한다. 청지기는 주인의 것을 자기 것으로 주장하거나 고집하지 않는다. 내가 내 힘으로 돈 버는 것 같아도 하나님께서 건강과 지혜와 모든 과정을 지켜 주셔야 일할 수 있다. 우리는 헌금을 드림으로써 인생의 모든 생사화복을 주관하시는 분이 하나님이심을 정직하게 고백하는 것이다. 살아가는 데 필요한 것들을 공급해 주시고 채워 주셨기에 고맙고 감사하다는 청지기의 고백이 바로 십일조인 것이다.

하나님을 사랑하는가? 그렇다면 즐겁고 감사한 마음으로 십일조를 드리라. 사랑하는 이에게 주는 것은 뭐든 아깝지 않다. 만약 당신이 하나님께 드리는 헌금이 아깝게 생각된다면 그것은 아직 하나님에 대한 사랑이 부족하다는 증거이다. 하나님께서는 믿음을 가지고 자기를 찾는 자에게 상 주시기를 원하신다(히 11:6). 오늘도 그분은 우리를 축복할 수 있는 기회를 찾고 계신다.

실력이 있어야 부자가 된다 / Chapter 02

하나님 우선순위를 선택하는 믿음의 실력 | STEWARD

조그만 마을에도 수백 개의 다른 길들이 있다. 인생도 마찬가지다. 비슷한 길이 내 앞에 있는 것 같아도 자세히 보면 수많은 다른 길들이 펼쳐져 있다. 그것이 인생이다.

고등학교 동창회를 20년 만에 참석할 기회가 있었다. 친구들의 과거 모습을 추억하며 동창회에 참석한 나는 생소한 얼굴들에 적잖이 당황하고 말았다. 고생에 찌든 얼굴이 있는가 하면 자신감 넘치는 안정된 얼굴도 있었다. 왜 그렇게 얼굴들이 달라졌을까. 그동안 살아온 길들이 모두 달랐다는 증거였다. 고등학교 시절, 모두 한 교실에서 함께 공부한 사람들이지만 우린 모두 서로 다른 인생의 길을 걸어오고 있었다. 오늘 여기에 이르기까지 모두가 서로 다른 선택, 서로 다른 길들을 걸어오고 있었다.

　인생은 선택이다. 그리고 어떤 선택을 하느냐에 따라 인생의 성공이 결정된다. 우리는 그리스도인이다. 그리스도인의 첫 번째 선택은 어떤 길이 되어야 할까?

　그것은 하나님 우선순위의 길이다. 그 길을 가느냐 안 가느냐는 우리의 자유다. 그러나 어떤 선택을 하느냐에 따라 우리 인생은 달라진다. 부자가 되고 싶은가? 먼저 철저하게 하나님 우선순위의 삶을 살 줄 알아야 한다.

　룻기서는 이런 선택의 중요성을 보여 준다. 먼저 룻기에 등장하는 나오미를 보라. 그녀는 이민 10년 만에 남편과 두 아들을 잃고 과부가 된다. 그뿐인가. 자신의 두 며느리마저 생과부가 된다. 이제 세 과부가 남았다. 나오미는 며느리에게 친정으로 돌아갈 것을 세 번에 걸쳐 권고한다. 당시의 관례상 며느리는 시어머니의 소유물과 같았기에 며느리에게 새 삶을 허락하는 나오미의 언행 속에서 그녀의 착한 성품을 엿볼 수 있다.

　그런데 이때 맏며느리 오르바는 입맞춤으로 작별인사를 고한 뒤 자기 길로 가 버렸다. 그리고 다시는 성경에 등장하지 않는다. 아마 모압 땅 어딘가에 묻혔으리라. 그러나 룻은 "어머니의 하나님이 나의 하나님"(룻 1:16)이라고 말하며 시어머니 나오미를 따라나서는 선택을 한다. 한창 젊은 나이에 늙은 시어머니를 봉양하며 수고하고 헌신해야 할 길이었음에도 불구하고 시어머니와 함께 굳이 그 길을 고집하며 베들레헴으로 돌아온 것이다. 이처럼 룻은 선택의 기로에 섰을 때 하나님 우선순위의 길을 선택했다.

이러한 룻의 선택이 어떤 결과를 낳았는가. 거부였던 보아스의 아내가 되었을 뿐 아니라 다윗의 할머니로서 예수 그리스도의 계보에 오르는 영광까지 얻게 되었다.

내가 알고 있는 장로님 가운데 물질의 축복을 많이 받으신 분이 있다. 그분이 복받으시게 된 경위는 다음과 같다. 1980년 초 본인이 다니던 교회가 서울 강북에서 강남으로 이사를 가게 되었다. 그런데 문제는 살고 있는 수유리에서 강남에 있는 교회까지 거리가 너무 멀어 다니기가 불편했다. 새벽기도를 다니며 열심히 교회를 섬기던 장로님은 이래저래 고민하지 않을 수 없었다. 교회 근처로 이사를 가자니 다니던 직장과 거리가 멀어져서 선뜻 그럴 수도 없었다. 여러 가지로 고민하던 장로님은 결국 신앙생활이 먼저라고 생각하고 살고 있던 수유리의 집을 팔아 교회 근처에 대지가 넓은 집을 장만했다. 그 당시 강남은 아직 미개발 상태였기 때문에 땅값도 매우 쌌다. 그래서 장로님은 집 팔고 남은 돈으로 새 집 근처에 땅까지 추가로 사놓았다. 그런데 세월이 흘러 강남 붐이 불면서 사놓은 땅이 요지가 되었고, 장로님은 큰 재산을 갖게 되었다. 의도해서 이루어진 일이 아니라 그저 교회생활 열심히 하려고 교회 근처로 이사를 간 마음의 동기 위에 하나님께서 분수에 넘치게 많은 재물의 축복을 주셨다고 장로님은 늘 간증하곤 한다.

하나님을 내 인생의 우선순위로 섬기면 그분이 내 인생의 주인이 되어 주시기에 내 짐이 가벼워진다. 돈을 버는 것도, 학생이 공부하는 것도, 자녀를 잘 키우는 것도, 오늘 열심히 사는 것도 그 자체가 목적이 되어서는 안 된다. 하나님 우선순위의 범주 내에서 이 모든 일상의 활동이 이루어질 때 열매가 복되고도 아름답게 맺히기 마련이다.

먼저 그 나라와 의를 구하라 | steward

내가 알고 지내는 어떤 작가는 언젠가 나에게 이런 말을 들려준 적이 있다.

"청년 시절에 예수님을 만난 뒤 '내가 왜 글을 써야 하는가?'에 대한 동기가 달라졌어요. 그간 제가 글에 대한 집착을 놓지 못했던 가장 솔직한 이유는 어떻게든 등단해서 먹고 살 길을 찾기 위해서였어요. 그런데 주님을 만난 뒤 먹고 사는 문제보다 더 중요한 것이 하나님의 영광을 위한 길임을 알게 되었답니다. 그동안 제가 써왔던 글은 하나님을 향한 정면도전의 바벨탑이었다는 사실도 깨달았지요. 그래서 모든 습작품들을 버렸습니다. 빨리 작가로 성공하는 것보다 더 중요한 것은 내 글 속에 무엇이 녹아들어 있는가의 문제임을 보기 시작했던 거지요. 글을 못 쓰게 되는 한이 있더라도 글을 통해 하나님을 향한 바벨탑은 쌓지 말아야겠다는 결심을 하게 되었습니다."

그 후 이분은 새로운 글쓰기에 도전했고, 다른 동료 작가들보다 더 좋은 원고료까지 받으며 작가의 길을 가게 되었다. 먹고 사는 문제보다는 하나님 우선순위의 문제를 먼저 고민했기에 하나님께서 그 사람이 쓰는 글에 무한한 상상력과 생명력을 불어넣어 주셨던 게 아닐까 싶다. 하나님은 더불어 그의 삶에 필요한 모든 문제들까지도 해결해 주셨다.

좋은 경영인이 되고자 하는 사람도 마찬가지다. 물론 그는 돈에 미칠 만큼 돈의 흐름을 알고 활용하는 지혜를 얻어야 하지만, '어떻게 하면 돈을 모을까?' 만을 고민하면 결국 돈의 속임수에 걸려 넘어지게 된다. 그러나 '하나님께서 원하시는 경영인은 어떤 모습일까? 성경적 경영인은 어떤 사람일까?'를 처음부터 깊이 고민하고 학습하면서 하나님 우선순위의 인생길을 갈 때 그는 진정한 경영인으로 서게 된다.

만약 이 우선순위가 바뀌면 우리는 헤어날 수 없는 수렁에 빠지고 만다.

직업군인을 하셨던 어떤 분의 이야기는 이런 사실을 여실하게 보여준다. 이분의 인생 목표는 오직 하나였다. 인생의 가장 중요한 시기에 별을 다는 것! 그것만이 소망이요 비전이었다. 그러나 결국 그토록 바라고 바라던 별을 달아보지도 못한 채 인생의 정점에서 보안사 대령으로 예편하게 된다. 그에게는 더 이상 살아야 할 이유도, 추구해야 할 삶의 목표도 없어졌다.

낙심 끝에 한 결정은 미국행 이민. 이때부터 그는 삶의 목표를 대폭 수정했다. 별을 다는 것에서 아들을 의사로 만드는 것으로 인생 목표를 전환하게 된 것이다. 그러나 자식 문제가 어디 뜻대로 되는가. 그토록 의사 만들기에 전념하고 전념했건만 이 역시 실패로 돌아가고 말았다.

상심한 그는 마지막으로 돈 버는 일에 사력을 다했다. 인생의 모든 우선순위가 돈이었기에 그는 정말 열심히 돈을 모으고 또 모았다. 그러나 죽음이 그의 앞길을 가로막았다. 돈을 열심히 벌었지만 그 돈을 써볼 시간도 없이 65세에 갑자기 암으로 죽음을 맞이하게 된 것이다. 죽음을 앞두고 그는 이런 말을 남겼다.

"신앙생활도 제대로 못하고 땅엣것만 추구하다 가는 내 인생, 이렇게 허무할 수가 없소. 아무래도 내가 인생을 헛살았으이…."

허무한 것에 최고의 가치를 두고 달려온 인생길에 대한 그의 결산은 "내 인생 헛되다."는 것이었다. 이 얼마나 가슴 아픈 일인가.

성경은 "모든 육체는 풀과 같고 그 모든 영광이 풀의 꽃과 같으니 풀은 마르고 꽃은 떨어지되 오직 주의 말씀은 세세토록 있도다"(벧전 1:24-25)라고 하였다. 즉, 우리가 이 땅에서 추구하는 모든 영광은 풀의 꽃과 같이 언젠가 시드는 허무한 것이라는 말이다. 그러나 하나님의 영광만은 세세토록 있다 하였으니 우리가 궁극적으로 무엇을 추구하며 달려가야 하는지를 말씀해 준다. 돈과 명예와 권력은 영원하신 하나님 여호와만을 추구하며 달려가는 과정 중에 우리가 다스려야 할 대상이지 우리가 추구할 대상이 아니다.

"먼저 그의 나라와 그의 의를 구하라 그리하면 이 모든 것을 너희에게 더하시리라"(마 6:33)는 말씀을 우리는 깊이 새겨야 한다. 만약 이 순위가 뒤바뀌면 결국 우리 인생은 잘못된 우선순위의 함정 속에 빠져 헤어날 수 없을 것이다.

요셉처럼 복덩이가 되려면 | STEWARd

우리는 모두 시편 1편에 나오는 "복 있는 사람"이 되고 싶어 한다. "시절을 좇아 과실을 맺으며 그 잎사귀가 마르지 아니함 같으니…" 이 얼마나 멋진 모습인가. 성경에 나오는 인물로 치자면 창세기에 등장하는 요셉과 같은 사람이 바로 복 있는 사람이라 할 것이다. 그가 얼마나 복 있는 사람인지 그를 만나는 사람들까지 복을 받았다고 한다(창 39:5). 게다가 30세에 온 애굽 땅을 순찰하고 관리하는 총리까지 되지 않았던가.

그렇다면 그는 어떻게 해서 복된 사람이 될 수 있었을까. 태어날 때부터 그는 복덩이였을까? 물려받은 재산이 많아서 부자가 되었을까? 저절로 돈이 굴러 들어오거나 하는 일마다 저절로 형통해서 복 많은 사람이 되었을까?

결코 그렇지 않다. 그의 생애를 살펴보면 그는 서른이 되기 전까지 고난으로 점철된 인생이었다고 해도 과언이 아니다. 불과 서른이 될 때까지 형제들로부터 철저하게 버림받고 남의 집 종살이를 하며 억울하게 감옥살이까지 한 사람이었다. 그는 어린 나이에 생존의 위협을 느끼며 살아야 했고, 외로움과 고독 속에 살아야 했다.

그런 그가 어떻게 그런 많은 복을 받을 수 있었을까? 그것은 고난 속에서 하나님과 동행하는 법을 배웠기 때문일 것이다. 그는 고난 속에서 철저하게 하나님만을 기다리고 앙망한 사람이었다.

기복적인 무속종교와 기독교 신앙의 차이가 무엇인가? 무속종교의 특징은 자신의 변화가 없이 단지 초월적인 존재를 향해 치성이나 정성을 드리고 그 대가로 자신의 목적을 달성하는 것이다. 초자연적인 존재를 치성이나 정성으로 감동시켜서 복을 받는 것이다. 사탄이 어떤 존재인가. 인간에게 일시적인 복을 주면서 결국 영원한 죽음으로 이끌고 들어가는 존재가 아니던가. 푸닥거리를 하도록 만들고는 병을 낫게도 해주고 돈을 벌게도 해준다. 그리고 영원한 형벌로 이끌고 간다.

그러나 기독교 신앙의 복 개념은 이와 근본적으로 다르다. 기독교의 하나님께서는 인간의 인격적인 변화를 먼저 요구하신다. 물론 하나님의 일방적인 축복도 있지만, 하나님께서는 먼저 우리를 복 있는 사람으로 변화시켜 가시며 복 주시기를 원하신다. 믿음의 연단을 위해 고난도 허락하시고 고통도 허락하신다. 고난받을 때 피할 길도 주시고, 기도하면 고난을 이기게도 하신다. 그런 과정 속에서 우리를 결국 영원한 생명의 길로 인도하신다.

하나님께서 요셉을 복 있는 사람으로 이끄실 때도 고난이라는 과정을 사용하셨다. 그 처절한 고난 속에서 요셉은 하나님만이 복의 근원이심을 알아갔다. 그리고 철저히 하나님 중심의 삶을 살 수 있었다. 요셉을 보라. 그는 자신의 삶에 일어나는 모든 일을 하나님과 연결지어 생각했다. 자신을 바라보는 하나님의 시선을 의식했다. 보디발 장군의 부인이 자신을 유혹하는 위급한 순간에도 그는 남자로서의 본능적인 것들에 집중하지 않았다. 오히려 자신을 향한 하나님의 시선에 집중했다.

그런즉 내가 어찌 이 큰 악을 행하여 하나님께 득죄하리이까. (창 39:9 하)

요셉만 입 다물면 모든 상황은 요셉을 위하여 굴러갔을 것이다. 보디발 장군의 부인이 요셉을 위해 더 각별한 사랑과 혜택을 베풀어 주었을지도 모른다. 그런데도 요셉은 그 길을 단호하게 마다하고 감옥행을 택했다. 하나님 중심의 삶을 포기할 수 없었던 것이다.

그렇게 하나님만을 전적으로 의지하며 살아가는 요셉을 하나님께서는 어떤 시선으로 바라보고 계셨을까? 요셉이 어려움에 처할 때마다, 요셉이 하나님을 찾을 때마다 하나님께서는 요셉의 손을 놓지 않으시고 필요할 때마다 많은 복으로 채워 주셨다. 요셉이 하나님 마음에 들어가 있었기 때문이다.

나 자신을 과신하지 말라 | STEWARD

우리는 이렇게 하나님 마음에 들어가 살아야 한다. 하나님이 내 마음에 드는 게 아니라 내가 하나님 마음에 들어야 한다. 또한 하나님 마음 안에 들어가 살아야 한다.

아버지와 어린 아들이 급류가 흐르는 냇물을 건널 때 아들이 아버지의 손을 잡는 것보다 아버지가 아들의 손을 잡는 것이 훨씬 안전하다. 아버지는 아들의 손을 더욱 강하게 붙잡을 수 있을 뿐 아니라 아들의 손을 놓을 수 없는 사람이 바로 아버지이기 때문이다.

인생을 살면서도 내가 하나님 손을 잡았다 놓았다 하기보다는 하나님께 내 손을 잡혀 드리는 것이 가장 안전하며 확실한 길이다. 나 자신을 너무 믿지 말라는 뜻이다. 사실 우리는 별로 믿을 만한 존재가 아니다. 한 치 앞을 알지 못한다. 언제 이 땅의 생명을 마감할지 모른다. 그래서 언제나 하나님께 나를 맡기며 살아야 한다.

너무 어려울 때는 하나님께 예배도 잘 드리고 헌신하며 살다가 사업이 풀리고 돈 좀 벌면 주일예배도 빠지고 은근히 하나님 곁을 떠나는 사람들이 있다. 그들은 스스로에게 이렇게 말한다.

"괜찮아, 다음 주부터 나가면 되지. 다음 달부터 신앙생활 잘하면 되지."

그러나 인간이 얼마나 악한 존재인가. 한번 해 본 나쁜 습관은 곧 고질적인 습관으로 굳어진다. "주일예배 안 나가면 어때? 헌금? 내가 열심히 일해서 번 돈을 왜 교회에 갖다 바쳐야 해? 내가 알아서 불쌍한 사람들 도와주면 되지 뭐."

그러나 곧 그는 탐욕과 이기심의 노예가 되어 불쌍한 사람들을 돕기는커녕 없는 자들의 소유까지 빼앗기 위해 모든 사업 수완을 다 부리는 존재가 되고 만다. 그러다가 어느덧 하나님을 믿는 게 아니라 자기 자신을 하나님으로 섬기며 살아가는 사람이 되어 버린다.

이런 인간의 죄성을 아시는 하나님은 "네 은금이 증식되며 네 소유가 다 풍부하게 될 때에 두렵건대 네 마음이 교만하여 네 하나님 여호와를 잊어버릴까 하노라"(신 8:13-14)라고 경고하신다.

하나님께 내 인생을 맡기는 사람은 자신의 연약함과 악함을 아는 사람이다. 그래서 자신을 과신하지 않는다. 예배의 단을 먼저 쌓은 후 인생의 한 걸음을 내딛으며 산다. 인생의 무력함을 너무 잘 알기에 모든 일에 앞서 기도부터 드린다.

이것이 요셉처럼 복덩이로 살아가는 비결이다. 나의 필요에 의해 하나님을 붙잡았다 놓았다 하지 않고 언제나 나를 온전히 하나님께 맡기며 살아가는 것이다. 하나님께서는 나를 가장 잘 아신다. 아시되 정확하게 아신다. 우리가 하나님 중심으로 살아갈 때 그분께서는 가장 좋은 것을 가장 좋은 때에 허락해 주신다. 그러므로 축복은 내 지혜와 경험에서 나오는 것이 아니라 하나님의 손 안에서 나오는 것이다.

아브라함은 이런 사실을 잊지 않은 사람처럼 보인다. 아브라함과 롯이 같이 살 수 없어 각자의 길을 가야 했을 때 아브라함은 선택권을 조카에게 양보했다.

> 네 앞에 온 땅이 있지 아니하냐 나를 떠나라 네가 좌하면 나는 우하고 네가 우하면 나는 좌하리라. (창 13:9)

아브라함은 어떻게 이런 말을 할 수 있었을까. 물론 그가 조카 롯을 사랑했을 뿐 아니라 욕심이 없었기 때문에 롯에게 선택권을 양보했다는 말에도 일리는 있지만, 이미 그는 모든 축복권이 인간의 안목이나 지혜에 있는 것이 아니라 오직 여호와 하나님의 손에 달려 있음을 알고 있었던 게 아니었을까. 이와 달리 롯은 자신의 안목으로 그 땅을 바라보며 흐뭇해 했다.

> 이에 롯이 눈을 들어 요단 들을 바라본즉 소알까지 온 땅에 물이 넉넉하니 여호와께서 소돔과 고모라를 멸하시기 전이었는고로 여호와의 동산 같고 애굽 땅과 같았더라. (창 13:10)

롯은 그 땅을 바라보며 절호의 찬스를 얻었다고 생각했을 것이다. 그러나 결국 롯이 선택한 비옥한 땅은 멸망하고 말았고, 어디에 거하든지 하나님의 약속을 믿고 하나님만을 바라본 아브라함은 큰 복을 받았다.

땅 위에 있는 1톤짜리 배는 장정 열 명이 달라붙어도 움직일 수 없다. 그러나 밀물이 밀려와 배가 뜨면 어린아이가 밀어도 배는 움직이게 되어 있다. 내 힘, 내 능력만 가지고는 안 된다. 하나님의 플러스 알파를 기대하라. 하나님께서 은혜의 강물을 보내 주실 때 우리는 작은 힘을 가지고도 능히 큰 배를 움직이는 기적을 체험할 수 있다.

복의 근원은 하나님께 있다. 그래서 우리는 복받기를 소원하기 전에 하나님께 우리의 시선을 고정시켜야 한다. "믿음의 주요 또 온전케 하시는 이인 예수를 바라보자"(히 12:2)는 말씀처럼 우리의 눈을 예수님께 고정(fix your eyes)시켜야 한다. 왜냐하면 하나님께서는 우리의 지혜를 뛰어넘는 분이시기 때문이다.

최선을 다하여 열심히 일하는 삶의 태도는 그리스도인이 복을 얻는데 매우 중요한 사항이다. 그러나 먼저 주님을 바라보아야 한다. 수고한 대로 복을 받을 수 있는 것도 하나님의 도우심이 아니면 불가능한 까닭이다.

네가 네 손이 수고한 대로 먹을 것이라 네가 복되고 형통하리로다. (시 128:2)

수고한 대로 먹는 것을 성경에서는 복되고 형통하다고 했다. 이 말씀을 바꿔서 해석하면 여호와를 경외하지 않으면 수고한 대로 먹지 못한다는 뜻이다. 즉, 아무리 땀 흘려 열심히 일해도 모든 것이 허사로 돌아간다는 뜻이다.

하나님 없이도 부자가 되었다고 자랑하는 사람들을 간혹 본다. 물론 꼭 예수를 믿어야 부자가 된다는 법은 없다. 그러나 하나님 없이 돈을 벌게 되면 돈을 버는 과정에서 수많은 불면의 밤이 있었을 테고, 또 부자가 되었어도 그것을 지키기 위해, 아니면 더 많이 벌기 위해 근심걱정에 시달릴 것이다. 또한 돈 버는 과정에서 생긴 스트레스나 혹사당한 육체는 재물을 즐길 수 있는 시간이나 여유를 주지 않는다. 어느 정도 돈 벌고 살만 하니까 그만 병들어 세상을 떠나야 하는 사람들을 심심치 않게 본다. 아니면 유산 때문에 자녀들이 서로 싸우고 견제하는 경우도 많다. 이처럼 하나님 없이 벌어들인 재물은 축복이 아니라 도리어 화가 되기 쉽다. 성경은 "여호와께서 복을 주시므로 사람으로 부하게 하시고 근심을 겸하여 주지 아니하신다"(잠 10:22)라고 말한다.

돈은 쫓는다고 얻어지는 것이 아니다. 일생 동안 죽도록 돈을 쫓아 다녔어도 결국은 빈털털이로 인생을 마감하는 사람들이 많다. 하나님이 주셔야 한다. 하나님의 주권을 인정하고 하나님이 주시는 물질만이 나에게 축복이 됨을 깨달아야 한다.

"사람이 마음으로 자기의 길을 계획할지라도 그 걸음을 인도하는 자는 여호와시니라"(잠 16:9)는 말씀을 기억하자. 하나님은 자기를 찾는 자들에게 상 주기를 원하시는 분이다(히 11:6). 복받기를 소원하는가? 먼저 하나님께 시선을 고정시키라. 그분의 손 안에 참된 복이 있다.

자극이나 환경에 좋은 반응을 하는 인격의 실력 | steward

인간은 밖으로부터 주어지는 자극이나 환경에 끊임없이 대응하며 살아간다. 또한 이러한 자극에 어떻게 대응하느냐에 따라 그 사람의 성공 여부가 결정된다고 해도 과언이 아니다. 우리의 언어, 생각, 행동 등 모든 것들은 대부분 외부로부터의 자극에 대한 반응들이다.

사람은 누구를 만나느냐에 따라 성공과 실패가 결정되기도 하는데 분명한 것은 좋은 반응을 보이는 사람에게 하나님께서는 좋은 사람을 보내 주신다는 것이다.

비바람이 몰아치는 늦은 밤, 미국의 작은 마을에 있는 호텔에 노부부가 들어와서 예약은 안 했지만 혹시 방이 있느냐고 물었다. 이때 한 안내원이 "워낙 작은 호텔이라 남은 객실은 없습니다만, 이처럼 비도 오고 새벽 한 시나 되었는데 나가시라고 할 수가 없네요. 누추하지만 제 방에서라도 주무시겠어요?" 하고 노부부를 안내했다. 다음 날 아침, 노신사가 떠나면서 그 안내원에게 말했다. "당신은 미국에서 제일 좋은 호텔의 사장이 되어야 할 분 같군요. 당신을 위해 언젠가 호텔을 하나 지어드리지요." 그리고 2년 후, 그때의 노신사가 뉴욕행 비행기표와 함께 자기를 방문해 달라는 편지를 그에게 보내왔다. 뉴욕에 도착하자 노신사는 그를 중심가에 위치한 대리석으로 만든 궁전 같은 호텔로 안내했다. "이 호텔은 당신을 위해 내가 지은 것이니 한번 경영해 보시오." 이것이 미국의 호텔 산업을 부흥시킨 조지 볼트가 그 당시 미국 최고급 호텔 아스토리아의 사장이 된 사연이다.

우리는 자극과 반응에 대한 선택의 자유를 갖고 있다. 그런데 문제는 우리 스스로가 타인과 자신을 해롭게 하는 반응을 선택하는 경향이 높다는 것이다. 질투보다는 칭찬을, 미움보다는 용서를, 허물을 들추기보다는 덮어주기를, 문제를 일으키기보다는 해결을, 뒤에서 무작정 비난하기보다는 스스로 모범이 되는 삶을 사는 사람들이 적다는 것이다.

요셉은 성공한 뒤에도 가족과 환경을 비관하지 않았다. 반면 우리는 어떠한가? 고난이 닥칠 때는 좀 겸손해져 있다가도 고난이 지나고 나면 오히려 피해의식에 젖어서 "그때 그놈 때문에 내가 얼마나 고생했는지 몰라. 그놈만 아니었어도 내가 그렇게까지 힘들지 않았을 텐데."라며 이를 갈지 않는가. 요셉은 형들을 용서하면서 모든 과거의 종적들을 하나님의 섭리로 바라보았을 뿐, 과거의 상처로 자기연민에 빠지거나 형들을 원망하지 않았다.

> 당신들이 나를 이곳에 팔았으므로 근심하지 마소서 한탄하지 마소서 하나님이 생명을 구원하시려고 나를 당신들 앞서 보내셨나이다. (창 45:5)

이 또한 요셉만이 할 수 있는 반응이었다. 이런 반응은 요셉이 왜 "복 있는 사람"이 되었는지를 알게 해주는 부분이다.

흔히 반응을 결정하는 요소는 세 가지가 있다고 한다. 날 때부터 타고 나는 유전적·생리학적 요소, 자라온 환경과 교육으로 결정되는 환경적 요소, 마지막으로 다른 사람이 나에게 어떤 행동을 함으로써 빚어지는 상대적 요소가 그것이다. 우리는 이런 세 가지 요소에 영향을 받아 문제가 생길 때마다 모든 문제를 주어진 환경 탓으로, 자신의 성격 탓으로, 상대방 탓으로 돌리곤 한다. "너 때문이야." "네가 그런 말을 했기 때문이야." "부모 잘못 만난 탓이지 뭐." "가난하기 때문이지." "내 신체적 결함 때문이지."

이런 모습은 이미 창세기에도 나와 있다. 아담이 선악과를 먹는 죄를 저질렀을 때 그는 하나님께 "저 여자 때문입니다."라고 변명했고, 하와는 "뱀 때문입니다."라고 항변했다. 우리는 어떠한가. "지금 세상이 다 그렇지 않습니까?" "나도 인간인데 어떡합니까?"라며 우리의 죄악을 합리화하려고 하지 않는가.

이러한 일반적인 반응은 스스로 복을 얻지도 못할 뿐더러 타인에게도 복을 주는 사람이 되지 못하게 한다. 부정적인 사람이 되어 타인과 자신을 힘들게 한다.

"너는 늘 왜 그러냐?" "내 그럴 줄 알았어." "넌 뭐 잘하는 게 하나도 없니?" "너한테는 별로 기대할 게 없어."

사람을 향해 기대해 주거나 칭찬해 주는 모습이 전혀 없다. 그러기에 곁에는 늘 안 되는 사람만이 있을 뿐이다. 우리나라 사람들이 자주 하는 말을 보라. 저주하는 말들이 얼마나 많은가. "가다가 코나 깨져라!" "빌어먹을 놈." "타고난 팔자가 그 모양인가보다."

우리는 같은 사건을 보면서도 전혀 다른 방향으로 반응할 수 있는 사람들이다. 왜냐하면 우리는 그리스도의 옷을 입은 그리스도인이기 때문이다. 세상과는 전혀 다른 시각을 주님 안에서 가진 사람들이기 때문이다. 그래서 우리의 말에는 권세가 담겨 있다. 축복권이 있다.

축복어린 말은 긍정적인 시각에서 나온다 | STEWARD

어디선가 그런 말을 들은 적이 있다. 서울의 어느 교회에서 유명하신 K목사님을 모시고 간증을 하고 있었는데 그때 간증을 듣던 교회의 어떤 전도사님이 이렇게 혼잣말을 했다. "저 목사님, 정말 고생 많이 하셨구나." 그러나 그 말을 옆에서 들은 교회 담임 목사님은 이렇게 말씀하셨다. "이 사람아, 저분은 지금 고생한 이야기를 하고 있는 게 아닐세. 은혜 받은 이야기를 하고 계신 걸세!"

똑같은 사건을 가지고도 '은혜 받았다'고 생각하는 것과 '고생했다'고 생각하는 것에는 엄청난 차이가 있다. "많은 고난이 있었기에 많은 은혜를 경험한 사람"이라고 말할 수 있는 사람과 "많이 고생했기에 지지리도 복 없는 사람"이라고 자신의 정체성을 밝히는 사람과는 엄청난 인생의 질적 차이가 생긴다. 똑같은 고난이 닥쳤지만 전자는 '은혜'에 주목하기에 기쁨과 감사가 넘치게 다가올 테고, 후자는 '고생'에 주목하기에 슬픔과 고통이 넘치게 다가올 것이다.

이런 태도와 반응은 타인을 향해서도 똑같이 나타난다. 전자는 고난 받는 사람을 향해 "당신은 하나님의 은총을 많이 받을 수 있는 귀한 사람입니다. 하나님께서 귀히 쓰시려고 이 고난을 허락하십니다."라고 말해 줄 수 있지만, 후자는 "너는 어쩜 그리도 복이 없냐? 팔자가 왜 그 모양이냐?"라고 말할 사람이다.

우리는 의도적으로 좋은 말, 긍정적인 말을 할 필요가 있다. 키 큰 사람을 향해서는 "날씬해서 보기 좋다."고 말하고, 작은 사람에게는 "아담해서 예쁘다."고 말해 보는 것이다. 마른 사람에게는 "옷맵시가 난다."고 하고, 대머리에게는 "잘 살겠다."라고 말하는 것이다. 부부간에도 이런 말은 자주 할수록 좋다. 특히 그리스도인들에게는 말한 대로 이루어지는 언어의 권세가 있음을 잊지 말자. "당신이 우리 교회에서 제일 예뻐." 그 말 한마디에 아내의 그날 행복이 결정된다는 사실을 명심해야 할 것이다. 사람은 칭찬을 먹으면 성장한다. 그래서 칭찬을 잘하는 사람 곁에는 성장하는 사람이 많은 법이다.

이처럼 복 있는 사람은 언제나 긍정적인 반응을 통해 미래를 축복으로 이끈다. 긍정적인 반응을 한다는 것은 과거 지향적이 아니라 미래 지향적인 반응을 한다는 뜻도 내포한다.

미래 지향적이라는 것은 단순히 미래를 향해 열심히 달려간다는 뜻만은 아니다. 과거의 상처와 실수로부터 벗어나 미래를 창조적으로 이끈다는 뜻이다. 부부 중 한 사람이 잠깐 바람 핀 일로 인해 계속해서 시비를 거는 사람은 과거 지향적인 사람이다. 물론 분명히 잘못한 일에 대해서는 하나님께 회개하고 상대방에게 용서를 빌어야 하며 다시는 그런 길에 들어서면 안 될 것이다. 그런데 문제는 그렇게 죄악에서 돌이켰는데도 과거를 잊지 못하고 그때 당신이 바람 펴서 내가 얼마나 고통스러웠는 줄 아냐며 따지는 것은 과거를 현재화하여 살아가는 모습이다. 20년 전에 누가 뚱뚱하다고 놀린 일에 상처를 받고는 계속해서 사람 앞에 나서기를 두려워하는 사람도 과거 지향적인 사람이다. "처녀 때는 한 몸매 했는데." "친정에서는 나를 공주처럼 대해 줬는데."라며 과거의 순간들을 자꾸 들먹이는 사람도 과거 지향적인 사람이다.

이런 모습들은 현재의 삶에서 결코 긍정적이고 창조적인 반응을 이끌어 내지 못한다. 성공하는 사람, 복스러운 사람이란 과거의 상처나 아픔, 현재의 고통까지도 좋은 반응을 통해 좋은 미래를 창조적으로 만들어가는 사람이다.

그렇다면 어떻게 해야 항상 좋은 반응을 하며 살아갈 수 있을까. 사건이나 사물에 대한 우리의 반응은 곧 인격과 관련이 깊다. 그것은 우리 인격이 성령의 지배를 받아야만 좋은 반응을 할 수 있다는 뜻이기도 하다. 성령충만해야 한다는 뜻이다.

우리의 타고난 기질이나 성품은 성령충만 안에서 가장 좋은 모습으로 다스림받을 수 있다. 성령충만이 무엇인가. 성령께서 우리 안에 가득 차 있는 모습이 아닌가.

깡통은 속이 비어 있기 때문에 밖으로부터 주어진 환경에 의해 모양이 결정되고 만다. 조금만 눌러도 찌그러지고 망가진다. 그러나 철기둥은 아무리 치거나 긁어도 그 모습 그대로 끄떡없다. 속이 꽉 차 있기 때문이다.

사도행전에 나오는 스데반은 성령이 충만한 사람이었다. 사람들이 거짓 증거를 대면서 스데반을 공격할 때도 스데반의 얼굴은 천사의 얼굴과 같았다. 요동함이 없었다.

공회 중에 앉은 사람들이 다 스데반을 주목하여 보니 그 얼굴이 천사의 얼굴과 같더라. (행 6:15)

좋은 반응을 보이는 것이 쉬운 일은 아니다. 그러나 성령충만 안에 들어가 살면 불가능한 일도 아니다. 성령충만이란 은사적 개념을 말하지 않는다. 성령의 신비한 은사를 나타낸다고 해서 다 성령충만하다고 말할 수는 없다. 성령충만이란 늘 주님과 더불어 사는 신실함을 뜻한다. 이런 신실함은 인격의 실력을 쌓게 하고, 결국 인격의 실력이 일과 사람에 대한 좋은 반응을 낳게 한다.

요셉은 처음부터 인격의 실력을 갖춘 사람은 아니었다. 그는 숱한 고난 속에서 하나님을 의지하는 법을 배웠고, 그 가운데서 인격의 사람으로 변화되어 갔다. 형들에 의해 애굽 상인에게 팔리고 종살이를 하는 등 캄캄한 상황이 되풀이되는 속에서 오히려 긍정적이고 적극적인 삶을 살아가는 태도를 배웠다. 그는 하나님이 아니면 인생 역전을 꿈꿀 수 없는 사람이었기에 하나님만으로 그를 가득 채웠다. 맡은 일에 최선을 다하는 성실한 사람으로, 노예생활에서도 늘 남을 돕는 사람으로, 권력 지향적이 아니라 봉사 지향적인 사람으로, 상대방의 실수를 용서하는 사람으로 인격의 실력이 날이 갈수록 더해 갔던 것이다.

하나님께서는 요셉을 그렇게 만드신 후에 복에 복을 부어 주셨다. 요셉이 좋은 반응을 할 수 있도록 만드신 후에 사람을 붙이시고 복을 부어 주신 것이다.

인격이 추한 사람 곁에는 결코 좋은 사람들이 가까이 갈 수 없다. 물과 기름처럼 분리될 수밖에 없다. 우리의 만남은 인생의 성패를 좌우한다. 누구를 만나느냐에 따라 인생의 깊이가 달라진다. 나를 도와줄 좋은 사람을 만나길 원하는가? 그렇다면 먼저 우리 자신의 인격을 성령 안에서 바꿔야 한다. 성령충만함으로 인격의 실력을 먼저 쌓아야 한다.

끊임없이 학습자로 사는 기능적 실력 | STEWARd

요셉은 하나님 안에서 인격의 실력을 쌓아감과 동시에 기능적인 실력을 계속해서 쌓아갔다. 그가 보디발 장군 밑에서 가정총무의 일을 맡아서 했다는 것은 1차적으로 하나님의 특별하신 은혜 위에서 가능했고, 2차적으로는 그가 애굽의 문화와 언어를 열심히 익혔기 때문에 가능했던 것이다.

요셉은 가나안에서 애굽으로 팔려오면서 보디발의 집으로 들어간다. 그때 보디발은 여호와께서 요셉과 함께하심을 보며 요셉에게 가정총무의 일을 맡겼고, 이때부터 하나님께서는 요셉을 위해 보디발의 집에 많은 복을 내리셨다(창 39장).

우리는 여기서 요셉을 향한 하나님의 은혜에 집중한 나머지 요셉이 하나님의 은혜로 내려 주신 가정총무의 일을 감당하기 위해 어떤 노력을 했는지에 대해서는 무관심하기 쉽다. 우리는 물론 하나님의 전적인 은혜로 살아간다. 우리가 각자의 직업을 가지고 사는 것은 전적인 하나님의 은혜임이 틀림없다. 때마다 시마다 하나님께서 지혜를 주셨고 결정적인 순간에 길을 열어 주셨다. 그런데 하나님께서는 준비된 만큼 우리를 쓰신다. 만약 요셉이 하나님의 은혜로 가정총무의 일까지 맡게 되었지만 그가 그 일을 성실하게 감당하기 위해 애굽의 모든 문화와 언어를 충실하게 익히지 않았다면 그는 곧 무능한 가정총무가 될 수밖에 없었을 것이다.

성경에는 물론 기록되어 있지 않지만, 요셉은 가정총무의 일을 잘 감당하기 위해, 아니 가정총무의 일을 맡기 전부터 모든 종들이 잠들었을 때에도 열심히 공부했을 것이라고 추정된다. 이러한 실력이 기반이 되어 요셉은 하나님께서 기회를 주셨을 때 애굽 전체를 관장하는 국무총리로서 탁월한 정치를 펼 수 있었던 게 아니었을까? 기능적인 실력이 갖추어졌다고 해서 다 쓰임받는 것은 아니지만 믿음의 실력을 갖춘 사람이 기능적인 실력까지 갖춘다면 하나님께서 쓰시기에 더 편리할 수 있다.

그런 면에서 평생 학습하는 자세로 살아가는 사람은 진정한 실력자다. 우리는 사람을 볼 때도 그 사람만의 색채를 보고 싶어 한다. 사람은 음악이든 미술이든 운동이든 기술이든 독특한 한 가지의 기능적 장점을 통해 그 사람의 색채를 형성한다. 자원봉사에 앞서가는 사람을 보라. 그는 어떤 식으로 사람의 필요를 채워 줄 것인가에 대해 끊임없는 관심과 노력을 기울인다. 훌륭한 의사는 끊임없이 의학공부를 한다. 인테리어에 뛰어난 주부는 계속해서 인테리어 관련 잡지를 보는 등 학습자의 자세를 잃지 않는다.

기능적인 실력을 쌓기 위해 학습하는 자세는 마치 맛있는 음식을 만들기 위해 재료를 준비하는 것과 비슷하다. 재료가 잘 준비되지 않으면 아무리 탁월한 요리사라 해도 좋은 음식을 만들 수 없기 때문이다. 우리는 우리 자신을 준비된 재료로 하나님 앞에 올려 드려야 한다. 그리고 최상의 요리가 만들어지도록 하나님의 은혜를 구해야 한다.

대개 공부하기 싫어하는 학생들은 "공부가 인생의 전부입니까?"라는 말로 공부 안 하는 자신을 합리화한다. 비단 학문적인 분야가 아니더라도 미래를 위해 자신이 가장 잘할 수 있는 분야를 끊임없이 학습하는 사람은 결국 성공하게 되어 있다.

나 역시 학습하지 않으면 미래뿐 아니라 현재의 여러 사역을 감당할 수 없음을 잘 알고 있다. 오래전에 대학에서 학생들을 가르친 적이 있었는데 그때 나는 내 영어가 얼마나 짧은지를 실감했다. 즉흥적인 학생들의 질문과 그에 적절한 답변들을 영어로 대답하는 데 많은 어려움을 느꼈다. 그래서 오랜 미국 생활에도 불구하고 매일 영어공부를 할 수밖에 없었다.

고용주나 최고 경영인의 자리에 이른 사람도 마찬가지다. 만약 누군가가 전문적인 실력 없이 최고의 자리에 이른다면 그것만큼 그 집단과 직원들을 불행하게 만드는 일은 없을 것이다. 직책이 높을수록 전문적인 안목과 실력이 갖춰져야 한다. 만약 그가 전문적인 실력은 없는데 마음만 좋다면 그것이야말로 리더십에서는 최악의 조건을 갖춘 것이라고 하겠다. 전문인일수록 계속적인 학습을 해야 한다. 그래야 가장 좋은 조건에 최고의 서비스를 고객들에게 제공할 수 있다.

겸손해지고 싶어도 실력이 있어야 겸손할 수 있다는 말을 새겨들을 필요가 있다. 매일 낙제만 하는 사람이 "나는 공부도 못하고 제대로 하는 게 별로 없다."고 말하는 것은 겸손이 아니다. 그것은 사실을 말한 것일 뿐이다.

모든 분야에 유능할 수는 없다. 하나님께서 주신 은사대로, 달란트대로 쓰임받아야 한다. 그러나 달란트를 개발하여 실력자가 되는 것은 우리의 몫이다. 개발하되 평생을 개발해야 한다. 다윗은 돌팔매질을 잘해서 하나님의 영광을 드러냈다. 다윗의 돌팔매질이 어디 하루아침에 만들어진 솜씨였겠는가. 바울의 진리를 향한 열정은 하나님의 영광을 더욱 빛나게 했다. 그런 면에서 보자면 '개미와 베짱이'에 나오는 베짱이는 열심히 기능적인 실력을 쌓은 인물로 볼 수 있다. 한여름에 모두가 뙤

약볕에서 일할 때도 베짱이는 노래하고 기타 치면서 자기 분야를 열심히 개척(?)하지 않았던가. 그 덕분에 베짱이는 모두가 굶는 한겨울에 음반을 팔아 오히려 개미를 도와줄 수 있는 처지가 되었다고 한다.

우리는 모두 실력자가 될 수 있다. 이렇게 갖춰진 실력 위에 하나님의 기름 부으심이 임하면 우리 모두는 하나님께 쓰임받을 수 있다. 모두 그 날을 소망하며 평생을 학습하는 학습자들이 되기를 바란다.

목적이 이끄는
성공적인 삶 / Chapter 03

성공하는 것보다 더 중요한 성공적인 삶 | STEWARD

    사람은 누구나 성공을 꿈꾼다. 각종 언론에서 보도하는 성공신화의 풀 스토리는 언제나 세간의 관심을 집중시킨다. 스토리의 중심부에는 주인공이 서 있고, 주인공은 남다른 안목과 재능과 성실함으로 오늘의 성공을 일구었다고 말한다. 한마디로 근사한 성공이다.

    그러나 이런 성공 스토리가 보도될 때마다 나는 적잖이 우려가 되곤 한다. 하나님 없이 일군 성공을 성공이라 말할 수 있을까. 성공이라기보다는 출세를 향해 달려가는 출세지상주의를 부추기는 건 아닐까. 언론의 관심을 받고 있는 성공 사례자들은 성공한 후에 과연 성공한 사람답게 살아가고 있는 것일까.

대부분의 성공 사례를 보면 성공을 향한 그 사람의 집념 어린 목표가 매우 강하게 보도되곤 한다. 성공을 향한 목표보다 더 중요한 "왜 성공하려 하는가?"에 대한 성공의 목적을 다룬 프로그램은 별로 찾아보기 어렵다. 출세를 위한 성공이 아닌, 하나님의 영광을 위한 성공 사례를 만나보고 싶은 마음이 간절하다.

성공의 목적을 분명히 세우는 것은 성공의 목표를 바로잡는 데도 실제적인 영향을 끼칠 뿐 아니라, 성공 후의 삶의 방향과 질까지도 제시해 준다. 그 사람이 정말 성공적인 삶을 살아가고 있는가에 관한 측정의 척도가 되는 것이다.

그런 면에서 돈 버는 방법이나 관리하는 법을 말하기에 앞서 무엇이 성공이고 왜 성공해야 하는가에 대한 성공의 개념과 목적부터 짚고 넘어가는 게 순서이리라. 특별히 부자를 꿈꾸는 사람들은 돈 자체가 인생의 목적이 되지 않도록 이 부분을 확실히 붙잡을 수 있기 바란다.

무엇이 성공의 기준인가 | STEWARD

우리는 성공이라는 말을 좋아한다. 그렇다. 우리는 성공한 인생을 살아야 한다. 그러면 성공한 인생이란 어떤 인생인가? 흔히 생각하는 것처럼 돈을 많이 벌어 부자가 되면 성공한 인생이라 할 수 있을까? 물론 돈을 많이 벌 수 있다면 좋은 일이며, 축복이다. 그러나 돈에는 함정이 있다. 성공의 목적을 제대로 모른 채 돈을 벌면 함정에 빠지고 만다.

어느 신문에서 부동산 재벌이 된 변호사 이야기를 읽은 적이 있다. 그는 부동산으로 돈을 벌어 자식에게 시가 500억의 땅을 물려주었다. 그 후 변호사가 늙어 난치병에 걸리는 바람에 병원비가 엄청나게 들게 되었다. 할 수 없이 땅이라도 팔아 병을 고쳐보려고 아들에게 땅을 팔 것을 부탁했다. 그러나 아들은 "그 부동산은 이미 내 것"이라며 아버지의 부탁을 거절했다. 아버지는 아들과 원수가 되었고 결국 아들을 고소해서 재판까지 가는 사태에 이르렀다.

이 기사를 읽으면서 변호사인 아버지나 부자인 아들의 인생을 과연 성공한 인생이라 할 수 있을지 묻고 싶었다. 우리는 부자가 되거나 공부해서 박사가 되거나 국회의원에 당선되어 정계에 들어간 사람을 보면 성공했다고 말한다. 물론 이 경우를 성공이라고 볼 수도 있다. 그러나 이것은 세상의 기준으로 본 성공일 뿐이다.

예수님을 믿는 우리의 성공 기준은 이와는 확실히 다르다. 왜냐하면 우리의 신분이 바뀌었고 인생의 목적이 바뀌었기 때문이다. 목적이 바뀌는 그 순간을 '중생'(Born Again)이라 부른다. 중생 이후, 우리는 내 인생의 모든 것을 하나님의 관점에서 바라보며 그 안에서 진정한 삶의 보람과 의미를 찾게 된다. 즉, 아무리 돈을 많이 벌어 부자가 되었어도, 아무리 학문을 쌓고, 아무리 높은 권력을 얻었어도 그 삶이 하나님과 아무런 관련이 없는 삶이라면 우리는 헛살게 된다는 뜻이다. 우리 인생의 목적, 성공의 목적은 "하나님을 영화롭게 하며 영원토록 그를 기뻐하는 것"이다. 사람을 위해 먹고 마시고 즐기는 인생은 허무하다. 풀은 마르고 꽃은 시들며 인생은 유한하기 때문이다. 사람이나 물질을 우상처럼 받드는 인생, 자기 자신의 영화와 부귀를 목적으로 알고 달려가는 인생은 결국 허무한 한 줌의 재로 남을 뿐이다. 그러나 하나님을 영화롭게 하는 인생은 영원하신 하나님 여호와의 역사 속에 남는다.

많은 그리스도인들은 교회에 다니고 있다는 이유만으로 하나님을 삶의 주인으로 모셨다고 생각한다. 그러나 입으로는 하나님을 주라 하지만 실제로는 내가 내 인생의 주인이 되어 나의 욕심과 고집을 따라 사는 경우가 너무나 많다. "살아 있을 때는 내 맘대로 살겠어요. 죽은 다음에 하나님 마음대로 하세요."라는 태도로 살아가는 것이다.

예수님을 믿고 하나님의 자녀가 되었다는 것은 죄인의 자리에서 축복의 자리로 옮겨왔다는 뜻이다. 이 얼마나 감사하고 감격스러운 일인가. 여기에 더 보태어 그리스도인이 되었다는 것은 예수님을 내 인생의 주인으로 모시겠다는 의미이다. 성경에서는 살아도 주를 위하여 살고, 죽어도 주를 위해 죽는다고까지 표현했다.

> 이제 내가 육체 가운데 사는 것은 나를 사랑하사 나를 위하여 자기 몸을 버리신 하나님의 아들을 믿는 믿음 안에서 사는 것이라. (갈 2:20)

이 말씀에 근거하여 인생을 바라보면 무엇이 성공의 기준이 되는지 알 수 있다.

"하나님께 어떻게 쓰임받았는가?"

이것이 인생의 성공에 대한 기준이자 목적이다. 하나님께 쓰임받기 위해 성공을 꿈꾸고, 하나님께 영광 돌리기 위해 성공해야 한다. 그런 성공은 아름답다. 하나님과 사람에게 기쁨이 된다. 나 자신이 영화롭기 위해 성공한 사람들은 성공의 부작용으로 주변인들에게 고통만을 안겨 준다. 그러나 하나님을 영화롭게 하기 위해 성공한 사람들은 그리스도를 높이고 사람들에게 유익을 주는 성공의 상호작용을 남겨 놓는다.

그렇다면 하나님을 영화롭게 한다는 것은 구체적으로 어떻게 사는 것을 말할까?

청지기로 사는 것, 바로 그런 삶을 뜻한다.

청지기는 말 그대로 관리하는 자를 말한다. 주인이 아닌 신실한 관리자가 청지기다. 우리는 하나님을 누구라 부르는가? 하나님은 나의 창조자, 내 생명의 주인이시다. 내 삶의 주인은 내가 아닌 하나님이시다. 그리고 나는 하나님의 은혜 안에 사는 청지기이다. 이 청지기의 개념을 놓쳐버리면 신앙생활이든 경제생활이든 무너질 수밖에 없다. 하나님으로부터 받은 생명과 시간과 재능과 육체를 어떻게 관리하고 다스릴 것인지 청지기의 개념으로 접근할 때 가장 성공적인 인생을 살 수 있다. 한 사람의 삶의 질을 평가하는 기준도 이와 같다. "그가 얼마나 많이 먹고 많이 입다가 세상을 떠났느냐."가 아닌, "그의 모든 소유를 청지기로서 얼마나 하나님 뜻에 맞게 사용하다 떠났는가."에 달려 있다.

청지기가 갖는 거부할 수 없는 특징이 무엇인가? 언젠가는 주인과 결산해야 한다는 것이다.

> 한 번 죽는 것은 사람에게 정하신 것이요 그 후에는 심판이 있으리니. (히 9:27)

우리는 모두 머지않은 장래에 하나님 앞에서 이 땅에서의 삶을 결산해야 한다. 그때 "잘하였도다 착하고 충성된 종아"(마 25:23)라는 평가를 하나님 앞에서 들을 수 있다면 그야말로 가장 성공한 인생일 것이다.

이렇게 신실한 청지기는 돈과 재물에 관해 어떤 자세와 태도를 가지고 살아갈까? 재물에 관한 청지기의 몇 가지 특징들을 살펴보자.

신실한 청지기의 특징 ❶
하나님의 소유권을 인정한다
| STEWARD

자본주의의 특징은 사유재산권을 인정한다는 점이다. 심지어는 보이지 않는 권리까지도 인정해 준다. 옆 건물이 햇빛을 차단했을 때 '일조권 침해'라고 해서 손해 배상을 당당히 받을 수 있는 것이 그 예이다. 요즘은 풍경을 차단했을 때도 손해 배상 판결이 나올 정도다.

그렇다면 기독교는 자본주의 체제에 가까울까, 공산주의 체제에 가까울까? 결론부터 말하자면 어떤 체제도 기독교를 완벽하게 설명할 수 없다. 예수님께서 공생애를 사실 때 가난한 자들과 불쌍한 자들을 돌보시고 먹을 것을 함께 나누셨다고 해서 예수님을 사회주의자로 볼 수 없으며 사유재산을 인정하고 가난한 자, 부한 자 각각의 삶을 인정해 주셨다고 해서 자본주의자라 볼 수 없다. 기독교는 사유재산권을 인정하지만 엄밀한 의미에서 보자면 절대적으로 인정하는 것은 아니다. 성경은 분명히 만물의 소유주가 하나님이심을 밝힌다.

> 땅과 거기 충만한 것과 세계와 그 중에 거하는 자가 다 여호와의 것이로다. (시 24:1)

열심히 일하고 일한 만큼 얻게 하는 것은 인정하지만 그렇게 얻어진 것들에 대해 궁극적인 주인이 하나님이심을 명시하고 있다. 그러나 우리는 어떻게 생각하는가. '내가 내 시간과 수고를 들여 벌어들인 수입이니만큼 내 소유는 내 것'이라고 착각하며 산다. 그런데 과연 그럴까?

어떤 사업가가 있었다. 그는 거의 무일푼에서 조그만 자영업을 시작했기에 많은 고생을 겪어야 했다. 그러나 어려움 속에서도 그는 하나님을 신실하게 의지하면서 열심히 사업을 일궈나갔다. 배짱도 없고 사업 수완도 없는 그였지만 일 때문에 사람을 만날 일이 생기면 언제나 열심히 기도로 준비했다. 그 덕분인지 사람을 만나면 만나는 일마다 일이 잘 성사되었다. 게다가 시대적 흐름이 때를 잘 맞추는 바람에 그의 사업이 급성장하기에 이르렀다. 그는 모든 일이 하나님의 섭리와 도우심으로 이루어졌다고 고백하며 감사의 눈물을 흘릴 줄 아는 부자가 되었다.

그런데 어느 주일부터인가 친구와 함께 술집에 드나들기 시작했다. 늦게 배운 도둑 날 새는 줄 모른다더니 뒤늦게 즐기기 시작한 술과 도박은 그에게 세상 사는 재미를 더해 주었다. 차츰 그의 마음속에는 하나님보다 세상이 더 커져갔다. 주일에 교회 가는 일이 뜸해지더니 나중에는 대놓고 교회에 등을 돌려버렸다. 아내가 교회에 가자고 성화를 부릴 때마다 이제는 벌컥 화까지 냈다.

"왜 내가 뼈 빠지게 일해서 번 돈을 교회에 갖다 바쳐야 하며, 왜 내게 주어진 소중한 휴식 시간을 교회에서 소모해야 하는 거야?"

그때마다 아내는 눈물로 호소했다.

"여보, 하나님이 복 주셔서 이만큼 왔는데 이제 와서 당신이 그런 소리 하면 어떡해요?"

그러면 남편은 더 화를 냈다.

"하나님이 도우셨다고? 그래, 그럴 수도 있지. 하지만 다 자업자득이고, 인과응보라 했어. 내가 그만큼 머리도 좋고 피땀 흘려 노력했으니까 이렇게 된 거지."

그는 어느덧 자신이 받은 복을 자신의 공로로 돌리고 있었다.

"사람이 얼마나 대단한 존재인지 알아? 호랑이 굴에 들어가도 정신만 똑바로 차리면 산다고 했어. 열심히 노력하며 살고 있는데 두려울 게 뭐가 있어?"

그렇게 호언장담하던 그에게 갑자기 시련이 닥치고 말았다. 친구와 밤늦게까지 도박을 하다 귀가하던 중 교통사고를 당했고, 사고로 1급 척수장애인이 되고 만 것이다. 호황을 누리던 그의 사업은 때를 같이하여 바람에 겨와 같이 날아가 버렸다. 그의 소식을 전해 들은 동업자와 친구들은 모두 등을 돌려버렸고, 병실에 갇혀 있는 그는 꼼짝없이 당할 수밖에 없었다. 그는 모든 것을 잃은 후 하반신마비 장애와 육체의 통증을 안고 비로소 하나님 앞에 고백하기에 이르렀다.

"하나님, 인간이 이렇게 무력한 줄은 몰랐습니다. 척추 속의 척수 하나가 없다고 해서 온 몸의 기능이 마비되고 이렇게 고통스런 통증을 안고 살아가야 하는 줄 몰랐습니다. 제 마음에 아무리 뜨거운 피가 펄펄 끓고 있어도 제 다리 하나 맘대로 움직일 수 없고, 제게 등을 돌린 동업자들의 마음 하나 붙잡을 수 없음을 몰랐습니다. 인생이 내 맘대로, 내 뜻대로 안 된다는 사실을 예전엔 미처 몰랐습니다. 지혜가 있어도, 사업 수완이 있어도 결국 모든 일이 되기 위해서는 하나님의 개입하심이 있어야 하는 줄 몰랐습니다. 아니, 지혜와 사업 수완도 하나님께서 주신 것임을, 내 머리에 장애가 오면 그 또한 막혀버리는 것임을 예전엔 몰랐습니다."

그는 이런 고백을 하며 다시 주님 앞에 뜨거운 회개의 눈물을 흘렸고 모든 것의 주인 되신 하나님을 위하여 지금 제2의 새로운 인생을 살아가고 있다.

이 일은 실화인 동시에 우리에게도 얼마든지 일어날 수 있는 일이다.

정도의 차이는 있지만 우리도 얼마나 우리 삶의 주인이 우리 자신이라고 착각하며 살아갈 때가 많은가. 내가 여기에 오기까지 하나님의 은총이 얼마나 컸는지에 대해 감사해 본 적이 있는가? 일하시는 분은 성령이시고, 우리는 다만 주님의 도구가 되어드린 것뿐인데 일에 대한 보람과 열매까지 거두게 하시니 얼마나 감사한 일인가.

그런데도 우리는 마치 적선하듯이 구제하거나 아까워 죽겠다는 표정으로 헌금하는 일이 많다. 내 돈 내 맘대로 써도 된다고 생각하고, 심지어는 내 돈이 아닌 카드빚까지 끌어와 맘대로 사용하는 일도 많다.

왜 그럴까? 왜 우리는 청지기의 개념으로 물질을 관리하고 다스리지 못하는 걸까? 현실적으로 볼 때 하나님의 은혜를 쉽게 말하면서도 내가 가진 모든 소유권을 하나님께 드린다는 것이 그리 쉬운 일은 아니다. 왜냐하면 사람들은 태어나면서부터 내가 주인이 되어, 내 마음대로 돈을 벌고, 쓰고, 관리하며 살아왔기 때문이다.

그러나 신실한 청지기는 그와는 다른 삶을 산다. "내 지갑의 주인이 내 인생의 주인이다."는 사실을 알고, 내 지갑을 내 뜻대로 사용하지 않는다. 내 지갑의 주인은 하나님이시기에 지갑의 소유권을 온전히 하나님께 드리는 것이다.

하나님의 소유권을 인정하면 자유가 온다

예수님은 "아무든지 나를 따라오려거든 자기를 부인하고 날마다 제 십자가를 지고 나를 좇을 것이니라"(눅 9:23)고 하셨다. 여기서 "자기 부인"이라는 것은 '포기'와 '항복'의 의미를 담고 있다. 내 것은 없고 모든 것이 주님의 것이라는 뜻이다. 어쩌면 신앙생활이라는 것은 날마다 버리는 것의 연습이라는 생각이 든다. 예수님 때문에 나의 욕심과 정욕, 그리고 내가 애착하고 있는 것들을 날마다 십자가 밑에 묻는 것이다.

항복 중에서도 가장 강력한 항복은 나 자신을 드리는 일이다. 우리 자신을 주님께 온전히 드리게 되면 나에게 속해 있는 모든 것들이 저절로 주님께 속하게 된다. 그렇게 살아갈 때 우리는 신실한 청지기로서의 삶을 영위할 수 있다.

내가 내 소유의 주인이라고 생각하며 살아가는 한 우리는 재물의 속박에서 벗어날 길이 없다. 재물이 줄면 줄어서 걱정이고, 늘면 더 늘리기 위해 걱정한다. 요즘처럼 취업이 힘들고 직업 갖기가 어려울 때는 막막한 경제사정 때문에 잠 못 자는 이들도 많다. 내일에 대한 염려로 건강까지 잃을 정도다. 물론 그 아픔과 고통이야 오죽 크겠냐마는 그럴 때일수록 냉정하게 성경적으로 생각해야 한다. 염려한다고 되는 일은 아무것도 없으며 오히려 기도함으로 우리 가정의 경제를 하나님께 맡기고 평안한 잠을 잘 수 있어야 한다. 그래야 일어설 수 있다. 하나님께 모든 것을 맡겨야만 계속적인 재물의 영향과 지배에서 벗어날 수 있다. 우리는 너무 교만해서 청지기 자리에 앉지 못하는 일도 있고, 너무 책임감이 강해서 청지기 자리에 앉지 못할 때도 있다. 후자가 어떤 경우인가? 빚을 해결하는 문제라든가, 등록금을 해결하는 문제처럼 매우 절박한 문제만큼은 내가 주인이 되어 해결해야 한다는 생각에 몇 날 며칠 잠을 못 이룬

다. 신실한 청지기는 돈이 있을 때 돈을 잘 관리하는 역할도 하지만, 돈이 없을 때도 주인을 믿고 평안을 잃지 않는 역할을 잘 감당한다. 만약 그것을 뛰어넘어 내 스스로 돈 문제를 해결해야 한다는 책임감을 갖는다면 그것은 하나님 앞에서 오버하는 일이다.

그러므로 물질의 많고 적음을 떠나 언제나 물질의 주인이 하나님이심을 고백하며 살아가는 사람이 참 지혜자다. 이렇게 청지기로 살아가게 되면 다음과 같이 삶이 완전히 달라진다.

첫째, 고양이가 쥐를 쫓아다니듯 지나치게 돈을 쫓아다닐 필요가 없어진다. 끊임없는 소유욕과 이기심을 절제할 수도 있다. 왜냐하면 그 돈이 결국은 내 것이 아니라 주인 되시는 하나님의 것임을 알기 때문이다. 물고기가 먹이에 지나치게 집착하면 이끼에 속아 낚시 바늘에 잡히고 만다. 집착하지 않는 자가 지혜로운 자다. 그런 자는 적어도 물질의 함정에 빠지지 않는다.

둘째, 돈을 잃거나 손해를 봐도 낙심하지 않는다. 손해 본 돈은 내 돈이 아니라 하나님의 돈이기에 하나님께서 알아서 하실 일임을 믿기 때문이다. '내가 돈을 잃음으로 인해 하나님 입장에서 내게 말씀하시고 싶은 더 큰 메시지가 있다.'는 생각으로 모든 일을 받아들인다. 즉, 돈의 손실로 인한 삶의 고통을 나를 위해 하나님께서 대가를 치르시고 가르치시는 삶의 메시지로 받아들이는 것이다.

셋째, 경제적 어려움을 당해도 지나치게 걱정하지 않는다. 경제적으로 어려움을 당할수록 믿음의 실력을 발휘할 줄 안다. 우리 주위에는 누군가에게 사기를 당했거나 보증을 선 일이 잘못되어 하루아침에 거지로 전락했을 때 그 고통을 이기지 못해 화병으로 죽음을 맞는 사람들이 종종 있다. 요즘처럼 어려운 시기에는 자살로 생애를 마감하는 이들도 많다. 그러나 하나님께서는 우리의 모든 사정을 아신다. 우리의 주인 되시는 하나님께서는 결코 우리를 버려두시지 않으신다. 고난의 기회를 선용하시어 우리를 훈련하시고, 필요하다면 우리의 의식주 문제도 가장 적절한 방법으로 해결해 주신다. 물질의 소유권을 하나님께 맡긴 신실한 청지기는 이런 사실을 믿기 때문에 그 막막한 현실 앞에서도 염려하지 않는다.

넷째, 가난한 이웃을 돕거나 선행을 해도 아깝게 느껴지지 않는다. 내 물질로 도운 것이 아니라 하나님의 물질로 도운 것이기 때문이다. 그래서 청지기 의식이 없는 사람이 선행을 계속하면 교만할 수밖에 없다. 내 돈으로 도왔다고 스스로 생각하는 공로의식이 머릿속에 자리 잡기 때문이다. 반면, 청지기 의식으로 선행을 베풀면 겸손하고 감사한 마음뿐이다. "내가 무엇이관데 주님의 물질을 내 손으로 사용하여 이들을 돕게 하시나이까?"라는 고백이 절로 나온다.

이처럼 하나님의 소유권을 인정하면 이 세상을 살되 이 세상의 원리에 속박되지 않고 하나님 나라의 원리로 살아가는 축복과 자유를 누릴 수 있다.

그러나 소유권을 포기하며 살기란 쉽지 않다. 우리의 죄성을 십자가에 박지 못할 때 시시각각 욕심이 고개를 내밀어 우리를 사로잡고, 사탄이 속이는 말로 우리를 얽어매기 때문이다.

누가복음 20장에는 이런 사탄의 욕심에 사로잡혀 주인 노릇을 하는 농부들의 이야기가 소개된다. 어떤 포도원 주인이 농부들에게 세를 주고 타국으로 떠나게 되었는데, 포도원을 경작하던 사람들은 흑심이 생겨 세를 받으러 보낸 사람들을 죽이고 만다. 나중에는 포도원을 자기 것으로 만들기 위해 주인의 외아들을 죽이는 범죄까지 자행하고 말았다. 그 결과 어떻게 되었는가?

> 그런즉 포도원 주인이 이 사람들을 어떻게 하겠느뇨 와서 그 농부들을 진멸하고 포도원을 다른 사람들에게 주리라 하시니. (눅 20:15-16)

소유물을 하나님의 것으로 인정하지 않는 한 우리 역시 누가복음 20장에 나오는 악한 일꾼들과 다를 바 없다. 하나님께서는 이처럼 악한 일꾼들을 그대로 두시지 않는다. 우리는 어디까지나 하나님께서 맡겨 주신 것을 관리하는 청지기임을 알아야 한다. 본래부터 내 것이란 아무것도 없었다. 내 몸조차 내 것이 아니다. 그런데도 하나님께서는 너무나 많은 것을 우리에게 맡겨 주셨다. 신실한 청지기는 맡겨 주신 선물이 얼마나 귀하고 많은지를 볼 줄 아는 눈을 지녔다. 그 눈으로 세상을 보기에 그의 마음에는 언제나 감사가 가득하다.

신실한 청지기의 특징 ❷
돈 버는 과정이 깨끗하다

| STEWARD

흔히 쓰는 말 중 가장 잘못된 것 하나가 "개같이 벌어 정승같이 쓴다."는 말이다. 돈을 버는 데는 원칙이 있어야 한다. 마약을 판매하고 음란 비디오를 돌리고 환경을 파괴하면서 돈을 벌어서는 안 된다. 차라리 가난하게 사는 게 훨씬 낫다. 그렇게 번 돈을 자식에게 물려준다고 해서 그것이 진정한 유산이 될 수 있을까? 뇌물을 받아서 십일조하는 경우는 어떤가? 하나님께서 그 돈을 받으시겠는가?

그간 우리는 많은 부정부패 스캔들에 그리스도인들이 연루되는 모습을 보면서 너무도 가슴 아파했다. 왜 집사며 장로들이 각종 부정부패의 주인공들이 되어야 하는가. 그리스도인이라고 자처하던 그들조차 돈 버는 과정에 대한 이해 없이 "개같이 벌어 정승같이" 쓰려고 했던 것은 아니었을까.

> 너희는 도적질하지 말며 속이지 말며 서로 거짓말하지 말며 너희는 내 이름으로 거짓 맹세함으로 네 하나님의 이름을 욕되게 하지 말라 나는 여호와니라. (레 19:11-12)

가끔 코스타(해외유학생 복음화 운동)에서 강의를 하다 보면 해외에서 공부하는 유학생들을 대하게 된다. 그들 중에는 학위를 받고 고국에 돌아가 사회 지도층이 될 사람들이 많을 것이다. 나는 그들에게 한국에 돌아가서 각 분야에서 리더들이 되었을 때 뇌물을 받거나 사회 부조리에 물들지 않고 사회에 모범이 되기를 간절히 부탁한다.

하나님께서는 결과만큼 과정을 중요하게 보신다. 어쩌면 과정을 더욱 중요하게 보실 수도 있다. "모로 가도 서울만 가면 된다."는 결과 중심적인 세상 가치관과는 전혀 다른 생각을 갖고 우리를 바라보신다. 만약 하나님께서 이 세상에서의 삶을 결과 중심적으로 바라보셨다면 악인이 판을 치며 의인이 고통받도록 내버려두시지 않았을 것이다. 하나님께서는 이 땅에서의 삶을 끝이 아닌 하나의 과정으로 보셨기에 때론 의인을 고난 가운데 그대로 두기도 하시고 악인을 형통함 속에 두기도 하신다. 그리고 이 세상의 삶을 다 마친 후에 주님의 나라에서 모든 것을 판단하신다.

나는 1980년도 후반에 미국 미네아폴리스 주에 있는 한 회사의 회계감사를 해 준 적이 있다. 그곳은 내가 사는 곳과 거리가 너무 멀어 비행기를 타고 다니면서 회계감사를 한다는 것이 무리였다. 그래서 거절하려고 했으나 수수료를 많이 준다는 제안에 마음이 동하여 수임을 받기로 했다. 그렇게 3년 정도 회계감사를 했지만 사무실 일이 너무 바빠져 출장을 갈 수 없게 되어 일을 그만두게 되었다.

그런데 그로부터 약 3년 후 법원으로부터 통지서 한 장이 날라왔다. 내게 약 100만 달러를 보상해 달라는 고소장이었다. 고소한 사람들은 바로 그 회사에 투자한 몇 사람들이었는데 내가 감사한 회사의 회계보고에 오류가 있다는 것이었다. 그들은 내가 회계감사한 결산서에 의존해서 그 회사에 투자를 했지만 물건 재고가 실제와 차이가 나고 외상값 받을 돈 중 일부 금액이 회수 불가능한 금액이라는 점을 이유로 자신들의 투자 금액을 내가 변상해야 한다는 논리로 고소장을 제출했다. 훗날 나는 그 투자가들이 몇 해 동안 사업을 했으나 재미를 못 보는 바람에 막대한 손실을 보충하려고 여러 사람을 고소하던 중에 나를 포함시켰다는 사실을 알게 되었다.

소송은 계속 진행되었고 이 과정에서 나와 가족들은 남들에게는 말 못할 매우 힘든 시간을 보내야 했다. 그때 내가 제일 두려워했던 것은 하나님의 영광이 가려지지 않을까 하는 것이었다. 결국 2년간의 재판 끝에 내가 한 감사 행위에 하자가 없다는 판결을 받았다.

소송이 종결된 후 나는 나의 정직성에 대해 곰곰이 생각해 보았다. 사실, 회계감사를 시작한 세 번째 해에는 시간적, 거리적 제약이 많아 부실감사를 할 위험이 너무 커져 그 회사에 그만두겠다고 통고했었다. 그러자 사장이 즉시 비행기를 타고 찾아와서 한 해만 더 해달라고 통사정하는 것이 아닌가? 문제는 그가 빈손으로 온 것이 아니고 수임료 외에 많은 돈을 보너스로 들고 온 것에 나는 그만 넘어가고 말았다는 것이다. 정확한 감사를 할 수가 없는 위험이 도사리고 있다는 것을 알면 수임을 거절했어야 하는데 돈에 마음이 팔려 한 해만 더 해주기로 약속했던 것이 그만 내게 큰 고통이 되어 다가올 줄은 몰랐다.

이 사건은 내 인생에 큰 상처로 남았지만 여기서 얻은 여러 가지 교훈은 내 삶에 있어서 무엇과도 바꿀 수 없는 귀한 것들이 되었다.

하나님께서는 "내가 거룩하니 너희도 거룩하라."는 명령을 돈에도 적용하기를 바라신다. 돈의 거룩성을 어떻게 판별하는가? 그것은 정직하게 벌어들인 수입인가 아닌가를 보면 알 수 있다. 요행을 바라거나 사행심리로 벌어들인 돈도 기뻐하지 않으신다. 열심히 땀 흘려 노력하되 그 위에 하나님의 개입하심이 있는 돈, 투명하고 정직한 돈을 하나님께서는 기뻐하신다. 그러기에 신실한 청지기는 복권 당첨일을 손꼽아 기다리는 인생이 되어서는 안 된다. 뇌물을 주고받는 가운데 가슴 졸이는 인생이 되어서도 안 된다. 세금계산서를 속인 돈으로 이윤을 챙겨 부자로 사는 인생도 안 된다. 뇌물을 받을 수 있는 높은 자리까지 올라가되 결코 뇌물을 받지 않는 실력자를 하나님께서는 찾으신다. 세금계산서를 속이기보다는 정직하게 세금을 내되 최고의 서비스 정신으로 승부해서 성공한 사업가를 찾으신다. 한달 내내 일해서 벌어들인 수익 중 일부를 떼어 하나님께 먼저 드리고 이웃을 돌보며 그 와중에도 알뜰하게 저축하여 재테크에 성공한 진정한 재테크 챔피언을 찾으신다.

물론 이러기란 쉬운 일이 아니다. 그러나 하나님께서 함께하시면 어려운 일도 아니다. 이렇게 벌어들인 거룩한 돈은 결코 우리를 거꾸러뜨리는 법이 없다. 우리 가정경제를 살리고 나라살림을 살린다. 돈이 거룩해져야 한다. 거룩한 돈이 많아져야 한다. 지금 우리나라는 돈이 더러워져서 문제다. 더러운 돈 때문에 나라 경제가 파탄 지경에 이르렀다. 이제는 거룩한 돈으로 나라를 살릴 때다. 우리가 그 주인공이 될 때다.

신실한 청지기의 특징 ❸
소득증대의 목적이 분명하다
| STEWARd

    모든 일에는 목적이 있어야 한다. 특히 돈 버는 목적 없이 그냥 돈이 좋아 돈을 벌려고 애쓰는 것만큼 슬픈 인생은 없다. 돈 때문에 교만해져서 하나님과 멀어지고, 돈 때문에 친구를 잃고, 돈 때문에 병들거나 돈 때문에 음란해지는 사람이 얼마나 많은가. 우리는 자존심, 자존심 하면서도 그리스도인으로서의 거룩한 자존심을 돈 앞에서 무너뜨리는 일이 너무나 많다. 왜 돈을 벌어야 하는지에 대한 하나님 중심의 목적의식이 없기 때문이다. "가진 게 없어도 나는 하늘나라 시민권을 소유한 영광스런 그리스도인이다."라는 자부심 하나로 세상과 당당히 맞서 싸웠던 우리 믿음의 선진들의 기백을 잃어버린 것만 같다. 가난이 싫어 주부가 노래방 도우미로 나서고, 용돈을 풍족하게 쓰고 싶어 학생이 성 매매업소에 나가는 현실이다. 거룩에 대한 자존심을 완전히 잃어버린 세대의 모습이다.

    일반적으로 사람들은 "잘 먹고 잘 살기 위해" 돈을 벌려고 한다. 살아가는 목적을 거기에 둔다. 그러나 여기에만 머물면 돈 자체가 인생의 목적이 되어버린다. 선한 목적 없이 권력을 즐기면 사람은 잔인해지고, 선한 목적 없이 학문을 일구면 학문으로 불의를 아름답게 치장하는 등 권력의 하수인이 되고 만다. 돈 버는 올바른 목적 없이 돈을 버는 데 혈안이 되어버리면 결국 돈의 함정에 빠져 헤어 나오질 못한다. 당신은 어떤가? 왜 돈을 벌고 싶은가? 그저 "잘 먹고 잘 살기 위해" 돈을 벌고 싶어 하는 것은 아닌가?

아프리카 동물들은 떼 지어 지내다가 한 마리가 무엇엔가 위협을 느껴 뛰기 시작하면 모두가 덩달아 뛴다. 인간들도 이처럼 돈을 향해 뛴다. 무조건 뛴다. 더 많이 갖기 위해 목숨 건 경쟁을 한다. 어디로 가고 있는지조차 모른 채 남들이 돈을 향해 뛰니까 나도 덩달아 뛴다. 종착지가 어디인지도 모른 채 때론 욕망이라는 이름의 전차에 몸을 싣고 무조건 가는 것이다.

인생을 살며 목적을 잘 세우는 것은 성공적인 인생을 사는 데 필수적이다. 대통령이 되는 것 자체가 목적인 사람이 대통령이 되면 나라는 불행해질 수밖에 없다. 그는 권력에 대한 욕심 때문에 대통령의 자리에 올랐으므로 민생안정과 국가안보의 지도력을 갖출 새가 없을 테고 자연 나라는 도탄에 빠질 수밖에 없다. 돈을 버는 목적도 이와 같으면 위험천만한 일이 벌어지고 만다. 그런 사람이 돈을 벌면 대부분 방향을 잃어버린다. 성실하던 가장이 바람을 피우고, 열심히 살던 아내가 우울증에 시달린다. 무료함을 달랠 길이 없어 마약에 손을 대는 일도 많다. 유흥가에서 시간을 보내는 일은 허다하고 부족함이 없기 때문에 어떤 것에도 감사를 느끼지 못한다.

사탄은 인간의 소유욕을 이용해 우리를 멸망시킨다. 그러기에 사도 바울은 "부하려 하는 자들은 시험과 올무와 여러 가지 어리석고 해로운 정욕에 떨어지나니 곧 사람으로 침륜과 멸망에 빠지게 하는 것이라"(딤전 6:9)고 경고했다.

투우 경기를 생각해 보라. 이 경기는 마치 돈을 쫓아다니다가 멸망하는 인간의 모습을 재연한 경기처럼 보이기도 한다. 뿔이 크고 힘센 큰 황소는 씩씩거리며 광장을 돈다. 그 옆엔 붉은 망토를 어깨에 두른 투우사가 서서히 관중들의 시선을 모은다. 투우사는 곧 망토를 벗어 황소의 얼굴을 슬쩍 슬쩍 치며 황소의 성을 돋운다. 이에 고무된 황소는 붉은 망토를 향해 사정없이 힘을 다해 치닫는다. 그러다가 요리조리 약삭빠르게 휘둘러대는 투우사에 의해 황소의 거센 힘은 서서히 빠지기 시작한다. 투우사는 기회를 틈타 긴 칼을 던져 황소의 목에 수없이 꽂아대고 결국 기진맥진한 황소의 목에 마지막 칼을 꽂음과 동시에 황소는 피를 토하고 쓰러진다. 황소는 붉은 망토가 자신의 죽음을 초래하는 미끼라는 것도, 투우사의 계략도 알지 못한 채 자신의 힘만 믿고 돌진하다가 죽음을 맞고 말았다.

우리 역시 이처럼 목적도 없이 무조건 돈을 쫓아 살아가고 있는 것은 아닐까? 무작정 돈이라는 망토만을 쫓다가 돈에 휘둘려 죽는 황소가 되어가고 있지는 않은지 돌아볼 일이다.

혹자들은 "내가 왜 아무 목적 없이 돈을 벌어요? 전 분명한 목적을 위해 돈을 벌고 있다고요."라고 말하기도 한다. 그러나 잘못된 목적을 위해 돈을 버는 사람들은 목적 없이 돈을 버는 사람보다 더 위험한 결과를 초래한다. 그렇다면 대부분의 사람들은 무엇을 위해 돈을 벌려고 하는 걸까? 한 가지씩 짚어보면서 나는 어디에 속해 있는지 살펴보도록 하자.

물질 소유의 잘못된 목적 ❶ 욕심을 채우기 위해

사람들이 돈과 재물을 모으려는 이유 가운데 가장 큰 비중을 차지하는 것은 욕심 또는 탐심이다. 욕심이란 늘 부족하다고 느끼는 상태이기에 현재 가지고 있는 것에 만족하지 못하고 더 많은 것과 더 좋은 것을 계속해서 추구하게 한다. 마치 구르는 눈덩이처럼 마음속의 소유욕은 날이 갈수록 커져만 간다. 사업 실패의 가장 큰 원인 중 하나가 무엇인 줄 아는가? 바로 지나친 욕심이다. 욕심은 우리의 눈을 멀게 하고 분별력을 잃게 만들어 마침내 사업을 실패로 이끌게 한다.

이러한 욕심과 탐심은 고상하고 아름다운 모습으로 위장되기가 쉽다. 예를 들면 선한 사업을 하기 위해 돈을 벌겠다는 경우이다. 교회도 짓고 이웃을 위해 봉사하며 각종 사회사업 단체를 돕고 싶은 마음에 돈을 벌어야겠다고 말한다. 사실은 부자로 살고 싶은 욕심, 남에게 으스대고 싶은 욕심을 선한 사업이라는 포장으로 가리고 있는 것이다. 하나님 나라에 대한 열망과 이웃에 대한 뜨거운 사랑이 주가 되어 사업하려는 사람에게는 욕심이 없다. 열망만이 있을 뿐이다.

그러나 대부분의 사람들은 욕심에 눈멀어 돈을 벌려 한다. 한 푼씩 모아 종자돈을 만들면 증권 투자나 부동산 투자로 성급하게 달려드는 이유가 무엇인가. 결국은 빨리 돈 벌어 부자가 되고 싶은 마음에서다.

성경에서도 이러한 인간의 욕심이 죄를 낳았음을 잘 보여 준다. 아담과 하와를 넘어지게 했던 선악과는 어떤 모습이었는가?

> 여자가 그 나무를 본즉 먹음직도 하고 보암직도 하고 지혜롭게 할 만큼 탐스럽기도 한 나무인지라. (창 3:6)

"먹음직도 하고 보암직도 한" 선악과 앞에서 하와의 마음 안에 그만 욕심이 들어가 버렸다. 그 욕심에 넘어져 하나님께서 금하신 선악과를 따먹고 아담까지도 죄를 짓고 만다. 욕심은 이렇듯 죄를 낳고 죄는 사망을 낳는다(약 1:15). 죄에 걸려 넘어진 인간은 육신의 정욕과 안목의 정욕, 이생의 자랑을 추구하기 때문에 더더욱 욕심에 사로잡힐 수밖에 없다. 더 좋은 옷, 좋은 음식, 좋은 차, 좋은 집을 사고 싶은 욕심에 끊임없이 시기와 질투와 허영에 시달린다. 내 안의 그리스도 외에는 자랑할 것이 없는 인생이건만 인간은 스스로를 자랑하고 싶어 안달이 난다. 죄인인 인간이 이생의 자랑을 추구하기 때문이다.

이런 욕심을 다스리지 못하면 우리가 무엇을 하든 목적이 욕심을 채우기 위한 방편일 수밖에 없다. 돈을 벌려는 가장 정직한 이유도 사실은 내 육신의 정욕과 안목의 정욕을 채우기 위한 수단일 뿐이다.

그렇다면 어떻게 이런 욕심을 다스려야 할까? 예수님은 "심령이 가난한 자는 복이 있나니 천국이 저희 것임이요"(마 5:3)라고 말씀하셨다. 심령이 가난하다는 것은 무슨 뜻일까? 여러 가지 의미가 있을 수 있다. 이 세상 어떤 것도 의지하지 않음을 뜻할 수도 있고, 욕심과 소유욕을 완전히 비워낸 상태를 뜻할 수도 있다. 특히 재물에 대한 욕심을 비워낼 때 우리 마음은 천국을 소유한 가난한 상태가 되는 것이다.

일반적으로 물질에 대해 욕심 없는 초연한 마음을 갖는다는 것은 죄인인 우리에게 있어 거의 불가능하다. 그러나 가치관을 바꾸면 욕심을 줄일 수 있다. 욕심은 가치관과 직접 연결되어 있기 때문이다. 가치를 모르면 욕심도 없다. 돼지에게 아무리 진주를 던져 주어도 그 가치를 모르기 때문에 욕심을 안 낸다. 아무리 훌륭한 그림을 가지고 있어도 그 가치를 모르면 소홀히 대하게 된다.

우리 그리스도인들은 돈보다 나은 가치를 발견한 사람들이다. 아니, 돈의 가치에 비할 수 없는 하나님 나라에 대한 열망으로 가득 차 있는 사람들이다. 하나님 나라에 대한 소망과 열망이 마음 안에 가득 차면 돈에 대한 욕심, 세상에 대한 관심은 자연히 멀어진다.

> 주 안에 기쁨 누리므로 마음의 풍랑이 잔잔하니
> 세상과 나는 간 곳 없고 구속한 주만 보이도다. (찬송가 204장)

주님 안에서 기쁨을 누리다 보면 그동안 나의 주된 관심이었던 세상과 나는 어느덧 관심 밖으로 사라지고 주님만이, 나를 구원해 주신 주님만이 가득하다는 것이다.

성경에서도 밭에 감추인 보화를 발견한 후 모든 소유를 팔아 그 밭을 산 사람의 이야기가 나온다. 그는 왜 그동안 팔 수 없었던 것을 다 처분

할 수 있었는가. 보다 나은 가치를 발견했기 때문이다. 사도 바울도 전에 가졌던 모든 학문과 자랑을 배설물로 여길 수 있었던 까닭이 있었다. 예수 그리스도를 아는 지식이 가장 고상함을 깨달았기 때문이다.

여기서 우리는 욕심을 다스리는 비결을 찾을 수 있다. 복음으로 정복된 가치관만이 인간의 욕심을 다스릴 수 있는 것이다. 예수님도 "삼가 모든 탐심을 물리치라 사람의 생명이 그 소유의 넉넉한 데 있지 아니하니라"(눅 12:15)고 말씀하신다. 사람의 생명, 즉 인생의 만족과 기쁨이 재물의 넉넉함에 달려 있지 않다는 것이다.

죄를 용서받고 지옥에서 천국으로 옮겨가는 일, 하나님의 자녀가 되는 일, 영생을 얻는 일보다 이 세상에 더 가치 있는 일이 있을까? 이에 대한 해답을 진정으로 얻게 될 때 우리의 가치관은 완전히 달라지게 된다. 욕심이 사라진다. 돈 욕심 대신 "먼저 그의 나라와 의를 구하려는" 열망만이 가득하게 된다. 그리고 "주 예수보다 더 귀한 것은 없네 이 세상 부귀와 바꿀 수 없네."(찬송가 102장)라는 신앙고백을 내 입술로 고백할 수 있을 것이다.

물질 소유의 잘못된 목적 ❷ 인정받기 위해

사람은 누구나 인정받고 싶어 한다. 그리고 인정받는 방법 중 가장 효과적인 방법이 돈과 재산을 많이 소유하는 것이라 생각한다. 돈만 있으면 얼마든지 자신을 나타낼 수 있다고 착각한다. 돈만 있으면 수많은 사람들로부터 관심의 대상이 된다고 생각한다. 자신의 능력과 실력과 가치를 돈이라는 매개를 통해 인정받고 싶은 마음으로 돈을 모으려는 사람들이 우리 주변에는 많다. 돈이 없으면 무시당하기 때문에 돈이 있어야 한다고 생각한다.

사람이 인정받으며 살아가는 것은 매우 중요하다. 그러나 우리가 한 가지 놓쳐버린 매우 중요한 사실이 있다. 사람이 받을 수 있는 가장 중요한 인정은 사람들로부터 받는 인정이 아닌, 하나님으로부터 받는 인정이라는 것이다. 하나님으로부터 인정받는 사람은 사람들로부터 인정받지 못해도 상관하지 않는다. 사람들의 시선으로부터도 자유할 수 있다. 이것은 세상과 완전히 등 돌려 살라는 게 아니다. 세상 속에서 살되 세상의 원리나 사람들의 시선에 얽매이지 않는다는 뜻이다. 그런 사람은 세상이 감당치 못한다. 그리고 세상을 이길 수 있다.

반면 하나님의 인정을 받지 못하는 사람은 그 공허함에 어떻게 해서든 사람들로부터 인정받으려 애쓴다. 돈과 재물에 대한 집착을 버리지 못한다. 나의 가치를 재물로 나타내려 하기 때문에 타인에 대해서도 그런 시선으로 바라본다. 은연중 돈 없는 사람을 무시하고 경시한다.

이는 부자 마인드와 정반대인 빈곤 마인드의 한 예다. 마음 자체가 허전하기에 돈으로 사람들의 인정을 사려는 것이다. 그러나 하나님의 인정을 받으면 하나님께서는 모든 것을 우리에게 채워 주신다. 하나님의 인정을 받는 일이 먼저다.

그렇다면 하나님께서는 무엇으로 우리를 인정하시는가? 믿음이다. 믿음을 보신다. 중심을 보신다. 태도를 보신다. 하나님께서는 모든 것을 소유하신 분이시다. 천지를 만드신 분이시다. 그분 앞에서 돈으로 환심을 사려고 하지 말라. 하나님께 더 중요한 것은 물질이 아닌 우리 마음의 중심이다. 하나님께서는 의로운 길로 가는 사람을 인정하신다.

물질 소유의 잘못된 목적 ❸ 재물 축적의 기쁨을 위해

돈 버는 것 자체를 좋아하는 사람이 있다. 재물을 늘려가는 재미 때문에 살아가는 사람도 꽤 많다. 이런 사람들의 특징은 많은 돈과 재물을 소유하고 있음에도 불구하고 즐겁게 쓰지 못한다는 것이다. 기쁘게 사용할 줄 모른다. 어려운 사람이나 필요한 사람에게 나누어 주는 일은 상상조차 할 수 없는 일이다. 부자이면서도 돈이 아까워 제대로 먹지도 못한다. 돈을 쓸 때마다 가슴이 아파 제대로 입지도 못한 채 날마다 궁색하게 살다 이 세상을 떠난다.

이런 사람이 돈을 잃으면 상처가 아주 크다. 슬픔과 분노에 휩싸여 세상 사는 방향을 상실하고 만다. 그동안 재물이 늘어나는 재미 하나를 위해 제대로 먹고 마시고 즐기지도 못하며 살았는데 하루아침에 돈을 잃었으니 살아갈 이유를 찾지 못한다. 재산의 상실 앞에서 마침내 목숨까지도 잃어버리는 것은 그 때문이다. "돈을 잃었으니 더 산들 무슨 유익이 있겠는가?"라는 자세가 죽음을 부른 것이다.

물론 재물을 잘 쌓아두는 검소한 자세는 재물을 낭비하는 사람과 비교할 때 훨씬 바람직한 자세다. 그러나 쌓아두기만 하고 하나님을 위해 쓸 줄 모른다면, 재물을 자신의 풍성한 삶을 위해 사용할 줄 모른다면, 그것보다 어리석은 일은 없다. 그런 사람에게는 재물 자체가 하나님이다.

사실 돈은 쓴 것만큼만 내 것이다. 못 쓰고 죽으면 그 돈은 내 돈이 아니다. 쌓아두고 있는 돈은 어떻게 될지 모르는 예측 불가능의 돈이다. 어디로 그 돈이 흘러갈지 모른다. 그러므로 열심히 저축하는 것 못지않게 적당한 때 돈을 아름답게 사용하는 것이 매우 중요하다. 돈은 순환의 성격을 갖고 있기에 돈을 선용하는 자에게 돈의 순환이 잘 이루어지는 법이다.

물질 소유의 잘못된 목적 ④ 자녀에게 더 많이 남겨주기 위해

자녀에게 유산을 남겨 주는 것은 나쁜 일이 아니다. 부모는 자녀에게 물질의 유산뿐 아니라 믿음의 풍성한 유산까지도 많이 남겨 줄 수 있어야 한다. 문제는 너무 많은 돈을 자녀에게 남겨 주는 바람에 자녀들끼리 싸우거나 자녀의 성취의욕을 감소시켜 잘못된 인생관을 갖게 하는 데 있다. 자녀에게 극한 가난이나 빚을 물려 주는 것은 안 좋지만, 많은 돈을 남겨 주는 것은 결국 자녀의 앞길을 망치게 하고 만다.

코넬리우스 밴더빌트는 1877년 미국 역사상 가장 많은 유산을 남긴 사람으로 유명하다. 하지만 그의 유산은 그가 죽은 후 이리저리 후손들에 의해 낭비된 후 얼마 안 가서 바람같이 사라져 버렸다.

이와는 반대로 앤드류 카네기는 1901년에 사업을 청산하고 남은 돈 2억 5천만 달러와 자신에게 해마다 배당되는 1,250만 달러를 종자돈으로 해서 여러 개의 영구신탁 기금을 만들었다. 그리고 이것들을 교육, 과학 연구, 국제평화 등 다양한 분야에서의 활동 지원 기금으로 쓰이도록 했다. 이런 카네기 식 유산관리 방법은 오늘날 미국에서 대부분의 기업가들에게 인용되고 있다.

"내가 네 한평생 돈 때문에 걱정하는 일이 없도록 해주마."

혹시 이런 말을 하고 싶은 부모는 없는가? 그렇다면 그 자녀는 틀림없이 망가질 것이다. 우리는 자녀에 대해 과잉보호할 때가 많다. 내가 자녀의 장래를 좌지우지할 수 있다고 믿는다. 그러나 인생을 살아본 사람이라면 우리의 인생이 절대로 내 맘대로, 내 뜻대로 되지 않음을 알 것이다. 모든 것은 하나님이 계획하시고 인도하신다. 하나님의 작정은 아무도 막을 수 없다. 한 사람을 향한 하나님의 계획하심을 이루기 위해 하나님께서는 결코 자신의 뜻을 포기하시는 법이 없다. 철저하게 연단하시고 훈련하셔서 하나님의 사람으로 들어쓰신다. 여기에 물질에 대한 훈련도 들어갈 수 있다. 부모가 아무리 유산을 많이 물려준다 해도 물질이 그 사람의 게으름을 부추기고 영적 나태함을 조장한다면 그 많은 유산은 축복을 가로막는 장애물일 뿐이다.

부모가 무조건 자녀에게 많은 돈을 남겨 주려고만 해서는 안 된다. 그보다는 상황을 헤쳐 나가는 위기극복 능력, 어떤 상황에서도 감사할 수 있는 믿음의 실력, 삶에 대한 의욕과 성실을 물려줘야 한다. 사람은 누구든 돈을 모을 때 신나고 즐거운 법이다. 결혼 후 한 살림 한 살림 늘어나는 재미도 누리고, 어려움 속에서도 가난한 이웃들을 돌볼 수 있는 여유와 자세를 배우며 하나님의 성품을 닮아가는 일이 얼마나 즐거운 일인가. 그런 과정을 잘 밟아가는 사람을 보라. 그에게는 믿음의 도전이 있고, 삶에 대한 열의가 있다. 그러나 이 모든 과정을 밟을 필요도 없이 한 평생 먹고 살만한 돈을 처음부터 가진 사람에게는 인생에 대한 도전이 없다. 의욕도 없다. 미국에 살면서 나는 이 사실을 더욱 실감할 수 있었다. 돈 없이 이민 온 자들은 어떻게든 일어서기 위해 열심히 살아가지만, 돈 많은 이민자들은 결코 성실하게 땀 흘려 일하는 법이 없다. 그저 적당히 살아갈 뿐이다.

우리의 자녀들도 마찬가지다. 자녀들에게 자신의 인생을 걸게 해야 한다. 돈으로 그 인생을 보호해 주려 하다가는 하나님의 축복마저 가려 버리는 결과를 낳는다. 그래서 좋은 부모는 "우리 아이에게 고난이 없게 해 주옵소서."라고 기도하지 않는다. "인생의 적절한 고난을 만나게 하시고 그 고난을 믿음으로 이길 때마다 하나님의 승리와 축복을 누리게 하옵소서."라고 기도한다. 물질로 인한 작은 고난은 결국 우리의 자녀들을 믿음의 부유한 자들로 이끌어 주는 과정이 될 것이다.

물질 소유의 잘못된 목적 ⑤ 자신을 안전하게 보호하기 위해

인간은 누구나 불확실한 미래 때문에 근심 걱정이 많다. 미래는 사실 불확실한 것이다. 결코 우리의 계획대로 흘러가는 법이 없다. 이런 사실을 아는 까닭에 사람은 미래에 대해 여러 가지 태도를 취한다. 첫째는 모든 것을 하나님의 인도하심에 맡기고 현재를 충실하게 살아가는 자세다. 시험이 오든 평안이 오든 나를 가장 잘 아시는 하나님께서 내게 가장 좋은 것을 가장 좋은 때에 허락해 주신다는 믿음으로 오늘의 현실을 충실하게 살아낸다. 두 번째는 미래에 대한 근심 걱정에 어떻게든 대비책을 마련해 놓으려고 하는 자세다. 누군가를 찾아가 뇌물을 주는 것도, 각종 보험을 불필요하게 많이 드는 것도, 10억을 10년 안에 마련해 놓으려는 것도 미래의 나 자신을 확실하고 안전하게 보호하기 위한 나름대로의 대책 마련법이다. 처음에는 수천만 원, 수억 원을 준비하면 될 것으로 생각한다. 그러다가 나중에는 그 돈도 부족하다고 느끼고 계속 액수를 늘려간다. 그런데 문제는 아무리 많은 액수의 돈을 준비해 두어도 그것이 충분하게 느껴지지 않는다는 것이다. 또한 극한 가난을 경험해 본 사람들은 어떻게든 절대 빈곤의 처지에서만 벗어날 수 있다면 좋겠다고 생각했었는데, 절대 빈곤을 벗어난 후에는 또다시 지긋지긋한 시절로 되돌아 갈 수 있다는 염려에 돈의 노예가 되고 만다. "돈이 원수야, 원수!"라고 하면서도 실은 돈을 우상처럼 여기며 애지중지한다. 돈 없는 미래는 상상할 수도 없기에 한 푼이라도 저축하는 것으로 미래에 대한 불안감을 달랜다.

물론 그리스도인도 장래를 위한 노후대책이나 재정계획을 세워야 한다. 미래에 대한 적절한 계획과 안전장치를 마련하는 것은 건강한 삶을 살아가는 데 필수적인 자세이다. 그러나 그것은 어디까지나 적정선을 넘지 않아야 한다. 현실의 삶과 여윳돈에 대한 균형감각을 잃지 않는 범위 안에서 재정계획을 세워야 한다. 균형을 넘어서서 미래의 자기보호나 안전의 궁극적인 이유를 과도한 재물축적에 둔다는 것은 자신의 장래를 하나님께 맡길 수 없다는 불신앙의 표현이기에 매우 위험한 자세가 아닐 수 없다.

이런 사람은 늘 쫓기는 삶을 살아간다. 돈이 없으면 미래도 없다고 생각하기에 돈이 우상이 될 수밖에 없다. 미래를 향한 하나님 아버지의 풍성하신 은혜와 계획하심을 바라보지 못한다. "제 미래는 제 돈으로 알아서 할 테니 하나님은 그저 보고만 계십시오."라는 자세와 다를 바가 아니다. 마치 만 원을 소유한 아이에게 그 부모가 "그 돈을 저 불쌍한 사람에게 주고 나랑 은행에 다녀오자."라고 말해도 만 원이 없으면 당장 굶어 죽는다고 생각하고 절대로 돈 만 원을 포기하지 못하는 아이와 같다. 은행에는 부모가 자식을 위해 저금해 둔 돈이 엄청나게 많은데도 만 원을 지키기 위해 은행까지도 가지 못하는 것이다.

나의 장래와 노후를 보호해 주는 궁극적인 장치는 돈이 아니다. 돈이 있어도 각종 사고나 질병 앞에 서면 꼼짝하지 못하는 일들이 너무나 많다. 많은 돈을 모아도 그 돈이 새어 나가면 헛수고와 헛고생만 한 셈이다. 우리는 미래에 대한 안전장치를 궁극적으로 무엇이라 생각하고 있는가? 하나님인가, 돈인가? 저축하며 살더라도 그 대상이 무엇인지에 대한 우리의 자세에 따라 그 저축이 미래에 대한 행복저축이 될 수도 있고, 한 푼도 돌려받지 못하는 부실은행의 저축이 될 수도 있다.

물질 소유의 바람직한 목적 | 하늘에 쌓아두기 위해

우리는 지금까지 물질을 소유하려 하는 잘못된 목적에 대해 살펴보았다. 목적이 잘못되면 결과는 잘못될 수밖에 없다. 돈을 벌기에 앞서 돈을 벌려는 목적부터 바로 세워야 한다.

그렇다면 물질 소유의 가장 바람직한 목적은 무엇일까? 바로 '하늘에 쌓아두기 위해' 돈과 재물을 모아야 한다. 예수님은 산상수훈을 통해 "너희를 위하여 보물을 땅에 쌓아두지 말라 거기는 좀과 동록이 해하며 도적이 구멍을 뚫고 도적질하느니라"(마 6:19)고 말씀하셨다. 즉, 땅에서는 좀과 동록이 있어 안전하지 않다는 것이다. 예수님은 하나님의 아들이시기에 천국의 사정에 대해 누구보다 잘 알고 계신 재정전문가시다. 그런 분께서 뭐라고 말씀하시는지 살펴보자.

> 너희를 위하여 보물을 하늘에 쌓아 두라. (마 6:20)

돈을 땅이 아닌 하늘에 쌓아두라고 하신다. 돈을 땅이 아닌 하늘에 쌓아둘 때 가치 있고 의미 있다는 것이다. 이것이 가장 바람직한 투자이다. 투자와 투기는 무엇이 다른가. 투기는 요행이나 일확천금을 꿈꾸며 도박하는 것이지만 투자는 장래를 위해 저축하는 마음으로 재물을 활용하는 것이다. 그런데 보물을 하늘에 쌓아두는 것은 세상적인 의미의 투자 개념과는 구별된다. 보상을 바라는 계산적인 의미의 투자가 아닌, 하나님 나라의 확장을 열망하여 우리 마음을 땅이 아닌 하늘에 드리는 의미로서의 투자이다. 하나님께 받은 은혜가 너무 커서 그 은혜에 대한 감사의 마음이 내게 있음을 표현하는 우리의 신앙고백이다. 성경은 말씀하신다.

> 오직 너희를 위하여 보물을 하늘에 쌓아두라 거기는 좀이나 동록이 해하지 못하며 도적이 구멍을 뚫지도 못하고 도적질도 못하느니라 네 보물 있는 그곳에는 네 마음도 있느니라. (마 6:20, 21)

우리 마음이 땅의 것이 아닌 하늘의 것에 연락되어 있음을 어떻게 알 수 있는가. 지갑을 어떻게 사용하는가를 보면 가장 정확하게 알 수 있다. 지갑이 가는 곳에 우리 마음이 있기 때문이다. 당신은 지금 마음을 어디에 투자하고 있는가? 아니면 어디에 투자하고 싶은가?

기독교 역사에 많은 업적을 남긴 사람들의 특징은 무엇인가? 그들은 영생에 대한 소망이 남달랐다. 영원에 대한 확신으로 재물과 시간과 재능을 하늘나라를 위해 투자했다. 그렇다고 그들이 빈곤한 삶을 살았는가? 결코 그렇지 않다. 누구보다 풍요로운 삶, 부요한 삶을 살았다.

우리는 주변에서 하나님 나라에 대한 열망 때문에 사업 구상을 하고, 열심히 돈을 벌고, 가장 멋있게 돈을 사용하여 하나님께 영광을 돌리는 사람들을 본다. 우리도 그렇게 살아야 한다. "십일조를 천만 원 낼 수 있도록 해주시옵소서."라는 기도처럼 하나님을 이용해 부자가 되려는 요행심리가 있어서도 안 되고, 이생의 자랑을 추구하는 헛된 욕심이 들어가도 안 된다. 정말 하나님 나라 확장을 위해 이름도 없이 빛도 없이 기여하고 싶은 순수한 열망이 있어야 한다.

이런 열망은 지혜와 집중력을 낳고 집중력과 지혜는 물질에 대한 선한 결과를 가져온다. 늘 마음의 소망이 하나님 나라에 가 있기에 현재의 고난과 고통도 크게 받아들이지 않는 대단한 위기 극복 능력을 보여 준다. 물질은 하나님께서 주셔야 하고, 하나님께서 원하시면 얼마든지 거둬 가시는 것임을 알기에 물질의 노예로서가 아니라 청지기로서 물질을 다스려야 한다. 균형 있게 소비하고 균형 있게 저축하며 균형 있게 나눌 줄 아는 진짜 부자로 살아가야 하는 것이다.

인생에 대한 평가는 물질의 많고 적음에 달려 있는 것이 아니라 물질을 어떻게 사용했는가에 달려 있다. "물질을 통해 가족을 살리고 이웃을 살리고 하나님의 영광을 드러냈는가?" 이것으로 내 인생이 평가되는 것이다.

부디 물질에 대해 하나님 중심적인 목적을 세울 수 있기를 바란다. 그리고 목적을 세웠으면 돈을 벌되 확실하게 벌도록 하자. 그리고 하나님께서 기뻐하시는 곳에 쓰자. 이것이 우리의 소명이다. 이 소명을 성공적으로 잘 감당하여 땅에서도 복을 받고 하늘에서도 신령한 상급을 받을 수 있기를 소원한다.

신실한 청지기의 특징 ④

주인을 비난하지 않는다
| steward

신실한 청지기의 네 번째 특징은 주어진 내 몫, 내 분수에 감사할 줄

안다는 것이다. 그래서 신실한 청지기는 주인을 비난하지 않는다.

　이 사실은 마태복음 25장 14절에서 30절에 나오는 '달란트 비유'를 통해 구체적으로 알 수 있다. 이 비유에 등장하는 인물 중 주인공은 누구인가? 한 달란트 받은 자이다. 이 종은 비록 주인공이긴 하지만 나쁜 의미의 주인공이 되어 버렸다.

> 또 하늘나라는 여행을 떠나면서 종들을 불러 자기 재산을 맡긴 사람과 같다 주인은 각 사람의 능력에 따라 한 사람에게는 다섯 달란트를, 또 한 사람에게는 두 달란트를, 다른 한 사람에게는 한 달란트를 각각 맡기고 여행을 떠났다. (14-15절, 현대인의 성경)

주인은 각각 재능대로 다섯 달란트부터 한 달란트를 종에게 맡기고 떠났다. 그러자 주인이 올 때까지 다섯 달란트를 맡은 자는 그 돈으로 장사하여 다섯 달란트를 남기고, 두 달란트 맡은 자도 두 달란트의 이윤을 남기게 된다. 그런데 유독 한 달란트 맡은 자만이 한 달란트를 그대로 주인에게 되돌려 준다. 왜 그랬을까? 성경을 통해 우리는 이 종이 주인과의 관계에 문제점을 갖고 있었음을 알 수 있다. 주인과의 관계가 이미 틀어져 있었던 것이다.

> 주여 당신은 굳은 사람이라 심지 않은 데서 거두고 헤치지 않은 데서 모으는 줄을 내가 알았으므로. (24절)

　여기서 "알았다"는 말은 '경험했다'는 뜻이다. 즉, "당신은 내가 경험하기로 도둑놈이다. 나쁜 사람이다."라는 뜻을 내포한다. 주인에 대한 원망과 분노, 상처가 깃든 말이다. 왜 이런 분노를 품게 된 것일까. 그는 주인이 다른 종에게는 다섯 달란트를 맡기고 자기에게는 한 달란트를 맡긴 일을 받아들일 수 없었다. 이해할 수 없었다. 공산주의처럼 똑같이 두 개씩 배분했더라면 "당신은 굳은 사람이라(현대인의 성경에는 '지독한 분'이라 표현됨)."는 표현을 안 썼을지도 모른다. 주인의 그런 행동이 납득하기 어렵다는 뜻으로 그는 "심지 않은 데서 거두고 헤치지 않은 데서 모으는 자"라고 표현했던 것이다. 자신에게 한 달란트만 맡겨진 사실에 대해 억울한 심정을 그대로 표현했다. 그래서 그는 한 달란트라는 적지 않은 돈(당시 한 달란트는 상당한 액수의 금액이었다)을 땅에 감추었다가 주인이 돌아왔을 때 그대로 돌려드린 것이다. 그 종은 주인과의 관계에서 신뢰와 믿음의 관계가 아닌, 불평과 원망의 관계에 서 있음을 보여 준다. 주인이 "각각 그 재능대로" 달란트를 나눠 줄 때는 그럴 만한 이유가 있음을 받아들이지 못했을 뿐 아니라, 주인이 어떤 사람인지를 제대로 이해하지 못했다.

종의 이러한 태도에 대해 주인이 뭐라 대답하는가?

> 악하고 게으른 종아, 네가 나를 그런 사람으로 알았느냐? 그렇다면 내 돈을 은행에 맡겼다가 내가 돌아왔을 때 이자와 원금을 함께 받도록 했어야 하지 않느냐? (26-27절, 현대인의 성경)

결국 그는 모든 것을 빼앗긴 채 바깥 어두운 데서 통곡하며 이를 가는 신세가 되었다. 현세와 내세에 모두 실패한 인생이 되어버렸다.

우리도 혹시 하나님을 그와 같이 인식하고 있지는 않은가? "아무 수고도 하지 않고 남이 심고 뿌려 놓은 것을 거둬들이는 지독한 분"으로 잘못 알고 있지 않은가? 내가 뼈 빠지게 일하여 번 돈을 반 강제적으로 거둬들이는 욕심 많은 분으로 생각하고 있지는 않은가? 그래서 헌금하기 싫고, 교회 다니는 것이 싫지는 않은가? 하나님을 잘못 이해하고 있기에 그 관계에서 스스로 상처받고 있지는 않은가?

달란트 비유를 자세히 살펴보면 주인이 왜 종들에게 엄청난 액수의 돈을 맡겼는지 알 수 있다. 차라리 은행에 예치하여 안전하게 이율을 챙기지 않고 각각 그 재능대로 한 달란트부터 다섯 달란트를 맡기었는지 주인의 성품과 뜻을 생각해 봐야 한다.

하나님께서 우리에게 각각의 달란트를 허락하실 때는 반드시 결산할 목적을 갖고 주신다. 또한 우리는 그 달란트를 활용하여 이윤을 남기는 과정에서 인생의 온갖 희로애락을 경험하는 가운데 인생의 참된 목적과 보람을 발견한다. 실패와 쓰라림도 겪으며 피땀을 흘린다. 그러나 정직하게 땀 흘려 일하는 자들은 결국 이렇게 고백한다. 그 과정이야말로 인생의 참된 보람과 기쁨을 알게 해주는 시간이었다고, 이 기쁨과 보람을 주시려고 내게 한 달란트든, 두 달란트든 결산할 목적으로 주셨다고, 그래서 모든 게 감사하다고….

사실 하나님께서는 우리가 다섯 달란트를 소유했느냐, 한 달란트를 소유했느냐를 보시지 않는다. 받은 달란트를 얼마나 적극적으로 감사하며 활용하는지 그 자세와 태도를 보신다. 한 달란트든 다섯 달란트든 그것은 하나님께서 주신 것이기에, 받은 만큼의 이윤을 남기려는 인생의 자세를 보시고 똑같이 칭찬하시지 남긴 달란트의 양으로 우리를 평가하지 않으신다.

오히려 인간 스스로 인생을 외적인 화려함의 잣대로 평가하기에 하나님을 향해 불평과 불만을 갖기 쉽다. "왜 저 사람에게는 이미 다섯 달란트가 주어졌고 내게는 한 달란트밖에 주어지지 않았나요?"라고 항의한다. 이것은 자신에게 외적인 것으로 인생을 평가하는 세속적 가치관이 있음을 스스로 시인하는 모습이다. 하나님께서는 나보다 나를 더 잘 아신다. 내게 가장 적당한 분복이 무엇인지도 아신다. 또한 한 달란트밖에 안 주셨다 해도 그것은 이미 엄청난 액수의 금액이다. 즉, 내가 이미 하나님께 받은 것들은 엄청나게 많다는 뜻이다. 문제는 엄청나게 받은 하나님의 달란트를 어떻게 '감사'라는 마음의 문으로 통과하게 하여 성실한 땀의 대가로 열매 맺게 하느냐이다.

신실한 청지기는 비교하지 않는다. 그래서 주인과의 관계에 늘 '감사'의 고백이 있다. 그 감사는 삶에 대한 성실함을 낳고 그 성실함은 칭찬이라는 열매로 돌아온다. 당신이 주인이라면 어떤 청지기에게 더 많은 것을 맡기고 싶겠는가? 우리 모두는 주인의 입장을 생각할 줄 아는 지혜로운 청지기가 되어야 할 것이다.

신실한 청지기의 특징 ❺
돈에 대한 몫 가르기를 잘 한다 | steward

나무에 탐스러운 열매는 맺혔으나 그 열매가 사람들의 목숨을 위협한다면 그 열매는 좋은 것이라 할 수 없다. 돈도 마찬가지이다. 사람들은 흔히 돈을 많이 번 것을 가리켜 성공이라 말하지만 진짜 성공이란 돈을 잘 배분할 때 붙여질 수 있는 말이다. 자신이 벌어들인 돈을 이웃에게 자랑만 할 뿐 나눠줄 줄 모른다면 그 돈은 사람을 살리는 돈이 아니라 죽이는 돈이 되고 만다. 자랑을 통해 가난한 자들은 상대적 박탈감에 더욱 시달리고 빈 주머니 사정만 더욱 크게 보게 된다. 그래서 "사랑은 자랑하지 아니하며"(고전 13:4)라고 했다. 나눌 수 없는 물질, 전염시킬 수 없는 행복은 결코 자랑하는 법이 아니다. 그렇게 자랑하는 심리 속에는 "너는 이런 거 없지? 나는 이런 거 있다."라는 유아적 우월심리가 내재되어 있다. 굳이 자랑하고 싶으면 모두가 소유할 수 있는 우리의 대장 되신 주님만을 자랑해야 한다.

그런 의미에서 신실한 청지기는 성실하게 노력하여 돈을 잘 벌고 관리할 뿐 아니라 배분의 지혜도 발휘할 수 있어야 한다. 돈을 자랑하는 대신 돈을 잘 배분하여 그 돈이 세상을 밝히는 수단이 되게 해야 한다. 그렇다면 어떻게 배분해야 성공적인 몫 가르기를 했다고 볼 수 있을까?

성공적인 몫 가르기 ❶ 하나님의 몫을 우선적으로 구별한다

돈의 주인은 하나님이시다. 이 사실은 아무리 강조해도 지나치지 않다. 내가 돈을 번 것 같지만 하나님께서 능력과 지혜와 기회와 시간을 주셔서 번 것일 뿐이다. 실력이 있어도 기회가 주어지지 않으면 돈을 벌 수 없다. 한국의 실정을 보라. 고학력 실업자들, 특히 박사학위의 실업자들이 얼마나 많은가. 젊은이들의 대량실업 사태가 얼마나 심각한 실정인가. 우리는 이 문제 앞에 무릎 꿇어야 한다. 하나님의 은총으로 이 경제적 난국이 풀리도록 기도를 모아야 한다.

나무를 보라. 나무는 스스로 저렇게 자라나는가? 결코 그렇지 않다. 철마다 적당하게 쏟아지는 햇살이 없으면 나무는 광합성 작용을 할 수가 없어 말라 죽고 만다. 비가 와서 적당한 수분을 섭취해야 뿌리부터 건강하게 살아갈 수 있다. 대기 중의 이산화탄소가 없으면 나무는 숨조차 쉴 수 없다.

바다를 보라. 바다가 스스로 움직이는가? 스스로 파도를 만들어 바다 속을 정화시키는가? 그렇지 않다. 달의 인력으로 인한 하나님의 창조섭리로 바다는 파도를 만든다. 그 속에서 각종 생명체가 살아간다. 이 세상 모든 만물의 생명력은 하나님의 돌보심과 섭리하심 속에서 이루어지고 있다. 하나님께서는 욥에게 이 사실을 생생하게 말씀하셨다.

> 네가 하늘의 법칙을 알고 그 법칙이 땅에 적용될 수 있도록 하겠느냐? 너는 구름에게 큰 소리로 명령하여 그것이 비가 되어 네 위에 내리게 할 수

> 있겠느냐? 네가 번개를 보내 그것으로 네가 가리키는 곳을 치게 할 수 있
> 느냐? 누가 마음에 지혜와 깨닫는 마음을 주었느냐? …까마귀 새끼가 배
> 가 고파 버둥거리며 나를 향해 부르짖을 때 그것들을 위해서 먹을 것을 마
> 련해 주는 자가 누구냐? (욥 38:33-36, 41, 현대인의 성경)

우리가 열심히 일하는 것 같아도 그렇게 일할 수 있는 터전을 주신 분도, 내 마음의 성실을 허락하신 분도, 일의 지혜와 집중력을 주신 분도 하나님이시다. 그러기에 내 모든 물질의 주인은 하나님이시고 그 물질은 모두 하나님의 몫이다. 물질의 십분의 일을 떼어 드리는 사람들, 십분의 이, 십분의 삼까지도 구별하여 드리는 사람들에게는 이러한 신앙고백이 있다. 모든 것을 드리고 싶지만 그중 일부를 떼어 하나님 몫으로 완전히 구별함으로써 내 생명의 주인이 하나님이심을 고백하는 것이다. 그것은 보상을 바라기 때문이 아니다. 순수한 감사의 표현이다.

어떤 사람이 장성하여 성공했을 때 부모에게 어떤 태도를 취하는 게 마땅한가. 자기보다 부모님이 부자라 할지라도 매달 용돈을 구별하여 드리면서 "아버지, 어머니. 이 돈은 부모님 몫입니다. 부모님께서 저를 키워 주셔서 제가 이만큼 일할 수 있기 때문입니다."라고 말한다면 부모의 심정이 어떠하겠는가. 그 돈을 받은 부모는 몇 배를 불려서 돌려 줄 수도 있다. 부모의 심정을 헤아려 주는 자식에게 그 부모는 더 좋은 것을 주고만 싶은 것이다.

그래서 하나님을 사랑하는 사람들은 하나님에 대한 몫 가르기를 잘할

수밖에 없다. 조금이라도 여유가 있으면 하나님 사업을 돕는 일에 적극적일 수밖에 없다. 이런 사람은 죽어서는 재물을 갖고 갈 수 없어도 살아있을 때 미리 천국으로 재물을 보내는 삶을 살아가는 사람들이다.

성공적인 몫 가르기 ❷ 자신과 가족의 몫을 즐길 줄 안다

물질을 벌되 자신과 가족의 몫을 구별하지 못하는 사람도 의외로 많다. "우리 형편에 무슨 옷을 사 입으며 무슨 집을 장만하냐?"는 태도로 늘 궁색하게 살아가는 사람들이다. 2백만 원 월급을 받으면서도 백만 원 봉급생활자보다 더 쪼들리게 살아간다. 물론 지나친 사치와 낭비는 매우 악한 태도이다. 허영심에 고급 집, 고급 차를 갖긴 했어도 늘 빚에 시달린다면 그는 허덕이는 인생이 되고 만다. 그래서 우리는 검소해야 한다. 아껴 저축하는 태도가 필요하다. 언제 닥칠지 모르는 급한 일을 대비해 목돈을 마련해 둘 줄 아는 유비무환의 자세가 있어야 한다. 그와 동시에 우리에게는 물질의 복을 적정선에서 누릴 줄 아는 자유가 주어졌다. 그 자유를 굳이 제한하면서 미래를 위해 무조건 저축만 하는 태도는 바람직하지 않다. 그런 사람은 평생 가난하게 살다 죽는 인생으로 남는다. 하나님께서는 당신의 자녀들이 풍요로움을 누리며 살아가길 원하신다. 이웃에게 베풀 듯 가족들에게도 베풀며 살아가길 원하신다. 그런데도 스스로 자린고비 정신이 지나쳐 유독 나와 가족을 위해서는 돈을 쓰지 못하는 경우가 있다. 하나님께 헌금하는 일에는 인색하지 않으면서 가족을 위해서는 절대적으로 인색한 경우이다. 하나님께서는 결코 그런 태도를 원하지 않으신다.

> 누구든지 자기 친족 특히 자기 가족을 돌아보지 아니하면 믿음을 배반한
> 자요 불신자보다 더 악한 자니라. (딤전 5:8)

자식의 신발이 너덜너덜해져서 더 이상 신을 수 없는 지경에 이르렀는데도 신발을 꿰매 신기면서까지 아끼는 사람이 있다. 한참 예민한 사춘기 자녀들에게 옷 한 벌 제대로 사주지 않으면서 돈만 생기면 어려운 이웃에게 퍼주는 사람도 있다. 그렇게 되면 아이들은 선행에 대해 편견을 갖게 된다. "나는 절대 엄마(혹은 아빠)처럼 가족들은 몰라라 하고 남들한테만 잘하는 위선적인 사람은 안 될 거야."라고 말한다.

예수님께서는 우리 가족을 사랑하신다. 물질을 축복하실 때는 나와 가족을 향한 누림의 축복도 허락하셨음을 믿고 검소하면서도 풍요롭게 물질을 사용할 수 있어야 한다.

나는 고학으로 공부하면서 오랫동안 극한 가난을 경험했다. 나중에 3부 '가정을 다스리는 청지기'에서 이야기하겠지만 그때의 가난은 많이 힘들었다. 아내는 힘든 노동에 지쳐 임신중독증에 걸렸고 그런데도 일을 계속해야 하는 형편이었다. 그래서인지 물질의 축복을 받은 후에는 돈을 아끼지 않을 수 없었다. 그런 가운데서도 어려운 이웃들에게 자연스럽게 관심이 갔다. 주일이면 교회로 가기 전 온 가족이 둘러앉아 그날 드릴 십일조와 감사헌금과 구제헌금을 놓고 감사기도를 드리게 되었다. 물질의 주인이 하나님이심을 온 가족이 잊지 말기를 바라는 마음 때문

이다. 그렇게 하나님께 드릴 물질을 먼저 구별한 후에는 가족들을 위해서도 가끔 넉넉한 마음을 가져본다. 평소에는 아끼고 절약하는 습관을 길러 주다가도 아주 가끔씩 가족여행을 할 때는 기분 좋게 물질을 사용한다. 온 가족이 누리도록 하는 것이다. 나는 이때 하나님께서도 즐거운 마음으로 우리를 바라보고 계시리라 믿는다.

내가 벌어들인 수익은 내 뜻과 내 의지대로만 전적으로 사용할 수 있는 게 아니다. 내게 소속된 가족들을 돌아보는 일, 그 일이 먼저 선행되어야 한다.

성공적인 몫 가르기 ❸ 나라 몫(세금)을 철저하게 낸다

내 돈이라고 생각하는 돈 속에는 내 몫이 아닌 나라의 몫이 있다. 나라가 있어 내가 있고 나라 경제가 이만큼 살아 있어 내가 물질을 얻을 수 있는 것이다. 나라의 보호가 없으면 우리는 돈을 벌 수도 없거니와 생존권조차 보호받을 수 없다. 그러기에 경제생활에서 나라 몫을 떼는 것은 당연한 일이라 하겠다.

물론 경제를 위해 절약하고 아껴서 절세는 할 수 있다. 그러나 탈세는 안 된다. 예수님께서도 "가이사의 것은 가이사에게"(막 12:17)라고 말씀하셨다. 나라를 위해 생명을 바치지는 못할지언정 세금만큼은 내야 한다. 그러나 웬일인지 한국인들은 탈세를 잘도 한다. 수입에 대한 보고는 매우 적은데 이상하게도 부동산 등의 재산이 해마다 늘어나는 집들이 상당히 많다. 교묘한 방법으로 나라 세금을 떼어먹고 가정의 부를 축적한다. 지금은 서로서로가 탈세를 하기 때문에 혼자 정직하게 세금을 내려해도 어려운 경우가 많다.

지인 중에 어떤 사람이 집을 사서 세금을 내려는데 집주인이 당연한 표정으로 이중계약서를 쓰자고 했단다. 주인은 불과 몇 달 전에 부동산 투기를 목적으로 그 집을 샀기 때문에 실제 매매 가격보다 더 낮춰서 계약서를 써야 세금을 안 낸다는 것이다. 그렇게 가짜 계약서를 쓰면 집을 산 사람의 입장에서도 세금을 훨씬 적게 내기에 서로 합의만 되면 "누이 좋고 매부 좋은" 셈이 된다. 그러나 정직을 생명으로 알고 살아가는 이 사람은 세금을 몇 백만 원 더 내더라도 실제 매매가격을 쓰겠다고 주장했다. 그러자 집주인이 "이렇게 꽉 막힌 사람은 처음이네." 하고 가 버렸다고 한다. 결국 그 지인은 세금을 정직하게 내려다가 집을 사지 못하고 말았다.

모 기업의 어떤 회장도 비슷한 어려움 때문에 회사를 창업했다는 말을 한 적이 있다. 의류업계에서 보세물건을 떼어다가 팔던 그분은 자기가 정직하게 세금을 내면 물건을 구입한 그곳에서 세금을 내지 않는 바람에 어려운 일을 당하는 경우가 많았다고 한다. 그래서 결국 그는 옷을 직접 제조하기로 결정하여 의류회사를 세웠고, 하나님의 축복 속에 크게 성장할 수 있었다.

하나님께서는 오늘도 정직한 자를 찾으신다. 가이사의 것을 가이사에게 구별하여 내는 그리스도인들을 기뻐하신다. 하나님께서는 오늘 나를 대한민국에서 태어나 살게 하셨다. 대한민국의 운명을 우리 손에 맡기신 셈이다. 그렇다면 나라의 몫을 함부로 떼어먹지 말아야 한다. 나라 전체의 운명은 한 사람 한 사람의 정직한 삶의 태도에 따라 좌우된다고 해도 과언이 아니다.

성공적인 몫 가르기 ④ 피고용인의 몫(임금)을 고마운 마음으로 전한다

고용주는 임금을 제대로 주어야 한다. 이 말은 꼭 사업자뿐 아니라 일반인들에게도 해당되는 말이다. 다른 사람에게 심부름이나 일을 시켰으면 그에 합당한 품삯을 줘야 한다. 한국인들은 공짜를 너무 좋아해서 "고맙다."는 말 한마디로 끝내버리거나 식사 한번 대접하는 것으로 삯을 대신 지불하려 한다. 그리스도인들은 더하다. 교회 안에서 만난 사람들이라고 해서 쉽게 일을 부탁하고 대가를 지불하지 않는다. 가장 좋은 관계가 형성되려면 몫을 분명하게 구분하여 드리는 일부터 확실해야 한다. 그것도 고마운 마음을 담아 드릴 수 있어야 한다. 마치 적선하듯이 거드름을 피우며 수고에 대한 대가를 지불하는 태도는 스스로의 가치를 하락시키는 행위이다. 내가 고마운 마음을 담아 물질을 드리면 받는 상대방은 그 마음 때문에 더욱 고마워하지만, 내가 오만불손한 태도로 돈을 건네면 상대방은 마음속으로 나를 비난한다.

직원 고용의 선별 기준은 까다롭게 하되, 고용한 후에 임금을 지불할 때는 직원들을 향해 고마운 마음을 충분히 보여 주는 게 좋다. "내가 직원들을 먹여 살린다."는 태도가 아닌, "여러분이 있어 이 사업장이 운영된다."는 태도로 직원들을 대하라. 그러면 그 마음의 진심이 직원들에게 반드시 전달되고, 일에 대한 그들의 의욕이 높아질 수밖에 없다.

부자 중에는 가난한 노동자의 노동력을 착취해서 부자가 된 경우가 많다. 물론, 사업이 경쟁력을 가지려면 임금이 낮아질 수밖에 없다. 그러나 낮은 임금을 받고 밤낮 없이 일하는 노동자 한 사람 한 사람의 가정에서는 피눈물을 흘린다. IMF 등의 절대적 위기상황 앞에 "지금은 우리 사업체가 어려울 때니 다 같이 고통분담 하자."는 이해가 모아졌을 때, 그리고 사업주까지도 그 고통분담에 기꺼이 참여할 때는 이야기가 달라진다. 그렇지만 사업주는 여전히 잘 먹고 잘 살면서 월급 동결의 원칙을 고수한다거나 직원 감면만을 원칙으로 내세운다면 그 고통은 고스란히 직원들에게만 돌아간다. 그런 사업장에는 파업 사태가 빈번하게 일어날 수밖에 없다.

더불어 살려는 자세는 매우 중요하다. 사업주가 이런 자세를 갖고 있으면 때론 월급이 적게 나와도 고용주의 욕심 때문이 아니라 회사 사정이 어렵기 때문에 취해진 조치임을 직원들이 더 잘 안다. 그런 회사는 회사 사정이 어려워지면 사업체를 일으키기 위해 직원들이 자발적으로 희생하고 헌신한다.

한 사람의 직원을 데리고 있든, 천 명의 직원을 데리고 있든, 혹은 누군가에게 어떤 일을 시키는 처지에 있든 다른 사람의 몫(임금)을 확실하게 지불한다는 원칙을 잊지 말라. 결국 이 원칙이 내 사업체와 나의 일을 성장시키는 데 도움을 줄 것이다.

성공적인 몫 가르기 ❺ 다른 사람의 몫(빚)을 떼먹지 않는다

돈을 빌려서 갚지 못한 경우 "빚을 졌다."고 말한다. 한국 가정의 대부분은 빚을 지고 산다. 뒤에 가서 '빚에서 벗어나기'에 관해 자세히 언급하도록 하고 여기서는 빚에 대한 우리의 태도만 간단히 살펴보도록 하겠다.

한마디로 빚은 우리가 최우선적으로 해결해야 할 돈이다. 그러므로 빚이 있다면 수입의 많은 부분을 빚 갚는 데 우선적으로 할애해야 한다. 빚 갚는 일은 억울한 일이 아니다. 어떤 식으로든 내가 벌린 일이기에 내 수입으로 해결하는 게 당연하다. 일단 빚을 졌다면 내 수입의 대부분이 빚 갚는 데 할애되더라도 불평하지 말아야 한다. 수중에 한 푼의 돈도 없다면야 어쩔 수 없지만 내가 일할 수 있고 수입이 있다면 내가 덜 먹고 덜 쓰더라도 빚부터 갚는다는 태도로 살아야 한다. 어떤 사람은 남의 돈을 떼먹고도 아무렇지 않게 살아간다. 그 사실을 별로 부끄러워하지도 않는다. 그런데 어떤 사람은 부모가 진 빚을 갚기 위해 피눈물을 흘리며 일하고 결국 그 빚을 다 갚아낸다.

일전에 어떤 텔레비전 프로그램에서 엄마가 진 빚 때문에 집을 처분하고 옥탑방에서 병든 아버지를 모시고 살아가는 세 자매 이야기를 본 적이 있다. 그 세 자매는 도망간 엄마를 대신하여 몇 년 동안 정말 힘겨운 삶을 이어가고 있었다. 남부러울 것 없이 살아온 그 자매들이 졸지에 엄청난 빚을 안게 되어 옥탑방으로 내쫓기고, 거기다 남은 빚을 해결하기 위해 다달이 월급에서 빚을 제해 살아가는 모습은 정말 눈물겨웠다.

한참 예쁜 것 입고 싶고, 맛난 것 먹고 싶은 나이에 그 자매들은 병든 아버지를 봉양하고 서로를 격려하며 살아가고 있었다. 그들 가슴에 피멍든 아픔을 그 누가 헤아릴 수 있으랴. 그러나 그 고통의 세월은 세 자매를 사랑에 깊은 자들로 만들어가고 있었다. 서로를 향한 사랑과 배려가 얼마나 끈끈한지, 세상에 대한 성실함과 열정이 얼마나 믿음직스러운지 보는 이들의 가슴까지 뜨끈뜨끈해졌다. 지금은 많이 힘들겠지만 저들의 성실한 삶의 태도야말로 큰일을 해낼 수 있는 원동력이 되리라 생각되었다.

빚에 대해 무책임한 사람은 세상 어떤 것에 대해서도 성실할 수 없다. 빚을 진 만큼의 돈은 어차피 채권자의 몫이다. 채권자의 피눈물이다. 그 몫을 먼저 구별하라. 힘들더라도 불평하지 말고 감사함으로 감당하면 그 세월이 결국 나를 성공으로 이끄는 밑거름이 될 것이다.

성공적인 몫 가르기 ❻ 이웃의 몫을 나눈다

하나님께서 우리에게 주신 몫 중에는 가난한 사람들을 위한 몫이 들어 있다. 그러나 우리는 이 사실을 간과할 때가 너무나 많다. 은연중 '인과응보'의 불교적 세계관에 물들어 있어 잘사는 것은 그만큼 노력했기 때문이고, 가난한 것은 그만큼 게을렀기 때문이라 생각한다.

과연 그럴까? 그렇다면 이 세상 모든 부자들은 성실한 사람들이고, 가난한 사람들은 게으른 사람들이라고 봐야 할까? 성경은 우리에게 말씀한다.

의인의 적은 소유가 많은 악인의 풍부함보다 승하도다. (시 37:16)

즉, 의인의 소유가 아무리 적어도 악인의 많은 소유보다 더 가치 있다는 뜻이다. 이 말씀은 다시 말해서 소유의 많고 적음으로 악인과 의인을 구별할 수 없다는 뜻이다. 소유의 많고 적음은 하나님께서 내려주신 '은혜'에 기인한 것이지, 그 자체로 그 사람의 인생을 평가할 수 없다는 뜻이다.

이 세상의 삶은 결코 우리의 노력대로만 거둬들이는 삶이 아니다. 만약 우리가 땀 흘린 대로, 노력한 대로, 맘먹은 대로 움직여지는 삶이었다면 우리 인생의 축복을 '하나님의 은혜'라고 표현하지 않았을 것이다. 은혜란 무엇인가? '값없이 주어지는 선물'이란 뜻이 아닌가. 우리가 복을 얻는 것은 그렇게 값없이, 이유 없이 주어지는 하나님의 선물이라는 것이다. 하나님께서는 우리에게 흘릴 수 있는 땀과 노력할 수 있는 마음을 주셔서 일에 대한 성취와 보람까지도 누리게 하시고, 사람과의 만남과 일에 대한 성사를 이루어 주셔서 물질이 우리 손에 들어오도록 도와주신다. 모든 것이 하나님의 도우심이요 은혜라는 것이다.

물론 부지런한 자는 택함을 받고(왕상 11:28), 손이 게으르면 가난하게 된다는(잠 10:4) 말씀도 성경에는 기록되어 있다. 우리는 이 말씀 그대로를 믿고 부지런하게 살아 하나님의 택하심을 받도록 해야 한다. 그러나 그 말씀을 뒤집어서 부자는 부지런해서 그렇게 되었고, 가난한 자들은 게을러서 가난하게 되었다고 함부로 판단해서는 안 된다. 모든 복이 주어질 때는 하나님의 은혜가 쏟아졌기 때문임을, 즉 은혜에 대한 이해가 앞서야 한다.

하나님의 은혜가 주어질 때는 뜻이 있다. 사명이 있다. 남들보다 건강하다면 그 건강으로, 남들보다 재능이 많다면 그 재능으로, 물질이 들어온다면 그 물질로 하나님의 영광을 드러내라는 것이다. 그것이 사명이다. 우리가 가진 재물, 은사, 건강 속에는 이웃에 대한 몫이 들어 있다는 뜻이다.

대개 가난한 자들을 돌보는 이들 중에는 과거에 가난을 경험했던 사람들이 많다. 왜 그런가? 가난의 고통을 알기 때문이다. 가난의 서러움을 느껴봤기 때문이다. 그래서 자기보다 더 어려운 이웃의 아픔을 보면 그냥 지나치지 못한다. 반면, 가난했다가 부자가 된 사람 중에는 가난이 지긋지긋해서 자기의 것을 꼭 움켜쥔 채 한푼도 풀어놓을 줄 모르는 사람도 있다. 도와주기는커녕 가난한 자들을 멸시하기까지 한다. 하나님께서는 과연 이 두 경우의 사람들을 어떤 시선으로 바라보고 계실까.

미국 역사상 최고로 돈을 많이 갖고 있던 여성은 그린(Hetty Green) 여사이다. 1900년 미국 국민의 일인당 평균수입은 연간 490달러였는데 그린의 수입은 7백만 달러였다. 그녀는 조부로부터 막대한 재산을 상속받은 데다가 부호와의 결혼으로 재산이 해마다 늘어나 죽을 때(1916년) 남긴 재산이 2억 달러나 되었다. 그러나 그녀의 실생활은 비참하기 그지없었다. 그녀는 보스턴의 한 아파트에서 생활했고, 아들이 다리가 아플 때도 시립병원에만 데리고 다니다가 결국 아들의 다리를 절단하는 일을 바라봐야 했다. 결국 그토록 엄청난 돈을 뉴욕의 은행에 저축만 했을 뿐 제대로 누려보거나 나눠보지 못해 늘 '인색한 여자'라는 비판을 받다가 죽은 여자로 기록되었다.

이에 비해 록펠러(John D. Rockefeller, 1839-1937)의 삶은 어떠한가. 그는 사업능력이 매우 뛰어나서 24세에 벌써 백만장자가 되었다. 33세에는 미국 최고의 부자가 되었고 43세에는 세계 최고의 부자가 되었다. 그런데 불과 53세 되었을 때 그는 병으로 힘든 시간들을 보내야 했다. 탈모증으로 머리카락이 다 빠지고 위장병까지 생겨 하루에 우유 한 잔, 비스킷 몇 조각밖에 못 먹었으며 불면증에 시달려 잠도 못 잘 지경이었다. 그러던 어느 날 성경책을 보던 록펠러에게 우연히 눈에 들어온 말씀이 있었다.

> 주라 그리하면 너희에게 줄 것이니 곧 후히 되어 누르고 흔들어 넘치도록 하여 너희에게 안겨 주리라 너희 헤아리는 그 헤아림으로 너희도 헤아림을 도로 받을 것이니라. (눅 6:38)

이 말씀을 읽고 그는 크게 감동을 받았다. 특히 그동안 수단과 방법을 가리지 않고 재물을 모을 줄만 알았지 나누어 주지 못한 것에 대해 회개하게 되었다. 그 후 그는 록펠러 재단을 만들어 사회와 나라에 크게 기여하였다. 인류 건강에 크게 기여한 페니실린도 록펠러가 지원한 재단에서 만들어 낸 것이다.

이렇게 그의 재물을 이웃과 사회와 함께 나누며 살기 시작하면서 그의 건강에도 변화가 생기기 시작했다. 빠졌던 머리카락이 자라기 시작했고 고질병인 위장병이 없어졌으며 불면증도 어느덧 사라지게 되었다. 이미 53세에 죽은 목숨처럼 살았던 그가 98세까지 장수하는 축복을 누리게 된 것이다. 뿐만 아니라 기업은 날로 번창했고 그가 죽은 지금까지도 그 재단은 남아서 사회복지에 기여하고 있다.

성경은 이웃 사랑과 구제에 대해 계속 강조한다. 추수할 때 밭의 네 모퉁이를 모두 베지 말고 가난한 사람들을 위해 남겨놓으라는 말씀(레 19:9)이나, 곡식단을 나르다가 이삭이 떨어지면 과부와 가난한 이들을 위해 그것을 줍지 말라는 말씀(23:22), 거기서 더 나아가 낫으로 곡식을 베지만 않는다면 손으로 이삭을 뜯어가는 것을 허용하는 말씀(신 23:25)을 새겨 묵상해야 한다.

'부자와 거지 나사로'의 비유(눅 16:19-31)는 어떠한가. 성경에 등장하는 부자는 크게 잘못한 일이 없다. 물질을 많이 소유한 것 자체가 문제가 되지 않았다. 다만 그는 집 앞의 거지 나사로에 대해 무관심했을 뿐이다. 그런데 주님께서는 그 부자를 책망하셨다. 재물을 끌어 모을 줄만 알고 나누기 위해 손을 펼 줄 모르는 사람의 손은 복 있는 자의 손이 아니다. 그런 자는 언젠가 재물로 인해 화를 입게 될지도 모른다. 원숭이를 보라. 원숭이들은 병 속의 먹이를 꺼내기 위해 손을 집어넣으면 먹이를 잡은 손을 펼 줄 모른다. 손이 영영 병 속에 갇힐지도 모르는데 먹이를 잡은 손을 펴질 못하는 것이다.

오늘 내가 소유한 것이 무엇인가. 그중의 일부는 이웃에 대한 몫으로 주신 하나님의 것임을 잊지 말자. 나중에 돈을 많이 번 후에 구제하겠다는 사람은 평생 동안 구제사역을 하지 못한다. 백만 원의 월급을 받는다면 단돈 만 원이라도 떼어 오늘 가난한 이웃에게 줄 수 있는 사람만이 천만 원 월급을 받을 때 백만 원씩 구제하는 데 사용할 수 있다. 하나님께서는 오늘 나의 나누는 손을 보신다. 그 손이 깨끗하고 따뜻할수록 그분께서는 우리의 손을 더욱 따뜻하게 잡아 주신다.

거듭난 물질관을 소유했는가 | STEWARD

이상 우리는 신실한 청지기의 다섯 가지 특징을 살펴보았다.

이 다섯 가지의 특징은 결코 돈을 잘 벌기 위한 방법론이 아니다. 삶에 대한 자세와 태도를 말한다. 우리는 너무나 방법론에 혈안이 되어 있다. 그러나 자세와 태도가 교정되면 목적을 이루기 위한 적절한 방법은 어렵지 않게 찾을 수 있다. 그런데도 우리는 물질관을 성경적으로 변화시키는 데 게으른 편이다. 하나님께서는 구원받은 우리가 먼저 물질관을 바꾸길 원하신다. 물질관이 거듭날 때 진정으로 거듭난 삶이 이루어지는 까닭이다. 하나님께서 물질을 통해 우리를 수없이 연단하시고 훈련하시는 것도 결국은 물질에 대한 우리의 태도를 바꿔 주기 위함이시다.

혹시 우리는 아직도 영적인 거지처럼 살아가고 있지는 않은가? 매일 달라고만 하고 "나누겠다. 드리겠다. 베풀겠다."는 말은 입 밖에 내보지도 못한 믿음의 빈핍한 자들이 아닌가? 진정한 부자, 신실한 청지기는 먼저 하나님 앞에 결단하며 헌신을 다짐하는 부유한 믿음을 보여 주는 사람이다. 성경에서도 "선한 일을 행하고 선한 사업에 부하고 나눠주기를 좋아하며 동정하는 자가 되게 하라"(딤전 6:18)고 했다. 결코 "너 혼자 잘 먹고 잘 살다가 천국에 와라." 하고 말씀하시지 않는다.

우리에게 주어진 시간과 물질과 소유는 언젠가 하나님 앞에 결산할 것들이다. 소유가 넉넉할 때든 부족할 때든 '그 모든 것을 맡은 자로 어떻게 살아갔느냐?'의 물음 앞에 언젠가 하나님께 결산받아야 할 날이 온다. 경제가 어려워 낙담하고 있는가? 혹은 경제 사정이 좋아 교만해지지는 않았는가? 이 모든 상황에 신실한 청지기답게 대처해서 주님으로부터 "착하고 충성된 종"이라 불리는 그날이 오길 바란다.

좋은 목표가
좋은 돈을 부른다 / Chapter 04

사업의 첫째 목표는 이윤을 남기는 것 | steward

　이번 장에서는 사업의 목표에 대해 이야기하려 한다. 이는 사업을 경영하는 사업주나 자영업자들에게 직접적으로 해당되지만, 회사에서 일하는 봉급생활자들에게도 해당되는 이야기이다.

　그리스도인이 직접 사업을 하든, 직장에 들어가 봉급을 받고 일을 하든 일의 목표를 어디에 두느냐의 문제는 매우 중요하다. 목표에 따라 일하는 내용이 달라지기 때문이다. 무엇보다 사업을 시작할 때 올바른 목표를 갖고 있어야 사업 방향이 올바르게 진행된다.

　우리는 앞서 우리가 일하는 목적이 "하나님의 영광을 위한 신실한 청지기 역할을 감당하는 것"임을 이미 나누었다. 이렇게 일의 목적이 정해졌으면 그 다음부터는 일의 목표를 확실하게 붙들고 달려가야 한다. 목표를 정하되 목적을 이루기 위한 목표라야 한다. 그리고 그 목표는 현실적이고 구체적일수록 좋다.

그런 면에서 사업이나 일의 첫 번째 목표는 이윤을 남기는 것이라 할 수 있다. 회사가 이익을 내지 못하면 아무리 사업의 목적이 좋아도 오래지 않아 부도를 내거나 문을 닫게 된다. 이윤 추구만이 회사가 살 길이다. 그렇다면 이윤 추구라는 목표를 위해 무엇을 어떻게 해야 할까? 현실적이고 상식적인 두 가지만 살펴보자.

첫째, 믿음으로 사업을 경영하되 '이윤 추구'에 대한 철저한 비즈니스 마인드를 가져야 한다. 즉, 이윤을 위한 전문가적 경영마인드나 노하우를 쌓는 일에 앞서가야 한다는 뜻이다. 사업주는 경영적인 측면에서 전문가가 되어야 하고, 봉급생활자는 자신의 기능적 실력에서 전문가가 되어야 한다. 특별히 그리스도인들은 전문 경영에 대한 연구와 기능적 실력 쌓기에 성실해야 한다. 나 한 사람이 어떻게 내 자리를 기능 면이나 관계 면에서 잘 지키느냐에 따라 내가 속한 직장의 이윤이 달라진다.

자본주의 사회에서 이윤이 없는 직장은 더 이상 직장으로서의 설 곳이 없다. 따라서 사업주는 언제 어디서나 '이윤 추구'라는 현실적 당면 목표를 위해 최선을 다해야 한다. 이윤을 위한 철저한 마케팅 조사나 인재 발굴에는 등한시한 채 하나님께서 대박만 터뜨려 주시길 기도한다면 그 사람만큼 무능한 사업주는 없을 것이다. 당장 직원들 월급도 못 주면서 회사 이익금을 선교헌금으로 보내버리는 선교 마인드도 무능한 리더십의 결과라 하겠다.

일터에 소속된 봉급생활자들도 마찬가지다. 근무시간에 열심히 일하여 회사 이익에 기여하는 것이 직장을 다니는 첫 번째 목표여야 한다. 그런데 일은 안 하고 틈만 나면 옆 사람에게 복음을 전한다면 장기적으로 그는 덕을 끼치지 못한다. 직장 복음화의 사명은 장기적인 안목 하에 삶의 복음적인 태도와 성령님의 도움을 힘입어 감당하려는 자세가 필요하다. 상사로부터 싫은 소리를 들어도 오뚝이처럼 일어나고, 실력이 조금 부족해도 성실함으로 승부하여 결국 인정받으며, 하나님의 은혜를 힘입어 조직 내의 꼭 필요한 사람으로 성장해 가는 모습을 보여 주는 게 직장 복음화의 사명을 감당하는 그리스도인의 모습이다. 일은 뒷전인 채 입만 살아 있다는 인상만 남겨 준다면 내 스스로가 복음 전파의 장애물 역할을 하고 있음을 잊지 말자.

그렇다고 '이윤 추구'라는 최대의 목표를 위해 탈세를 하거나 남을 궁지에 빠뜨리라는 말은 아니다. 그리스도인은 합법적인 질서를 정직하게 지키면서 이윤을 추구해야 하기에 남보다 더한 실력과 노력이 있어야 한다. 그래도 우리는 감당할 수 있다. 하나님께서 도우시기 때문이다.

둘째, 이윤 추구를 위해서는 일터에서의 관계가 성경적이어야 한다. 서로를 바라보는 관점을 성경적으로 바꿔야 한다. 내가 한 달 월급을 받기까지는 옆에서 일하는 동료들이 함께 뛰었기 때문임을 마음으로 느낄 줄 아는 것이다. 그런 사람은 파트너십을 잘 발휘하기에 일의 능률을 끌어올릴 줄 안다. 혼자만 돋보이려는 독불장군의 일 처리 방식은 결국 소속된 집단을 무너뜨리고 만다. 파트너를 바라보는 나의 관점은 어떠한가? 그것은 곧 회사 이익의 중요한 요인으로 작용한다.

특히 경영자는 말단 직원 한 사람의 수고까지도 소중히 여기는 특별한 시선을 가져야 한다. 좋은 목회자는 교회의 장로님들만을 교회 성장의 요인으로 보지 않는다. 사찰집사 한 사람의 작은 수고가 교회를 지켜온 힘이었음을 인식할 줄 안다. 경영자는 그런 시선으로 모든 직원들을 대해야 한다. 그럴 때 직원들과 경영자 사이에는 불신감이 사라진다. 회사에 이윤이 생기면 경영자 혼자 독차지하는 게 아니라 모두에게 그 이익이 돌아간다는 사실을 믿을 수 있게 해주는 것이다. "회사 이익은 곧 내 이익"으로 돌아온다는 사실을 분명하게 인지시켜 주라. 일에 대한 직원들의 태도가 달라지고 그것은 곧 회사의 이윤으로 돌아올 수 있다.

가장 중요한 목표는 복음 증거 | STEWARD

우리는 활동 시간의 많은 부분을 직장에서 보낸다. 심지어는 가족들보다 직장 동료들과 보내는 시간이 더 많을 정도다. 그렇다면 이 많은 시간을 어떻게 보내느냐의 문제는 내 인생의 성공과 실패를 가늠하는 중요한 기준이라 할 수 있다. 내가 집중적으로 만나는 사람들에게 무엇을 말하고 무엇을 증거하며 살아갔느냐가 곧 내 인생의 참모습인 것이다.

앞에서 우리는 일의 첫 번째 목적은 '이윤 추구'에 있음을 살펴보았다. 그러나 그것이 전부는 아니다. 엄밀하게 말하면 그것은 '복음 증거'라는 가장 중요한 목표를 위해 우리가 우선적으로 집중하여 추구해야 할 부분이다. 의사에게 가장 중요한 일은 환자를 돌보는 일이고, 교사에게 가장 중요한 일은 학생들을 가르치는 일이다. 그것이 첫 번째 사명이다. 그와 동시에 의사는 환자의 육체적인 병을 치료하면서 그 영혼을 위해 복음을 전해 주고, 교사는 학생들에게 지식을 전달하면서 세상의 참 지식인 그리스도를 가르쳐 주어야 한다.

직장에서 만나는 동료들, 사업상 만나는 사람들은 단순히 일을 위해 만나는 사람들이 아니다. 하나님의 비밀스러운 계획하심 속에서, 하나님의 섭리 가운데서 만나는 사람들이다. 궁극적으로 하나님께서 이루시려는 하나님의 유구한 역사 속에서 사람과의 만남이 이루어지고 있는 것이다.

따라서 우리는 직장 동료들과의 만남 속에서 하나님을 증거하는 삶을 살아야 한다. 하나님을 증거하는 삶이란 어떤 삶일까?

첫째, 하나님 앞에서 살아가는 삶이다. 사람 앞이 아닌 하나님 앞에서의 삶은 진실하고 정직할 수밖에 없다. 그런 사람은 상사가 있을 때만 열심히 일하고 눈앞에 보이지 않으면 적당히 일하는 사람들과는 거리가 멀다. 강한 자 앞에서는 비굴할 정도로 약한 모습을 보이다가 약한 자 앞에만 서면 거들먹거리는, 그런 사람과는 정반대의 사람을 말한다. 적당히 일해서 봉급만 받아가는 이기주의적 태도가 아닌, 공동체를 생각하여 먼저 짐을 지고 그러면서도 "당연히 해야 할 일을 했을 뿐"이라는 겸손한 태도를 지닌 사람이다.

둘째, 일에 대한 책임감과 관계에 대한 성실성에서 앞서가는 삶이다. 책임질 줄 아는 것이야말로 실력 중의 실력이다. 어떤 사람에게는 무슨 일을 시켜도 마음이 안 놓일 때가 있다. 반면 어떤 사람에게는 무슨 일을 시켜도 안심이 되는 경우가 있다. 무슨 일이 있어도 그 일만큼은 책임지고 완수해 놓을 것이라는 신뢰감이 이미 형성된 경우이다. 사무실 열쇠를 한 개만 더 복사해 달라는 간단한 일을 맡겼는데도 한 달이 지나고 두 달이 지나도 감감무소식인 사람이 있다. 책임감이 없기 때문이다. 반면, 스쳐 지나가는 말로 어려운 부탁을 했는데도 다음날 그 일을 완수해 놓는 사람도 있다. 동료의 어려운 사정을 하나님의 사랑 안에서 묵묵히 도와준 사람이다. 그런 사람을 보면 불신자들은 '예수 믿는 사람들은 뭔가 다르구나.' 라고 생각하게 된다.

셋째, 하나님 때문에 남다른 위기 대처 능력을 보여 주는 삶이다. 사람은 누구나 고난을 겪으며 산다. 고난 앞에 부딪쳤을 때 그 사람이 취하는 태도는 그 사람의 믿음의 얼굴이다. "고난 앞에서 불평하는가, 기도하는가? 고난 앞에서 절망하는가, 소망을 바라보는가? 고난을 축복의 재료로 사용하는가, 망함의 재료로 사용하는가?" 사실, 불신자들은 이 문제를 가장 민감하게 본다고 해도 과언이 아니다. 어떤 사람이 출세를 잘하고 못하는가의 문제로 예수 믿는 삶을 평가하는 시대는 지났다. 불신자들조차 예수를 믿어도 얼마든지 고난당할 수 있다는 사실을 이해한다. 문제는 고난 앞에서의 태도다. 정말 예수를 믿는다면 고난 앞에 섰을 때 불신자들과는 다른 모습을 보여 주기를 기대한다. 술 마시고 절망한 모습으로 고난에 대처하는가? 아니면, 하나님의 신실하신 약속을 믿고 감사함으로 고난에 대처하는가? 서로 상반된 이 모습이야말로 예수 믿는 삶과 그렇지 않은 삶의 극명한 차이를 보여 준다.

불신자들은 고난 앞에 믿음으로 대처하는 그리스도인들을 보며 별 관심 없다는 듯한 태도를 보이지만 막상 자기 자신이 힘든 일을 당하면 믿음으로 위기를 극복한 동료의 얼굴을 맨 먼저 떠올린다고 한다. 그렇게 되면 그간 그토록 기독교를 욕했던 사람이 슬그머니 크리스천 동료를 찾아가 상담하게 되는 것이다. 이때야말로 복음을 전할 수 있는 최적의 기회다.

넷째, 기회가 찾아왔을 때 분명하게 복음을 증거하는 삶이다. 그것은 직장 내에서 자신이 그리스도인임을 분명하게 밝히고 살아간다는 것과 평소 복음에 대한 분명한 이해가 있어야 한다는 것을 뜻한다. 현대는 가치관의 혼란 시대다. 불신자들은 평소 "예수쟁이들은 꼭 교회만을 고집해. 절이면 어떻고 성당이면 어때? 종교는 다 같은 것이여."라고 말하면서도 줏대 없이 흔들리는 자기 자신을 안타까워하면서, 분명한 중심을 갖고 살아가는 그리스도인들을 부러워한다. 그리고 자신이 그리스도인임을 당당하게 밝히는 사람을 내심 존경한다. 불신자들의 마음을 하나님께로 돌리는 일은 결국 성령께서 하신다. 성령께서 그 마음을 준비시키신 후 그리스도인들에게 걸음을 인도하신다. 그럴 때 복음에 대해 확신 있게 전하는 모습이야말로 하나님을 증거하는 가장 확실한 방법이라 하겠다.

오늘 당신이 살아가는 모습은 어떤가? 하나님을 증거하는 삶을 살아가고 있는가? 사람은 듣는 것보다 보는 것을 더 신뢰한다. 그러기에 백문(百聞)이 불여일견(不如一見)이라 했다. 직장 안에서 살아가는 그 모습 자체가 곧 복음 증거의 삶이라는 사실을 잊지 말자. 특히 크리스천 경영진들이나 상사들의 직원들을 향한 태도, 사업에 임하는 자세는 전도의 열매를 거두는 데 매우 효과적이라는 사실을 기억해야 한다.

나 역시 내가 일하는 회계사 사무실에서 언제나 이런 마인드로 근무하려 한다. 회계사 사무실은 상담 요청도 많고 해결해 주어야 할 일도 많다. 그때마다 최선을 다해 문제 해결의 실마리를 제공해 주면서도, 문제를 갖고 찾아온 고객 앞에서 "가정의 위기는 곧 복음 전도의 최적기"라는 사실을 염두에 둔 채 상담을 한다. 사무실이 곤한 영혼들의 마음이 쉬어 가는 곳으로, 복음 전도의 장으로 쓰임받기를 원하는 것이다. 직원들은 이런 나를 의아하게 바라본다. '정해진 시간에 정해진 상담만 해 주면 됐지, 뭐 하러 돈도 안 되는 일을 애쓰며 하나?' 하는 눈치다. 그러나 이런 현장에서 살아가는 것이야말로 직장생활의 가장 큰 행복이라고 나는 믿는다.

재정적으로 하나님의 사업을 지원한다 | STEWARD

하나님의 사업을 지원한다는 것은 일반적으로 회사 자체적으로 교회나 기독교 단체에 헌금하여 그들의 사역을 돕는 일을 말한다. 이는 경영자의 분명한 경영철학이 있어야 가능하다.

일반 봉급생활자들도 교회에 십일조 하는 것으로 그치지 말고 한 달에 만 원씩이라도 하나님의 사역을 위해 내 돈이 흘러갈 수 있도록 조치하는 게 좋다. 소년소녀가장을 돌보거나 어려운 노인들을 위해 김장값이라도 정해 드리는 건 어떨까. 농어촌교회, 미자립교회를 돕는 일, 해외선교, 직장사역, 가정사역, 재소자사역, 일반 상담 같은 사역 등을 재정적으로 지원하여 그 사역에 간접적으로 참여하는 일은 돈을 건강하게 벌도록 좋은 동기를 유발해 준다. 또한 십시일반으로 물질이 모여질 때 이 땅에 하나님 나라의 사역이 확장될 수 있다.

물질은 사용하기에 따라 소모적인 소비를 불러오기도 하지만, 생명의 재생산을 낳는 창조적인 소비를 낳기도 한다. 유흥비를 벌기 위해 일하려 하지 말고 하나님의 사역을 돕기 위해 일하는 사람이 되라. 그렇게 일의 목표가 달라지면 성실하고 근면하게 일하지 않을 수 없다. 유흥비를 벌기 위해 원조교제를 하는 사람들은 있지만 헌금을 하기 위해 이상한 일을 하는 사람은 없다. 개인적으로 나이 몇 살이 될 때까지 집을 장만한다는 목표도 좋고, 그때까지 10억을 모은다는 목표도 좋다. 하지만 그 이전에 '나는 조금씩이라도 하나님 사업을 지원하기 위해 일한다.'는 목표를 설정하라. 그 목표가 당신의 삶을, 일에 대한 당신의 태도를 건강하게 만들어 줄 것이다.

내 가족의 필요를 채워주듯 여러 사람들의 필요를 채워준다 | steward

여기서 여러 사람들이란 사업과 관련된 모든 사람들을 말한다. 즉, 주인뿐만 아니라 직원들 모두가 잘살 수 있도록 해줘야 한다는 뜻이다. 경영주는 많은 이익을 챙기고 난 후 남는 물질로 직원들 봉급을 주거나 회사의 부채를 해결하려는 태도를 지녀서는 안 된다. 물질 사용의 우선순위를 잘 분별할 줄 알아야 진정한 경영인이라 하겠다.

내가 일하는 범위가 확장되면 확장될수록 돌보아야 할 사람은 늘어나기 마련이다. 그러라고 하나님께서 사업을 확장시켜 주는 것이다. 그런데 우리는 사업이 확장될수록 '이제는 좀 떵떵거리며 살 때가 되었나보다.'는 자기중심적인 판단에 빠진다. 아무 양심의 거리낌도 없이 남아도는 이윤을 자기 뱃속 챙기는 데로 사용한다.

이는 일에 대한 목표가 처음부터 잘못되었기 때문이다. 사업이나 자영업을 하려는 사람은 직원을 채용하는 그 순간부터 직원의 생계문제가 곧 내 생계문제라고 생각해야 한다.

일본의 마쓰시타 고노스케(1894-1989)는 이런 면에서 모범을 보여 준 인물이라 하겠다. 그는 일본 근로자들이 철새처럼 직장을 옮겨 다니느라 일본 경제에 상당한 어려움을 겪던 시기에 특별한 경영 방법으로 그 위기를 벗어났던 인물이다. 특별한 방법이란 바로 회사 이윤을 실질적으로 직원들에게 돌렸다는 점이다. 그는 "회사는 곧 가정"이라는 경영철학으로 독신자들을 위해서는 기숙사를 지어주고 집 없는 직원들을 위해 사택을 마련해 주며 간혹 무능한 직원이 있다 해도 그를 내쫓지 않는 경영인으로 유명했다. 더군다나 1930년대 대공황으로 모든 회사가 직원을 대거 해고할 때도 "어려울 때일수록 가족을 보호한다."는 원칙 하에 단 한 명의 직원도 해고하지 않아 세상을 놀라게 했다. 직원들의 복지와 여가생활, 취미생활까지도 회사가 돈을 대서 할 수 있게 해줌으로써 직원들 모두가 "회사의 운명은 곧 내 가정의 운명"이라는 생각을 자발적으로 갖게 되었다고 한다. 이렇게 하여 점차 일본인들은 직장은 곧 생명이자 운명으로 생각하여 일과 후에도 자진해서 남아 잔무를 처리하고 휴일에도 회사에 나와 별 이상이 없는지를 확인하는 등 철저한 일 벌레 체질로 변하게 된다. 한국인들도 일 벌레로 알려져 있지만 그 동기 면에서는 일본의 그것과 사뭇 다르다. 한국의 일중독 문화는 성공에 대한 집념에서 비롯되었지만, 일본의 일중독 문화는 직원들의 자발적인 자사 사랑에서 비롯되었다. 그런 자사 사랑을 유발한 사람은 바로 직원들을 가족처럼 돌본 유능한 경영인이었다.

앞서 말했다시피, 좋은 목표는 좋은 돈을 부른다. 목표는 현실적으로 잡되 이상의 여러 목표와 미처 언급하지 못한 독자들 개인의 여러 목표 사이에 균형을 잡고 달려갈 수 있기를 바란다. 어느 한 가지에 치중하지 말라는 뜻이다. 당신은 어떤 목표를 위해 일하고 있는가? 아니면, 어떤 목표를 갖고 일자리를 찾고 있는가? 하나님께서는 동기를 매우 중요하게 보신다. 왜 일자리가 필요한지, 왜 사업을 하려고 하는지 하나님께서는 그 이유를 물으신다. 그것이 하나님 앞에 선하게 받아들여질 때 당신을 향한 하나님의 인도하심이 시작될 것이다.

2부 | 물질을 다스리는 청지기
Steward Managing Money

돈 잘 버는 방법이 따로 있다 / Chapter 05

부자 될 사람에게는 돈이 저절로 굴러온다? | steward

지금까지는 주로 물질에 관한 우리 마음의 생각과 태도에 관해 살펴보았다. 돈은 물질이기 때문에 물질을 다스리는 원리, 즉 물질에 관한 생각이 어떠하냐의 문제는 매우 중요하다. 예부터 "생각을 심어 행동을 거두고, 그 행동을 심어서 습관을 거두고, 그 습관을 심어서 인격을 거두고, 그 인격을 심어서 운명을 거둔다."는 말이 있다. 즉, 생각은 우리의 행동과 습관과 인격과 운명을 좌우하는 매우 중요한 기초요, 씨앗이 된다는 말이다.

이제 씨앗을 잘 심었으면 물을 주고 가꾸어야 한다. 물질에 관한 우리의 생각과 태도가 정립되었으면 물질을 실제적으로 잘 다루고 관리하는 능력을 보여 줘야 한다는 것이다.

　많은 사람들이 돈을 벌기 위해 행동으로 옮기다가 낭패를 당하곤 한다. 낭패를 당했으면 "에이, 다음 번에는 이런 실수 하지 말아야지." 하고 툭툭 털고 일어설 수 있다면 좋으련만, 물질의 문제는 실제적이고 현실적인 문제이기에 거기서 그치지 않고 현실의 삶에 계속적인 영향력을 끼친다. 예를 들어 빚 독촉에 시달린다거나 자금 압박을 받으며 살아야 하는 것이다. 그래서 더욱 물질을 잘 관리하고 다스리는 실질적인 지혜가 필요하다. 돈을 벌되 잘 벌어야 하고 잘 관리해야 한다. 더군다나 지금의 한국 경제는 어느 때보다 어렵다. 경제 흐름이 어렵다 보니 파산한 가정들이 너무도 많이 속출한다. 사업을 하다 파산하고, 퇴직금으로 장사를 하다 파산하고, 자영업을 하다 파산하는 사람들이 많다. 모두 잘 살아보려다가 얻은 결과들이다.

　그렇다면 어떻게 해야 이런 실패를 막고 돈을 벌 수 있을까? 돈 버는 방법은 과연 따로 있는 것일까?

　한국인들은 부자들을 보면서 돈이 굴러 들어오는 집은 따로 있다고 생각한다. 날 때부터 돈이 좀 있거나 억수로 재수가 좋아서 돈을 모았을 거라 판단한다. 이런 생각 때문에 "그들은 매우 쉽게 돈을 벌었다."고 말한다. "그 방법을 좀 알았으면 나도 부자가 될 수 있었을 텐데."라는 말도 쉽게 내뱉는다. "누가 증권에 투자해서 돈 벌었대."라는 말을 들으면 모두가 증권 투자에 나서고, "누가 장사해서 엄청 돈 벌었대."라는 말을 들으면 서슴없이 장사를 시작한다. 그러나 이런 시작이야말로 실패로 가는 지름길이다. 누가 감나무 밑을 지나가다 저절로 떨어진 감 하나를 주워 먹었다는 소리에 감나무 밑에 드러누워 감이 떨어지기를 기다리는 어리석은 사람과 같다.

돈은 결코 그렇게 쉽게 벌 수 있는 성질의 것이 아니다. 저절로 굴러 들어오는 법도 없다. 부자들은 결코 쉽게 돈을 번 사람들이 아니다. 아주 더러는 쉽게 돈을 손에 쥔 사람들도 있지만, 쉽게 들어온 돈은 쉽게 빠져 나가는 속성이 있음을 잊지 말라. 그런 사람들을 부러워하지도, 그 길을 따라가려고 하지도 말라는 뜻이다. 우리에게는 하나님께서 주신, 돈 버는 방법들이 주어졌다. 그 길을 따라 착실하게 걸어가는 것이 돈을 버는 가장 정확한 길이다.

돈 버는 원칙 ❶
아는 길이 아니면 가지 말라

옛날에는 장사를 하면 웬만해선 망하는 법이 없었다. 하다못해 구멍가게를 해도 그럭저럭 먹고 살만했다. 수요에 대한 공급책이 많지 않았기 때문이다. 즉, 장사하는 사람, 장사할 밑천을 가진 사람이 지금처럼 많지 않았다. 식당을 열든, 옷가게를 열든 자영업을 할 수 있는 자금 동원력만으로도 어느 정도의 성공을 보장할 수 있었다.

그러나 지금은 시대가 달라졌다. 사업을 할라치면 아주 큰 규모의 사업만 아니라면 자금을 동원하기란 그리 어렵지 않다. 집을 담보로 잡히든 빚을 끌어오든, 하기에 따라 자금 마련은 크게 어려운 게 아니다. 하다못해 카드빚을 내서라도 조그만 구멍가게 정도는 낼 수 있다. 그런데 그런 위험한 현실이 오늘날의 파산 가정들을 만든 주범이 되고 말았다. 너도나도 장사한다고 나서고 너도나도 사업한다고 나서면서 한국의 자영업자들은 넘쳐나게 되었다. 물론 경제가 어려워 소비심리가 위축된 것도 사실이지만 소비의 양은 정해져 있는데 영업장만 늘어난다면 결국 망하는 쪽은 영업장 쪽이 될 수밖에 없다. 어린이 잡지를 정기구독해서 받아보는 어린이 시장의 한계가 분명히 있는데 각 출판사마다 어린이 잡지를 창간한다면 '독자 나눠먹기' 식의 흐름으로 이어져 모든 출판사가 문을 닫게 되는 것과 같은 이치다.

때문에 무조건 뭔가를 해야 할 형편이라고 해서 섣불리 장사나 사업에 나서서는 안 된다. 조기퇴직 바람이 불면서 퇴직금을 모아 식당을 시작한 가정, 빵집을 시작한 가정들을 주변에서 많이 만났다. 식당은 주방장만 잘 구하면 될 거라는 생각에, 빵집은 빵만 잘 만들면 될 거라는 생각에 선뜻 일을 벌이고 말았지만 결과가 좋은 가정들은 별로 없었다. 어렵게 모은 목돈만 날리고 가족들의 한숨은 깊어지고 말았다.

취업이 어려운 젊은이들은 부모님께 손을 벌려 옷가게를 열기도 한다. 그러나 나름대로의 패션감각이 있다고 해서 옷가게가 잘되는 게 아니다. 부지런히 뛰다보면 어떻게든 풀릴 거라는 생각에 몸부림을 쳐보지만 소규모의 옷가게로 시작했다가 카드빚을 지고 돌려막기를 반복하다가 신용불량자가 된 청년들도 적지 않다.

무엇이 문제인가. 백만 원이든 1억 원이든 돈을 투자하기 전에 신중에 신중을 기해야 한다는 뜻이다. 무엇보다 가보지 않은 곳, 해보지 않은 일에 대해 섣부른 자신감을 가져선 안 된다. 정말 빵집을 하고 싶다면 빵집에서 몇 년이라도 아르바이트를 해보고, 빵집의 목조건과 손님들의 입맛을 사로잡는 법, 남다른 홍보 대처법 등을 주도면밀하게 파악한 후에 시작해야 한다. 그렇게 많은 시간을 배우는 데 투자하고 땀 흘린 후에 내가 정말 잘할 수 있고 기쁘게 섬길 수 있는 직종이라 판단될 때 뛰어들어도 늦지 않다.

우리에게는 어려서부터 많은 배움의 기회가 주어졌다. 배운다는 것은 매우 좋은 일이다. 무엇보다 가장 적은 손실로 많은 것을 얻을 수 있는 게 배움이다. 공부하는 동안, 배우는 동안은 비록 학비가 들고 강의료가 들지만 큰 빚은 지지 않는다. 자신 없는 곳, 해 보지 않은 곳에 기웃거려도 좋다. 패션이 자신 없다면 수강료를 내고 패션 공부를 해도 좋고, 요식업을 모른다면 학원비를 내며 배울 수 있다.

그러나 실전에서는 이와 다르다. 가 보지 않은 곳, 해 보지 않은 일에 대한 과감한 투자야말로 패망의 지름길이다. 물질을 투자한 그곳에서 돌이킬 수 없는 손실을 얻기가 쉬운 까닭이다.

돈을 버는 사람들 대부분은 자신의 경험과 지식과 지혜를 총동원한 곳에서 돈을 벌었다. 그 경험과 지식과 지혜를 총동원해도 변수가 많은 세계경제의 흐름에 밀려 실패를 경험하기도 한다. 하물며 경험과 지식과 지혜가 부족한데도 '왠지 잘 될 것 같다.'는 예감이나 주변 사람들의 사탕 발린 말에 넘어가 일을 시작하는 것만큼 어리석은 일은 없다. 비단 사업이나 자영업이 아니라 직장에 취직하는 일도 마찬가지일 것이다. 자신의 재능이나 경험과는 전혀 관계없는 곳에 취직한다면 그곳에서 인정받으며 성장하기란 매우 어려운 법이다.

생선을 잘 잡는 생산직 어부가 일식집을 운영할 수는 없다. 생선을 잘 잡는 것과 일식집을 잘 운영하는 것은 전혀 별개의 문제다. 내가 가장 잘 할 수 있는 일, 나만의 경험과 지혜가 녹록하게 녹아든 일이 무엇인지를 찾고 그곳을 깊이 파는 끈기와 성실성이 돈을 벌어들이는 가장 좋은 요인임에 틀림없다.

돈 버는 원칙 ❷
빚지는 것을 경계하라
| STEWARD

한국은행이 발표한 2004년 9월 7일의 보고에 의하면 우리나라는 가구당 빚이 평균 2,994만 원으로 사상 최고치를 기록했다고 한다. 전 국민이 빚에 시달리는 나라가 우리나라인 셈이다. 여기에 그리스도인들 역시 자유로울 수가 없다.

사실 현대사회는 "빚 권하는 사회"라 해도 과언이 아니다. 어디를 가도 신용카드를 발급하겠다는 광고가 번뜩이고, 대출해 주겠다는 메일들이 하루에도 몇 통씩 날아든다.

그러다 보니 한국인들은 빚지는 일을 별반 대수롭지 않게 생각하게 되었다. 그러나 성공하는 인생을 살려면 빚지는 것부터 경계해야 한다. 빚은 무서운 것이다. 빚 때문에 가정이 깨어지고 생명까지도 버리는 일들이 허다하다. 그뿐인가? 카드빚을 갚기 위해 얼마나 많은 범죄가 성행하고 있는가? 한참 순수하게 성장해야 할 어린 소녀가 카드빚 때문에 원조교제를 한다는 기사는 우리 사회의 어두운 면을 보여 준다. 이제는 어려서부터 '빚'에 대한 교육을 가정 내에서 해야 할 때다. 그래야 우리 청소년들을 신용불량자의 덫으로부터 보호할 수 있다.

부자들을 보라. 그들의 특징 중에 하나는 빚지는 것을 두려워한다는 것이다. 빚에 시달리고서는 절대로 인생에 성공할 수 없다. 그럼에도 불구하고 "외상이라면 소라도 잡아먹는다."는 민족 정서가 아직도 많은 사람의 마음을 지배하고 있다. "빚을 내서라도 일단 쓰고 보자"가 일반적인 정서가 된 것이다.

"살다 보면 빚은 필수"라고 주장하는 사람들이 있다. 그렇게 빚지는 것을 긍정적으로 보는 사람들 중에 부자이거나 나중에라도 잘된 사람을 거의 보지 못했다. 빚은 늪과 같다. 끊임없이 우리를 수렁으로 끌어들인다. 사람들이 빚과 관련되어 흔히 하는 실수는 처음에 진 빚을 갚기 위해 추가로 또 다른 대출을 받을 때 집중적으로 드러난다. 그동안 밀린 이자가 있다면 더 많은 대출을 받는다. 신용카드 대금이 늘어나면 이것도 포함해서 받는다. 대출을 한번 받기 시작하면 단 한 번으로 끝나는 것이 아니고 이 행위가 계속해서 반복된다는 것이다. 이 빚을 갚기 위해 저 빚을 내야 하는 악순환의 연속이다. 그러다가 결국은 감당하지 못하고 신용불량자로 전락하거나 아니면 망하고 만다.

빚은 성공으로 가는 장애물이다. 이 빚부터 청산하지 않으면 우리의 미래는 장애에 걸려 넘어질 수밖에 없음을 알아야 한다.

돈이 없어 빚을 내야 하는 상황이라면 감당할 수 있을 정도의 빚을 얻어 일을 시작해야 한다. 감당 못할 빚은 실패의 지름길이다. 일확천금을 꿈꾸는 조급한 사람들은 자금만 동원할 수 있으면 일 벌려 놓기를 주저하지 않는다. 일단 사업이 성공하기만 하면 빚에 대한 이자를 갚고도 충분한 수익을 올릴 수 있다고 판단하기 때문이다. 물론 위험한 투자 끝에 성공한 사람도 천 명 중 한 명은 있을 수 있다. 그러나 나머지 999명이 감당할 수 없는 빚에 시달리며 평생을 고통 중에 살아간다는 사실을 잊지 말라.

부득불 빚을 얻어야 할 일이 있다면 그 돈을 잃어도 감당할 수 있는지를 냉정하게 판단하고 얻도록 하라. 그것도 사는 집까지 팔아넘길 수준이 되어서는 안 된다. 무슨 일이든 적정선에서 걸음을 멈출 줄 모르는 자는 어리석은 자다. 포기해야 할 때 포기하지 않는 자는 미련한 자다. 우리의 인생길에서 멈추지 못할 걸음은 아무것도 없다. 천국을 향한 걸음만큼은 멈출 수 없지만 그 외의 모든 길은 하나님이 멈추라 하실 때 언제든 멈출 수 있어야 한다. 사업이나 영업 현장에서도 그런 냉철한 판단력을 지닌 사람이 큰일을 해낸다. 적극적인 사고방식이 큰일을 만들기도 하지만, 때로는 한 걸음 뒤로 물러서서 바라보는 소극적 태도가 큰 사고를 막는다.

돈 버는 원칙 ❸
개미처럼 땀 흘려 돈을 벌라
| STEWARD

하나님께서는 아담에게 "네가 얼굴에 땀이 흘려야 식물을 먹게 된다"(창 3:19)라고 말씀하셨다. 일하여 돈을 버는 것은 하나님의 법칙이다. 이 하나님의 법칙을 저주가 아닌 축복으로 받는 자는 복되다. "땀을 흘려야 돈을 버니 어쩔 수 없지."라는 태도로 도살장 끌려가듯 일터에 나가는 사람이 아닌, "땀 흘려 돈을 벌게 하시니 이 얼마나 보람찬 일인가!"라는 태도로 감사하며 일터에 나가는 사람이 되라는 것이다.

직장생활을 하는 어떤 주부가 있었다. 그는 결혼생활 몇 년 만에 남편이 심각한 병에 걸려 매우 어려운 난관을 맞게 되었다. 병석에 드러누운 남편을 위해 새벽마다 새벽기도를 다니고 아이들 밥을 챙겨 유치원에 보내면서 그날 먹을 남편의 식사를 위해 따로 식이요법까지 챙기며 직장을 다녔다. 몸이 두 개라도 모자랄 정도로 바쁘고 힘들게 살아가는 아내의 여윈 모습을 보며 어느 날 남편이 물었다.

"여보, 너무 힘들지? 잠도 부족할 텐데 일까지 해야 하고…."

그러자 아내가 이렇게 말했다고 한다.

"아니, 천만에. 일이라도 할 수 있으니 얼마나 마음이 가벼운데요. 다 생각하기 나름이지 뭐. 이 상황에서 일이 없었다면 얼마나 마음까지 쳐져 있었겠어? 나는 어느 때보다 감사한 마음으로 일에 집중하고 있어. 나 일하러 다니는 거 하나도 안 힘들어. 그러니까 당신도 힘내요."

아내의 씩씩한 말에 남편은 너무도 큰 힘을 얻었다고 한다.

생각을 바꾸면 땀 흘려 일할 수 있다는 것이 얼마나 감사한 일인지 모른다. 값지게 물질을 얻었기에 값지게 물질을 사용할 줄도 알고, 우리 인생을 그만큼 값지게 살아갈 수 있게 된다.

돈 많은 어느 갑부 아들이 여자를 데리고 다니며 외제 승용차를 사준다고 치자. 그러면 그 여자는 겉으로는 매우 기뻐하면서도 속으로는 '다음 번에는 아파트 사주겠지?'라며 다음 번 선물에 대한 기대부터 하게 된다. 아니면, '돈 많다고 유세 떠네.'라고 생각할 수도 있다. 많은 돈을 쓰고도 값싼 결과가 돌아오는 경우다.

반대로 어느 가난한 유학생 남편이 아내에게 줄 생일선물을 위해 일주일 동안 아내 몰래 아르바이트를 해서 조그만 케이크와 스카프를 사줬다고 치자. 그 선물을 받아든 아내의 마음이 어떠했을까. 말로 다할 수 없는 남편에 대한 고마움과 감동에 젖어들 것이다. 작은 선물이지만 이

선물을 위해 남편이 흘린 땀과 정성을 생각하면 저절로 남편에 대한 감사와 사랑이 넘쳐났을 것이다. 적은 돈으로 매우 값비싼 마음을 얻은 경우다.

땀 흘려 일해 돈을 벌면 그 돈이 아무리 적은 돈이라 해도 우리 인생에 값지게 사용된다. 그래서 좋은 부모들은 자식에게 함부로 용돈을 남발하지 않는다. 어떤 부모는 방학 때가 되면 일부러 아르바이트를 시키기도 한다. 일류대학에 다니는 아들에게 방학 때마다 소위 노가다를 시키는 부모도 있다. "이제부터 네 용돈은 네가 벌어서 써라!"라고 엄포를 놓기도 한다.

손쉽게 돈을 얻으려는 태도가 아닌, 열심히 일해서 좋은 열매를 거두려는 삶의 태도를 자식에게 가르쳐 주는 부모야말로 가장 멋진 부모일 것이다. 그러기 위해서는 부모 스스로도 열심히 땀 흘려 벌고, 그렇게 살아가는 자신의 삶에 대해 감사해 하는 모습을 자식들에게 보여 줘야 하리라.

돈 버는 원칙 ④
단기간에 성공하려고 하지 말라

| STEWARD

짧은 시간에 성공하려는 생각은 매우 위험한 것이다. 일확천금을 얻으려는 마음 자체가 욕심과 탐심의 구체적인 증거이다. 그 결과 수단 방

법을 가리지 않고 일하다가 사탄의 올무에 걸려 고통을 당하게 된다. 조급한 마음에 일에 대한 객관성과 판단력을 상실하여 사기에 걸려 넘어지기도 쉽다.

과거 한국에서는 뭐든지 빨리 이뤄놓으면 박수를 보내 주던 시절이 있었다. 고속도로도 계획보다 빨리, 건물을 지어도 계획보다 빨리 지으면 "대단하다"는 찬사를 보내 주었다. "다른 나라에서는 3년 걸릴 사업을 우리나라에서는 1년 만에 완수했습니다."라며 자화자찬에 빠지기도 했다. 그 결과 우리에게 돌아온 것은 부실공사의 고통과 후유증이었다. 공사 과정에 지자재를 잘못 사용하고 있지는 않은지, 뇌물의 비리와 혐의는 없는지, 너무 서둘러 공사하느라 잘못된 점은 없는지를 철저하게 감사해야 했다.

뭐든지 단계를 잘 밟아가는 것이 상책이다. 다이어트를 해도 한꺼번에 10킬로그램이 감량되면 위험신호로 받아들여야 한다. 1킬로그램씩 꾸준히 빠져야 건강도 유지하고 피부에 탄력도 있다. '단기간의 신화'에 속지 말고, 그저 한 단계씩 꾸준히 성장하려는 태도로 살아가는 성실한 자세야말로 돈을 버는 가장 좋은 길이다.

전지전능하신 하나님께서도 하루 만에 천지를 창조하지 않으시고 6일에 걸쳐 단계적으로 온 우주만물을 창조하셨다. 뿐만 아니라 제7일에는 안식하시며 그동안 창조해 놓으신 것들을 보시고 기뻐하셨다. 하나님께서는 우리에게 기다리라고 말씀하신다. 그러나 사탄은 서둘러야 한다고 속삭인다. 하나님께서는 우리에게 평안을 주시며 쉬도록 인도하시지만 사탄은 우리를 조급하고 성급하게 만든다.

어느 분야든 성공한 사람들을 보라. 그들에게는 여유가 있다. 누구보다도 바빠야 할 그들에게 여유가 있는 까닭은 무엇인가. 마음을 조급하게 갖지 않기 때문이다. 조급한 마음이야말로 빈궁으로 가는 지름길임을 잘 아는 까닭이다.

건물은 벽돌 하나하나가 쌓여 이루어진다. 결코 벽돌 수백 장을 한꺼번에 쌓을 수 없다. 단기간에 성공하려는 조급한 욕심은 죄를 낳고, 죄는 사망을 낳는다는 사실을 기억하라. 우리의 최종적인 성공은 주님 품에 안겼을 때 결산된다는 사실을 알고 한 걸음 한 걸음 주의 성실과 최선으로 감당하는 오늘이 되어야 한다.

조급한 마음의 결정체, 다단계 비즈니스

각종 언론에서 다단계 비즈니스의 폐해를 수차례 보도했지만 아직도 그 유혹에서 벗어나지 못하는 사람들이 많다. 이것저것 많은 일들을 해 봤지만 실패를 거듭한 사람들, 혹은 돈이 필요한 절박한 상황 가운데 놓인 사람들이 조급한 마음에 그 유혹에 잘 넘어간다. 잘 알려진 대로, 이들의 판매 전략은 일단 회원 가입시 수백만 원어치의 물건을 떠안기고, 가입한 그 회원이 다른 회원을 끌어오면 일정액의 수당을 지급하는 방식이다. 마치 피라미드처럼 한 사람의 회원을 끌어오면 수당을 지급받고, 그 회원이 또 다른 회원을 끌어오면 다시 수당을 지급받는 방식이기에 잘만 하면 앉아서 떼돈을 벌 수 있는 걸로 착각하게 만든다.

그러나 다단계 회사의 물건은 가격 면에서도 상대적으로 비싸거니와, 또 다른 회원을 끌어들여 자사 물건을 사게 하는 일이 결코 쉽지가 않다. 그들이 말하는 대로 "3백만 원을 투자하면 연간 1억 이상을 벌 수 있는" 사람이 극히 드물다는 것이다. 3백만 원어치의 물건을 사서 정식회원이 된 후에 또다시 수많은 회원을 등록시켜 그 수당으로 제대로 된 월급을 받기란 하늘의 별따기만큼이나 어려운 일이다. 결국 돈이 없어서 신용카드로 수백만 원어치의 물건을 구입했을 뿐, 돌아온 이득은 하나도 없음을 발견할 때는 이미 많은 손실을 본 후이다. 실제로 1억의 월급을 받는 소수의 사람이 있다 해도, 대부분은 자신이 투자한 돈을 한 푼도 건지지 못하고 피눈물을 흘리며 돌아선다는 사실을 알아야 한다. 그러나 회원을 끌어들일 때 다단계 회사는 누구나 1억을 벌 수 있는 것처럼 유혹한다는 게 문제다. 천만 원을 벌기보다는 천만 원을 잃을 가능성이 더 큰 곳이 바로 다단계 회사다.

게다가 소비자를 위한다는 명목 하에 내세우는 소비 강요야말로 다단계 조직 내 소수의 이익을 위한 일임을 간과해선 안 된다. 여기에 현혹된 회원들은 가까운 지인들을 찾아가 회원 가입을 강요하며 자사 제품의 소비를 확신 있게 강조한다. "너무나 좋은 이 제품을 소개해 주는 것만으로도 고마운 줄 알라."는 태도다.

특별히 교회는 지인들을 중심으로 이루어지는 다단계 판매의 판매 전략상 매우 적합한 곳이다. 그러다 보니 교회 안에 다단계 판매가 깊숙이 들어가 문제를 일으킨 사례가 한두 건이 아니다. 어떤 개척교회는 힘들게 30-40명의 교인을 모아놨는데 다단계 판매가 문제시되어 모두들 교회를 떠나버린 경우도 있다. 그리스도인들이 다단계에 빠지면 이런 엄청난 결과도 초래할 수 있다는 것이다.

평소 사리분별력이 뛰어났던 어떤 주부도 다단계의 유혹에 넘어가 교회 안 지체들에게 소비를 강요하는 모습을 보여 주는 바람에 깜짝 놀란 적이 있다. 결국 그 주부는 1년 만에 다단계에서 손을 떼었지만 그 사이 그 주부가 겪은 물질적, 시간적 손해는 말로 다할 수가 없었다.

빨리 쉽게 성공을 이뤄야 한다는 조급한 마음은 다단계와 같은 현란한 유혹을 뿌리치지 못하게 한다. 비단 다단계 사업뿐만이 아니다. 일에 대한 지나친 성과가 보장되는 사업이나 대박을 노리는 일 쪽으로는 가급적 가지 않는 것이 좋다. 아예 이참에 하나님 앞에 결단하는 것도 좋다. "하나님, 저는 단박에 성공하려는 조급한 욕심을 버리겠습니다. 아예 그런 방향은 쳐다보지도 않겠습니다. 그저 성실하게 한 걸음씩 내딛으며 하나님께서 주시는 시간과 방법을 기다리겠습니다."

"물리가 트인다"는 말을 아는가? 학문을 공부하는 사람들은 가끔 이런 말을 쓴다. 과학이든 영어든 꾸준히 공부하다 보면 어느 순간엔가 그 분야에 봇물이 터지듯 학문적인 머리가 트일 때가 온다는 뜻이다. 물질에도 물리가 트이는 순간이 온다. 그러나 그때가 언제인지는 모른다. 다만 우리는 물리가 트이는 그 순간을 기다리며 오늘도 하나님의 삶의 원리를 따라 성실하게 살아갈 뿐이다.

돈 버는 원칙 ❺

종자돈을 만들라

| STEWARd

부자 된 사람들의 공통된 특징 중 하나는 이들이 적절한 순간에 적절한 투자를 해서 재산을 모았다는 사실이다. 이들이 적절한 때에 투자할 수 있었던 요인이 무엇인가? 바로 종자돈이 있었기 때문이다. 투자를 하려면 종자돈이 마련되어야 한다. 이것이 없으면 사업이나 투자할 수 있는 좋은 기회가 와도 그 기회를 놓치기 쉽다.

그렇다면 우리 같은 사람들은 어떻게 종자돈을 마련할 수 있을까?

몇 년 전 지인 중 한 분이 은행에서 융자를 얻어 조그만 아파트를 산 적이 있다. 그가 그렇게 집을 살 수 있었던 요인은 그동안 저축해서 모은 돈 1억 원이 있었기 때문이었다. 그는 오랫동안 자신의 봉급 중 20퍼센트를 떼어 꾸준히 저축해 왔다. 그 돈이 마침내 투자를 위한 종자돈이 된 것이다.

IMF가 찾아왔을 때도 종자돈이 있었던 사람들은 헐값에 나온 건물을 매매해서 부자가 되었다. 종자돈이 없거나 그 기회를 포착하지 못했던 사람들은 지금 와서야 "그때 부동산을 샀어야 하는데…."라고 후회하지만 이미 때는 지나가고 말았다.

그래서 우리는 종자돈 마련을 위해 저축을 해야 한다. 물론 돈 많은 부모로부터 유산을 물려받거나 돈 많은 배우자를 만나 쉽게 종자돈을 마련한다면 그것만큼 편한 일이 없겠지만 우리 대부분에게는 그런 기회가 찾아오지 않는다. 돈을 버는 가장 빠르고 바람직한 길은 저축밖에는 답이 없다. 스스로 종자돈을 마련하는 것이다.

그런데도 사람들은 저축에 열심을 내지 못한다. 돈에 여유가 없어서일 것이다. 하지만 곰곰이 따져보면 살아가는 자세나 생각이 잘못되어 저축하지 못하는 경우도 많다.

그 첫째가 '돈이 있어야 저축한다.'는 생각이다. 저축은 돈의 많고 적음의 문제로 되는 게 아니다. 저축에 대한 마음 자세에 따라 저축을 하기도 하고 못하기도 한다. 한 달에 5백만 원을 가지고도 부족하다고 쩔쩔매는 사람이 있는가 하면, 한 달에 백만 원을 갖고도 20만 원씩 저축하는 사람이 있다. 그 두 사람의 5년 후가 어떻게 되겠는가? 10년 후는 어떨까? "이 수입 가지고 저축은 무리다."라고 말하는 사람은 결코 부자가 될 수 없다. 그는 먼저 쓸 것을 생각하고, 모으는 것은 뒤로 밀어놓기 때문이다.

월급을 받으면 '어디에 돈 쓸까?'가 먼저 생각나는가, 아니면 '얼마를 저축할까?'가 먼저 떠오르는가? 한 사람은 '지난 달에 뭘 샀으니 이번 달엔 이걸 사야지.'를 생각하고 또 다른 한 사람은 '지금까지 얼마가 모였으니 앞으로 얼마만 불입하면 얼마가 될 거야.'라고 생각한다. 두 사람의 아주 사소한 차이가 5년 후에는 매우 다른 미래를 만들어 놓는다.

저축에 대한 두 번째 잘못된 생각은 '빚내서 투자하면 된다.'는 생각이다. 그들은 부자가 되는 길을 운이 따라주면 되는 걸로 잘못 생각한다. 그렇기 때문에 적절한 투자 순간에 빚을 내서 투자해도 운만 따라주면 돈을 벌 수 있다고 판단한다. 이 생각만큼 위험천만한 생각은 없다. 그런 방법의 투자는 투자가 아니라 투기다. 도박이다. 투자에 성공하려면 시간적인 여유도 필요한 법인데 빚을 얻어 투자하면 원금과 이자 빚에 짓눌려 인생 자체가 망가지기 쉽다. 저축으로 종자돈을 마련한 후 거기에 얼마를 더 보태 투자할 때 시간적 여유도 벌 수 있고 결국 투자의 대가도 얻기가 쉽다.

저축에 대한 세 번째 잘못된 자세는 '나는 돈과 인연이 없다.' 는 자세다. 이런 생각을 가진 사람은 아예 저축할 생각을 안 한다. '어차피 돈과 인연이 없는 인생, 들어오는 대로 적당히 쓰다가 적당히 가면 된다.' 는 안이한 자세로 인생을 살아간다. '한푼 두푼 저축해서 언제 돈을 모아? 그렇게 모아봐야 별 거 아니야.' 라고 생각한다. 그러나 "티끌 모아 태산" 이라는 말처럼 조금씩 저축한 사람과 전혀 저축하지 않은 사람의 5년 후, 10년 후, 아니 인생 중년 이후의 미래는 엄청나게 다르다.

태어나면서부터 돈과 인연을 맺는 사람은 없다. 인연은 만들어 가면 된다. 저축에 대해 겁내지 말고 지금부터라도 한 달에 얼마씩 저축하는 습관을 들이라. 단기간에 종자돈 1천만 원을 만드는 목표부터 세우라. 그 목표를 수립한 후에는 천만 원으로 일억을 만드는 목표를 세우면 된다. 종자돈 천만 원을 만들기 위해 애쓰는 세월 동안 1억으로 10억을 만들 수 있는 방법이 어느덧 눈에 들어올 수 있다. 저축해 가는 동안 차츰 돈의 흐름이 눈에 들어오는 까닭이다.

저축하되 더 잘하는 방법 열 가지 | STEWARd

부자가 되는 단계 중 종자돈 만들기는 반드시 밟아야 하는 단계이다. 그리고 종자돈을 만들기 위해서는 저축이 필수적이다. 이렇게 중요한 저축, 어떻게 해야 보다 효율적으로 더 많은 금액을 저축할 수 있을까?

첫째, 구체적인 목표를 세워야 한다. 그 목표는 장기적인 목표보다는 단기적 목표가 좋다. "10년 안에 1억 모으겠습니다."는 너무 멀고 추상적이다. "1년 안에 천만 원 모으겠습니다."가 더 현실적이고 구체적이다. 이럴 경우 목표 달성의 확률은 매우 높다. 저축에 대한 동기부여가 더 확실하기 때문이다.

둘째, 수입이 생기면 '어디에 쓸까?'가 아니라 '얼마를 저축할까?'를 먼저 생각하는 삶이 되어야 한다. 부자들의 특징은 많이 버는 것보다 안 쓰는 데 있음을 잊지 말자. 돈은 안 써서 모으는 게 더 효율적이다. "먼저 저축하고 뒤에 소비하라."는 이 단순한 말에 수많은 진리가 담겨 있다.

특히나 지금은 물가가 엄청나게 높은 시대다. 소비를 조금만 줄이면 그만큼 저축할 여력이 생긴다.

셋째, 저축하지 못하는 실제적인 이유를 찾아본다. 나의 지출 내역을 구체적으로 검토해 보면 원인을 밝혀낼 수 있다. 안 써도 될 돈을 쓰고 있는 것은 아닌지, 혹은 높은 이자를 내고 있지는 않은지 검토해 봐야 한다. 특히 카드빚에 시달리면 저축은 정말 힘들어진다.

어떤 분이 계절이 바뀌면서 옷을 정리하다 보니 자신에게 이토록 많은 옷이 있는 줄 새삼 알았다면서 그동안 옷 사는 데 너무 많은 투자를 한 것 같아 부끄러웠다는 고백을 해왔다. 가계부를 쓰거나 금전출납부를 기록해 보면 내 돈의 남용하는 부분을 확실하게 찾을 수 있다. 그 구멍을 메워야 저축할 수 있다.

넷째, 부부가 같이 번다면 한편의 돈은 안 건드리려는 노력을 해야 한다. 대개 부부가 맞벌이를 하면 추가수입에 대한 기대감으로 지출을 더하는 경우가 많다. '우리 가정의 노동력이 그만큼 늘었으니까 그만큼 더 소비해도 괜찮다.'는 심리로 허리띠를 느슨하게 풀어놓는다. 다이어트에 실패하는 대부분의 사람들은 '운동을 이만큼 했으니까 음식을 이만큼 먹어도 된다.'는 심리 때문에 실패한다. 부부가 맞벌이를 하면서 소비에 대한 약간의 여유감을 가진 것이 결국은 저축하는 데 큰 적이 될 수 있다. 10년을 맞벌이해도 결국 한 사람이 일할 때와 똑같은 저축성과가 나오는 가정이 많음을 기억하라. 허리띠를 졸라매지 않으면 절대로 종자돈을 모을 수 없다.

다섯째, 저축하되 너무 긴 장기상품은 들지 않는 것이 좋다. 가능하면 필요에 따라 꺼내 쓸 품목을 선정해야 급한 일이 있을 때 사용할 수 있다. 이자는 높지만 20년 뒤에 만기상환 할 수 있는 상품은 저축에 대한 의욕도 저하시킬 뿐 아니라 가정에 급한 일이 있을 때 또 다른 빚을 지게 만든다. 혹은 한푼의 이자도 못 받고 해약하는 경우도 있다.

여섯째, 자동차 할부금처럼 매월 일정하게 나가는 할부금을 다 갚고 나면 그 할부금을 붓듯이 저축을 시작하면 된다. 많은 사람들은 "어렵다, 어렵다." 말하면서도 어떻게든 자동차 할부금은 부어 나간다. 그런데 그 할부금이 끝나면 그 돈만큼의 저축은 하지 않는다. 할부금이 끝나도 돈이 모자라기는 마찬가지다. 기왕 어려울 바에 저축하면서 어려워하자. 그러면 희망이 보인다.

일곱째, 저축의 가장 큰 적인 지출을 경계해야 한다. 이 지출을 어떻게 통제하는가가 저축 성공의 열쇠다. 그러기에 가급적 신용카드는 잘라 없애버리는 것이 좋다. 물론 카드 관리를 아주 잘해서 일석삼조의 효과를 거두는 극소수의 사람들도 있다. 그들은 지출에 대한 계획을 꼼꼼하게 세워 카드를 사용할 뿐 아니라 카드사용에 대한 혜택이나 쿠폰을 잘 활용하여 카드가 없을 때보다 배나 풍요롭게 살기도 한다. 하지만 이런 사람들은 극소수다. 일반적으로 사람이 신용카드를 소지하고 있을 때는 현찰을 소지할 때보다 약 33퍼센트의 소비를 더한다고 한다. 주부들의 경우는 더 심각하다. 통제가 어려운 위험한 것들이 있다면 아예 그 근처에도 안 가는 것이 지혜다. 불필요한 신용카드를 잘라 없애버리는 것도 저축을 위한 지름길이다.

여덟째, 저축은 빨리 시작할수록 좋다는 사실을 잊지 말라. 저축을 10년 늦게 시작한 사람은 저축을 10년 일찍 시작한 사람과 총금액이 같아지기 위해 약 3배의 돈을 모아야 한다. 10년 일찍 시작한 사람은 복리로 늘어나는 이자의 덕을 톡톡히 보기 때문이다. 이것이 연금이나 건강보험의 원리이다. 저축해야겠다고 생각하는 그 순간부터 빨리 저축을 시작하라.

아홉째, 저축은 노력을 필요로 한다는 사실을 언제나 상기한다. 이 세상에 거저 되는 것은 아무것도 없다. 적당히 해서 좋은 결과를 기대할 수가 없다. 쓸 것 다 쓰면서 절대로 돈을 모을 수가 없다. "저축할 수 없는 사람은 투자할 수 없고 투자할 수 없는 사람은 부자가 될 수 없다."는 사실을 기억하라. 부자로 가는 과정 중 '종자돈 만들기'는 필수코스이다. 또한 당신의 재산을 늘릴 수 있는 징검다리 역할을 하기도 한다. 마치 전쟁터에 나가는 사람이 실탄을 많이 준비해야 하는 것처럼, 부자가 되기 위해서는 '종자돈 마련하기'를 반복해야 한다. 아무 생각 없이 흥청망청 써버리고 싶은 생각이 밀려올 때, 삶의 유혹이 밀려올 때, 여유를 즐기고 싶을 때도 저축을 생활화 할 수 있어야 한다.

마지막 열 번째는 저축의 이점을 자꾸 생각하라는 것이다. 저축을 하면 종자돈을 만들 수 있다는 것 외에도 '희망이 보이고, 건설적인 마음을 갖게 되며, 낭비를 줄이게 되고, 규모 있는 삶을 살게 될 뿐 아니라 급한 일을 당했을 때도 빚을 지거나 신용카드를 사용하지 않아도 된다.'는 여러 이점들이 있다. 한마디로 저축하는 삶은 건강한 삶, 희망적인 삶을 불러온다.

당신은 지금 얼마나 저축하고 있는가? 저축하는 사람들은 결코 요행을 바라지 않는다. "스스로 부한 체하는"(잠 13:7) 허영심으로 삶을 낭비하지도 않는다. 때를 기다리는 마음의 여유를 가지고 현실의 삶을 지혜롭고 성실하게 운영하는 사람들이다. 돈은 그런 사람에게 흘러간다.

게으른 자는 마음으로 원하여도 얻지 못하나 부지런한 자의 마음은 풍족함을 얻느니라. (잠 13:4)

대박을 노리면 쪽박 찬다 / Chapter 06

깨끗하고 알찬 결산 보고서 | steward

하나님께서 주신 재물을 적극적으로 투자하고 활용하여 이익을 남기는 것은 지극히 성경적인 일이다. 즉, 올바로 투자하는 것도 청지기 직분 중 하나라 볼 수 있다. 주변에 존경받는 부자를 보라. 그는 그저 많은 돈을 갖고 편안히 먹고 살다가 죽음을 맞이하지 않는다. 노년이 되어서까지 적절한 투자와 적절한 사용을 병행할 줄 안다. 삶이란 그런 것이다. 하나님께서는 우리의 삶이 그렇게 부지런하게 경영되는 것을 원하실 것이다.

누가복음 19장에 나오는 '열 므나의 비유'를 봐도 주님께서 다시 오실 때 우리의 삶에 대한 결산 보고서를 원하신다는 사실을 알 수 있다. 삶에 대한 우리의 결산 보고서는 여러 가지 형태로 나타난다. 사랑의 열매, 소망의 열매, 믿음의 열매를 주님께서 보시고 칭찬해 주시는 날이 온다면 그 얼마나 기쁘겠는가. 그런데 그때가 되면 물질의 결산 보고서도 중요한 우리 삶의 흔적이 될 것이다. 깨끗하고 알찬 결산 보고서를 주님께서 기대하고 계실 것이다.

하나님께서는 청지기인 우리에게 여러 지혜를 주시되 물질에 관한 지혜도 주셨다. 그 지혜를 잘 사용하여 값진 열매를 맺도록 해야 한다. 적절한 때에 적절한 곳에 투자하여 많은 이득을 얻고 하나님 나라 사역을 위해 물질까지도 쓰임받도록 해야 한다.

그러나 '투자'와 '투기'는 엄격하게 구별되어야 마땅하다. 앞서 밝힌 대로, 투기는 요행이나 일확천금을 꿈꾸며 위험을 무릅쓰고 도박하는 것이고, 투자는 앞을 내다보며 저축하는 사람처럼 재물을 지혜롭게 활용하는 것이다. 성경은 결코 투자를 죄악시하지 않는다. 오히려 격려하고 있는 편이다. 다만, 하나님께서는 투자한 재물에 대한 집착과 욕심, 그리고 손실에 대한 염려와 불안 때문에 하나님보다 돈을 더 우선순위로 여기는 우리의 마음을 경고하신다. 그런 마음으로 물질을 쏟아부을 때 '투기'라는 단어를 붙일 수 있다. 투기를 해서 돈을 번 부자들도 많다. 하지만 이 투기로 패가망신한 사람들은 훨씬 더 많다. 대박을 노리며 물질을 사용하다가 쪽박을 차게 된 인생이 많다는 것이다.

투기는 이렇게 위험하다. 한순간에 모든 걸 바꿔놓으려는 욕심이 결국 모든 걸 망하게 하고 만다. 자신은 "투자했다"고 말하지만, 실은 "투자를 가장한 명백한 투기"였기에 그 수렁에서 헤어나오지 못하는 것이다.

투자와 투기를 구분하는 법

투자와 투기는 무엇이 다를까? 그것은 투자에 대한 동기를 살펴보면 정확하게 구분할 수 있다. 투기의 동기에는 반드시 조급한 욕심이 들어가 있다.

한 예로 '어부들의 고기 낚는 이야기'를 살펴보자.

10년 동안 고기잡이를 해 온 한 어부가 있었다. 그는 어촌에서 젊음을 바치며 돛단배로 고기잡이를 했고, 10년 후에는 통통배를 마련해 물고기를 잡았다. 처음 고기잡이 생활을 시작했을 때는 조수간만의 차이와 날씨 변화에 따른 물고기의 이동경로를 몰라 헤매기도 많이 헤맸다. 그러나 그의 타고난 성실함과 일에 대한 사랑과 집중력은 그를 뛰어난 어부로 만들어 놓았다. 늘 그런 것은 아니지만 그의 배는 거의 다른 배보다 많은 물고기를 잡아 올렸다. 혼자 하는 것보다 이제는 선원들을 기용해서 함께 고기잡이를 한다면 일석이조가 되겠다는 판단 하에 그 어부는 그동안 모은 돈을 투자해서 선원 다섯 명이 함께 타도 되는 큰 배를 마련했다. 투자는 적절했다. 배가 커졌으니 좀더 넓은 바다로 나가 많은 양의 물고기를 잡을 수 있었다.

그러던 어느 날, 포구에 놀러 나왔던 동네 청년은 만선의 기쁨을 안고 돌아온 그 어부의 배를 보고 깜짝 놀라고 말았다.

'와, 역시 큰 배라 물고기를 잡아도 뭐가 다르구나.' 청년은 생각했다.

'그래, 그릇이 커야 물고기를 많이 잡는 법이지. 저렇게만 물고기를 잡아 올릴 수 있으면 몇 년 안에 부자가 될 수 있어.'

청년은 그때부터 부모님을 졸라대기 시작했다.

"열심히 살아보겠다는데 좀 도와주세요."

친구들에게도 쫓아다니며 자신이 본 바를 설명했다.

"돛단배로 고기 잡는 것과는 차원이 달라. 내가 성공하면 두 배로 갚을 테니까 돈 좀 빌려줘."

결국 부모님과 친구들은 그럴 듯한 청년의 설득에 넘어가고 말았다. 부모님의 집을 담보로 하여 은행 빚을 얻고 친구들에게 빌릴 수 있는 돈이란 돈은 다 끌어 모아 큰 배를 마련했다. 선원들도 너댓 명 기용했다.

그런데 결과는 어떻게 되었을까? 날마다 만선의 기쁨에 심취했을까? 결과는 정반대였다. 어떻게 된 게 물고기를 잡으러 가는 날마다 허탕치고 돌아오기가 일쑤였다. 똑같은 바다에서 똑같은 장비로 물고기를 잡는데 왜 청년의 배에는 물고기가 안 잡히는지 이해할 수 없었다. 문제는 그것만이 아니었다. 한번 출항하면 며칠은 한 배에서 동고동락하며 지내야 하는 선원들 사이에 위계질서가 어쩌느니 하면서 문제가 생기기 시작했다. 청년은 청년대로 "나를 선장으로 알아주는 거야, 뭐야?" 하면서 언성을 높였고, 선원들은 "선장이 무능해서 물고기를 제대로 못 잡는다."고 원성을 높였다. 결국, 청년은 얼마 못 가 선장의 자리를 포기하고 유능한 선장을 고용해서 고기잡이 배를 운영했다. 기대만큼은 아니지만 선장이 바뀌면서 물고기는 그럭저럭 잡히게 됐다. 그러나 선장과 선원들의 삯을 제외하고 나면 남는 돈이 거의 없었다. 빚에 대한 이자를 갚기도 벅찰 지경이었다. 배를 책임지고 관리하는 사람이 없다 보니 고장도 자주 났다. 수리비가 더 들어갔다.

결국 그 청년은 배를 헐값에라도 팔아치울 수밖에 없었다. 배를 지을 때 들어갔던 원금의 5분의 1도 못 받고 넘겨야 했다. 그 사이에 들어간 기타 수리비용과 높은 이자까지 합해 보니 감당 못할 빚만 덩그러니 남게 되었다. 대박을 노리던 청년에게 돌아온 것은 엄청난 빚과 마음의 고통뿐이었다.

투기한 사람은 청년만이 아니다 | STEWARd

여기서 우리는 청년의 잘못된 투기 심리를 엿볼 수 있다. 큰 배를 운영하며 물고기를 낚아 올리는 어부 아저씨의 진짜 성공 요인이 무엇인지를 제대로 파악하기보다는 '큰 배를 운영하니까 물고기도 많이 잡힌다.'는 현상적인 것에 사로잡혀 '나도 빨리 돈을 벌고 싶다.'는 욕심이 생겼다는 데서 문제가 시작된 것이다.

투기를 시작할 때는 성공한 사람들의 과정을 보기보다는 결과만을 바라보며 따라가려는 심리로 시작하게 된다. 돛단배부터 시작해서 10년, 20년 동안 바다에서 흘린 어부의 시행착오와 눈물과 땀에 대해서는 깊이 생각하지 않고 그저 지금 벌어들이는 수익의 외부적인 요인부터 살펴본다.

반면, 성공한 어부는 바람직한 투자 자세를 보여 주었다. 그는 성실함으로 승부하며 일을 해왔고, 그 사이에 물고기 잡는 원리들을 파악해 갔다. 적절한 시점에 돛단배에서 통통배로, 통통배에서 큰 어선으로 배를 바꿔나갔다. 바다는 언제나 예측 불가능의 변수가 많은 곳임을 알기에 남들보다 고기를 좀 잘 잡는다고 해서 서둘러 배를 바꾼 것이 아니었다. 노련미가 쌓이고 쌓인 후에 배를 바꿨다. "난 돛단배가 좋아. 그냥 돛단배와 더불어 한평생 먹고 살면 되지 뭐."라는 미련스러움도 보이지 않았다.

어리석은 사람은 성공 요인을 방법론적인 데서 찾기가 쉽다. 한국의 일부 교회에서도 한국교회의 성장 요인을 좋은 길목에 위치한 것과 넓은 주차장 등에서 찾는 바람에 너도나도 무리해서 교회를 짓고 주차장을 넓히다가 결국 교회가 문 닫게 된 일들이 있었다.

투기는 바로 그런 것이다. 과도한 욕심이 과도한 의욕을 불러 일으켜 판단력을 흐리게 만든다. 이것이 바로 투기다.

여기서 우리는 투기한 사람이 청년만이 아님을 알아야 한다. 그 청년의 말을 믿고 돈을 대 준 부모님과 친구들도 투기에 가담했다고 볼 수 있다. 물론 부모님들은 자식 잘 되라는 마음에서 가진 돈 전부를 대줬겠지만 그 이면에는 '큰 배를 운영하면 내 자식도 떵떵거리며 잘 살 것'이라는 조급한 욕심이 객관적 판단력을 흐리게 만든 것이다. 가진 것 전부를 투자할 때는 이미 투자가 아닌 투기의 수준이라 볼 수 있다. 그럴 때 "정 배를 운영하고 싶으면 그 어부 밑에 들어가 경험부터 쌓아라."고 조언해 줬어야 옳다. 친구들 또한 마찬가지다. "은행보다 비싼 이자로 돈을 갚을 것이고, 그 일이 잘 되면 더 보상해 줄 것"이라는 친구의 말에 현혹되어 선뜻 돈을 대주고 말았다. '잘만 하면 친구도 잘되고 나도 잘 될 것'이라고 생각했을 것이다.

그래서 우리는 '돕는다'는 명목 하에 선뜻 누군가에게 돈을 빌려주어서는 안 된다. 그것은 자칫 상대방과 나를 동시에 무너뜨리는 무기가 될 수 있다.

올바른 투자의 세 가지 원칙 | STEWARD

그렇다면 올바른 투자란 어떤 투자를 말할까? 어떻게 해야 투기가 아닌 진정한 투자가 될까? 거기에는 여러 원칙들이 있지만 가장 기본적인 세 가지 원칙만 잘 지켜도 위험한 투기로부터 우리 자신을 지킬 수 있을 것이다.

첫째, 투자하기 전에 목표를 세우고 기도해야 한다. 많은 사람들은 좋은 투자 대상이 나타나면 그 기회를 놓칠까봐 전전긍긍한다. 놓치기 아깝다는 생각에 조급하고 경솔하게 판단해 버리고 나중에 크게 후회한다. 사기꾼들은 이런 심리를 이용하여 이때를 놓치면 크게 후회할 것마냥 분위기를 몰아간다.

우리는 보통 사람들과는 다르게 살아가는 사람들이다. 하나님께서 주시는 복으로 살아가는 사람들이고, 모든 복의 주권이 하나님께 있음을 믿는 사람들이다. 우리에게 다가오는 여러 기회들도 이런 믿음으로 바라봐야 한다. 어떤 방식이든 하나님의 간섭하심을 소망해야 복을 누릴 수 있다. 섣불리 투자하기 전에 인내심을 갖고 목표를 세운 후 기도하며 하나님의 뜻과 인도하심을 구하는 우리가 되어야 하는 것이다. 물론, 하나님께서는 "투자하라"든지 "투자하지 말라"는 직접적인 음성을 들려주시지는 않는다. 그러나 기도하는 동안 우리에게 있던 조급한 욕심이 걷혀지면서 보다 냉정하고 지혜로운 판단력이 생길 수 있다. 무엇보다 하나님 앞에 부끄럽지 않은 투자인지를 돌아볼 수 있는 좋은 시간이 될 것이다.

둘째, 투자는 반드시 분산투자를 하는 것이 좋다. 서양 속담에 "계란을 전부 한 바구니에 담지 말라."는 말이 있다. 한 곳에 집중적으로 투자하는 것은 그만큼 위험하다는 뜻이다. 일부는 부동산, 일부는 투자신탁, 일부는 증권, 일부는 저축 등으로 여러 곳에 분산시켜 두는 것이 가장 지혜로운 투자방식이다. 한 곳에서 손해 봐도 다른 곳에서 득을 보면 최소한 평균을 이룰 수 있고, 한꺼번에 패가망신하는 일은 막을 수 있기 때문이다.

셋째, 아무리 좋은 기회가 와도 빚을 내어 투자하는 것은 바람직한 투자가 아니다. 누구에게든 투자의 기회가 찾아오면 '놓치기 아까운 떡' 처럼 느껴지기 쉽다. 재물의 유혹은 그렇게 온다. 그래서 욕심을 내게 되고, 보다 더 큰 돈을 벌기 위해 현재 가진 재산을 담보로 해서 돈을 빌리거나 사채를 얻어 투자하게 된다. 이것만큼 어리석은 투자는 없다. 투자란 언제나 이득 아니면 손실로 끝난다. 이득을 얻으면 더할 수 없이 좋지만 만일의 경우를 언제나 대비해야 하는 게 바로 투자다. 만일 전 재산을 걸고 거기에 빚까지 얻어 투자했는데 실패할 경우, 투자 당사자뿐 아니라 가족 전체가 심각한 고통을 당하게 된다. 그렇게 되면 투자 당사자의 고통은 몇 배로 가중될 수밖에 없고 다시 일어서기까지 많은 제약을 받는다. 투자에 실패하더라도 투자한 돈만 손해 보는 선에서 끝날 수 있도록 적절한 투자 한도를 세우는 사람이 되자.

증권, 투자인가 투기인가

투자의 가장 대표적인 방식은 바로 증권투자다. 증권에 투자해서 부자 되었다는 사람들의 소문이 무성하던 시절, 국민들은 너도나도 증권투자에 관심을 기울이게 되었다. 그 이전까지 투자라 하면 모두 부동산 투자나 사업을 위한 투자 정도만을 생각했는데 '증권'이라는 투자 분야에 눈을 떠보니 이것만큼 재미 쏠쏠한 투자가 없었다. 그러나 2000년부터 내리막길을 걷기 시작한 증권 시장은 많은 사람들에게 큰 절망을 안겨 주었다. 퇴직금을 몽땅 증권에 투자했다가 다 잃는 바람에 비관자살한 사람도 나왔다. 서울에서 한 증권회사 지점장은 고층건물 창문에서 떨어져 죽기도 했다. 착실하게 살아가던 소시민들도 어렵게 마련한 종잣돈을 증권에 쏟아 부었다가 하루아침에 무일푼이 된 경우도 많았다. 아마 우리 주변에는 겉으로 표현은 안 해도 주식으로 인한 상처 속에서 하루하루 힘겹게 살아가는 사람들이 의외로 많을 것이다. 직접 증권에 투자하지 않았더라도 뮤추얼 펀드(Mutual Fund)에 투자한 사람, 은퇴연금에 많은 돈을 적립했던 사람들 역시 줄어드는 원금에 많은 실망을 하고 있는 현실이다. 장기적인 안목을 가지고 증권에 투자한 사람들은 증권시장의 변화에 덜 민감하지만, 단기투자를 한 사람들에게 증권시장의 변화는 피를 말리는 전쟁 상황처럼 다가올 것이다.

나는 증권에 손을 대었던 장본인으로서, 증권은 거의 투기에 가깝다는 결론을 내리게 되었다. 특히 단기투자를 할 경우 증권은 너무나 심각한 폐해를 우리에게 안겨준다는 점에서 권장할 만한 투자가 못 된다.

나는 미국에서 오랫동안 회계사로 일한 사람으로서 스스로 재정전문가라 자부해 왔었다. 그런 내가 증권 때문에 온갖 마음의 풍파를 겪으며 잘못된 투자가 얼마나 큰 고통을 불러오는지 직접 깨닫게 되었다. 증권의 속임수에 넘어갔고, 증권의 유혹에 넘어지면서 아무리 정보가 있고 돈의 흐름에 민감하다 해도 증권에는 왕도가 없다는 사실을 새삼 깨달았다. 다음 장에서 소개하겠지만 나는 지금껏 두 번의 투자 실패를 경험했다. 그 첫째가 다른 사람의 사업에 돈을 대어 투자하는 방식이었고, 두 번째가 증권투자였다. 그런데 이 두 경우 모두, 잘못된 내 욕심에서 비롯된 투자였다는 데 문제가 있었다. 한마디로 대박을 노린 투자였던 것이다.

뿐만 아니라 증권은 그 자체로 투자가 아닌 투기적인 성향이 짙다는 사실을 간과한 채 증권시장에 뛰어들었다는 점도 문제였다. 컴퓨터의 발달은 증권시장에도 많은 변화를 가져와 주식의 투기적 성향을 더 짙게 만들어 놓았다. 예를 들어 과거에는 증권 브로커를 통해 증권을 사고 팔았지만 이제는 컴퓨터를 통해 누구든지 직접 증권 매매를 할 수 있게 되었다. 또한 과거에는 증권회사에 종사하는 사람들에게만 공개되었던 경제 동향이나 증권 시장의 움직임, 전문가들의 조언, 회사의 매출이나 순이익 등에 관한 모든 정보를 컴퓨터를 통해 알 수 있기에 이제는 가정주부들까지도 집안에서 본인이 선택한 회사의 주식을 직접 사고 팔 수 있게 되었다. 이렇게 누구나 장소에 구애받지 않고 손쉽게 증권을 매매

할 수 있는 상황은 증권을 단순한 투자가 아닌 투기적 개념으로 바꿔 놓기에 충분한 필요조건이 되었고, 그로 인해 증권투자의 폐해는 더욱 커져가는 실정이다. 그런 면에서 나는 재정에 관한 강의를 할 때마다 단기 투자의 폐해를 강조하는 편이다. 왜 증권이 투자가 아닌 투기에 가까운지를 미리 알고 대처하면 단기 투자의 심각한 고통을 막을 수 있으리라 믿기 때문이다.

단기투자의 폐해 ❶
열심히 일하려는 의욕을 저하시킨다 | STEWARd

증권투자는 이익을 보거나 손실을 보는 두 가지 경우 모두 직장생활에 악영향을 끼친다.

먼저 증권매매로 많은 이익을 남길 경우, 일터에서 일하는 것이 시시하게 보이기 쉽다. '좋은 증권에 잘 투자해서 짧은 시간에 많은 돈을 벌 수 있는데 돈 몇 푼 벌자고 이 일을 해야 하나?' 하는 생각이 들기 때문이다. 나 또한 그런 교만에 빠진 적이 있었다. 하루아침에 증권 값이 폭등하자 땀 흘려 일하는 샐러리맨들이 불쌍해 보이기까지 했다. 한치 앞도 알지 못하는 인간이 얼마나 교만해졌으면 그런 생각이 들었겠는가. 그렇게 증권투자로 돈을 벌게 되면 현재 내가 하는 작은 일들의 소중함을 망각하기 때문에 열심히 일하려는 의욕마저 상실하게 된다. 이익을 올리면 올릴수록 더욱 쉽게 돈을 벌 수 있는 방법만을 생각하기 때문이다.

반면 증권투자로 손실을 볼 경우, 심한 상실감으로 인해 일이 손에 잡히지 않는다. 특히 많은 돈을 잃게 되면 앉으나 서나 '본전 생각' 뿐이다. '어떻게 하면 복구할 수 있을까?'에 마음이 사로잡혀 하던 일에 무관심하거나 열심히 일하려는 의욕마저 잃어버린다. 생각해 보라. 짧은 낮 시간에 수천 달러를 잃었는데 몇 백 달러를 벌기 위해 하루 종일 땀 흘려 일한다는 것이 어디 쉬운 일이겠는가.

결국 증권투자는 이익을 남기면 남기는 대로, 손실을 보면 손실을 보는 대로 열심히 일하려는 의욕을 저하시키고 만다.

단기투자의 폐해 ❷
휴식이 사라져 건강을 잃기 쉽다

증권투자를 하다 보면 휴식이 사라진다. 놀음판에 앉아 있는 사람이 편히 쉬고 안식할 수 없는 것과 같은 이치이다. 지금 당장 돈을 잃고 따는 상황에서 어찌 마음이 쉴 수 있겠는가. 텔레비전 뉴스도 증권시장에 악재가 되지는 않을지 늘 그 관점에서 보고 듣는다. 뉴욕 쌍둥이 건물이 테러를 당해 무너져도 소중한 생명이 희생당한 것에 대한 안타까움보다는 증권가격 폭락이 더 큰 염려거리로 다가온다. 연일 오사마 빈 라덴의 체포 소식을 손꼽아 기다린다. 이 사람이 죽거나 잡히면 증권가격이 오를 것이라는 기대 심리가 깔려 있기 때문이다. 일과 후 집에 가서 사랑하는 가족들과 대화하며 안식하려고 해도 머릿속에는 온통 증권 생각뿐이다. 아침에 눈을 뜨자마자 가장 궁금한 것도 '오늘의 증권시장은 어떻게 시작될까?'이다. 지나치게 증권에 집착하게 되면 잠자리에 들어도 증권 생각에 잠 못 이룰 수 있고, 자다가 깨도 그 생각에 잠을 설칠 수 있다. 하루 24시간 대부분을 증권가격과 연결 지어 사는 까닭에 매일 매일이 살얼음판을 지나가는 것과 같다. 마음 놓고 안식을 취하는 날들이 점점 없어진다. 그 결과 건강의 적신호가 나타나기 쉽다.

아마도 누군가 "주가 등락이 인체에 미치는 영향"이라는 제목의 논문을 쓴다면 충격적인 결과가 나올 것이라 나는 장담한다. 증권 가격의 변동은 많은 사람들에게 끊임없는 긴장과 엄청난 스트레스를 안겨 주었고, 이러한 정신적인 불균형은 질병을 초래하는 등 우리의 건강을 엄청나게 위협하고 있다. 특히 암, 심장병, 고혈압, 위장병, 협심증 등은 정신 상태와 밀접한 관계가 있다. 심지어 증권투자로 인해 많은 재물의 손실을 본 후 엄청난 상실감과 좌절감으로 자살까지 진행하는 사람들이 적지 않은 실정이다.

증권은 사람을 기분 좋게 하기보다는 긴장과 스트레스 상태로 이끄는 경향이 훨씬 강하다. 예를 들어 보유하고 있는 증권의 가격이 오를 경우, 기분이 조금 좋아진다. 그러다가 가격이 내려 오른 만큼의 돈을 잃었다고 쳐보자. 공식대로라면 아까 좋아진 기분의 반대만큼만 나빠지면 되는데 그 몇 배로 기분이 상하고 만다. 이상하게도 대부분의 증권 투자가

들은 증권을 팔고 나면 가격이 오르고 사고 나면 가격이 떨어지는 상황과 자주 만난다. 이런 상황에 부딪칠 때마다 투자가들은 늘 후회하는데 이 후회가 지나치면 자기 비하감으로 이어져 심한 스트레스에 시달리게 된다.

증권시장에 관한 많은 정보들도 건강을 해치는 주범 가운데 하나다. 복잡한 정치, 사회, 경제 구조 속에서 대부분의 증권가 소식은 증권시장에 도움이 되는 좋은 소식보다는 나쁜 소식들이 더 많다. 이러한 모든 것들은 끊임없이 감정의 기복과 스트레스 상태를 유발하기에 육체의 질병을 초래하는 것은 당연한 결과라 할 수 있다. 결국, 증권은 우리의 건강을 해롭게 하면 해롭게 했지 좋아지게 하지 않는다는 사실을 잊지 말아야 한다.

단기투자의 폐해 ❸
후회와 아쉬움 속에서 살아간다

| steward

증권투자를 하겠다고 생각하거나 실제로 증권거래를 하는 사람들은 그나마 물질적으로 혜택을 받은 사람들이다. 왜냐하면 적은 수입으로 근근이 살아가는 처지의 사람들은 증권투자에 눈을 돌릴 여유가 전혀 없기 때문이다. 다시 말해 증권투자를 한 사람들은 상대적으로 경제적 여유를 지닌 사람들이 더 많은 금전적 이익을 얻으려고 증권투자라는

방법을 선택했기에 그나마 나은 처지라고 말할 수 있다. 하지만 일단 증권투자를 시작하면 그때부터는 후회와 아쉬움 속에서 살아가기가 쉽다.

예를 들어 보유하고 있던 증권을 팔아 천만 원의 수익을 올렸을지라도, 팔고 난 후 증권 가격이 계속 상승하면 '아깝다, 이틀만 더 있다가 팔았으면 더 많은 수익을 올렸을 텐데.' 라는 아쉬움 속에 살아가게 된다. 천만 원의 수익에 대한 기쁨보다, 추가 수익의 기회를 놓친 데 대한 아쉬움이 더 크게 남기 때문이다.

또한 보유하고 있던 주식이 하락하여 천만 원의 손실을 보면 그때는 더더욱 뼈아픈 후회와 아쉬움 속에 살아간다. '그때 이 종목을 사지 말고 다른 종목을 샀으면 손해 보는 게 아니라 돈 좀 벌었을 텐데.' 라며 잘못된 종목 선택을 후회하느라 정신이 없다.

결국 수익을 올리면 올리는 대로, 손해를 보면 손해를 보는 대로 속상한 감정만 가슴 속에 상처로 자리 잡게 된다. 우리 인생의 소중한 시간들을 후회와 아쉬움이라는 시간으로 얼룩지게 하고 싶은가? 그렇다면 증권에 모든 물질을 투자해 보라. 틀림없이 후회로 얼룩진 인생이 될 것이다. 어떤 결과가 남든 후회와 안타까움의 시간이 지속된다면 그 길은 결코 복된 길이 아니다. 하나님께서 허락하신 길은 설혹 실패하더라도 평안과 감사와 기쁨이 온다. 그러나 사탄이 유혹하는 길은 후회와 고통과 불안과 불평이 남는다는 사실을 잊지 말기 바란다.

단기투자의 폐해 ❹
집중력을 떨어트려 일의 능률을 저하시킨다

| steward

증권투자에 몰입하다 보면 일에 대한 의욕뿐만 아니라 일의 능률까지도 현저하게 떨어지는 것을 느낄 수 있다. 사람이 일을 하거나 공부를 할 때 정신을 집중해서 하는 것과 딴 생각하며 임하는 것은 엄청나게 다른 결과를 가져온다. 일의 능률은 시간을 많이 투자한다고 오르지 않는다. 주어진 시간에 얼마만큼의 집중력을 쏟아 부었는가가 일의 성과를 좌우한다.

이러한 집중의 원리는 일상생활 모든 분야에 적용되는 중요한 삶의 원리이다. 사업을 하는 사람이 집중의 원리를 무시할 경우 창의성을 상실하거나 장래에 대해 건설적이고 생산적인 계획을 세우기가 어렵다. 공부를 많이 하는 사람보다는 집중해서 하는 사람이 더 공부를 잘한다. 아무리 밤을 새워 공부했어도 머릿속에 여러 복잡한 생각들이 들어 있는 상태에서 공부하면 밤을 새워 공부한 노력이 허사로 돌아가기 마련이다.

이처럼 마음을 증권에 빼앗겨 버리면 정신을 집중할 수 없다. 남들보다 야근을 더하고 철야를 해도 소용이 없다. 마음이 딴 데 가 있으니 일의 능률이 오르지 않는 것이다. 사람이 도박이나 골프에 지나치게 빠졌을 경우 자신의 생업에 충실하지 못하고 결국은 망하게 되는 경우와 같은 이치이다.

단기투자의 폐해 ❺
인생의 귀중한 것들을 잃기 쉽다

| STEWARD

　이 세상에는 돈보다 귀중한 것들이 너무나 많다. 나의 생명, 건강, 가정, 사랑하는 가족들, 친구들, 일터에서의 일, 취미생활, 여행 등 하루하루의 삶 속에서 주어진 모든 것들이 너무나 소중하다. 그런데 증권투자에 몰입하게 되면 이러한 삶의 소중한 것들을 잃기가 쉽다. 증권에 온 마음을 빼앗기다 보니 인생을 즐기지 못하고 하루하루 증권 생각에 헛된 세월만 보내기 쉬운 것이다. 뿐만 아니라 삶 속에서 얻어지는 작은 기쁨들을 놓치기가 쉽다. 사람들과의 만남도 기피하려는 경향이 생겨난다.

　가족 간에 불신이 쌓여 가정의 행복이 깨어지는 경우도 있다. 몇 년 동안 부부가 노력해서 알뜰하게 모아두었던 돈을 증권에 투자했다가 다 잃어버리는 바람에 그동안 가졌던 꿈을 포기하는 가정, 남편이나 아내가 배우자 몰래 증권투자를 했다가 많은 돈을 잃고 결국은 이혼한 가정도 있다. 증권투자로 인해 많은 손실을 보았으나 아내에게는 말도 못하고 고민 속에 살아가는 남편들도 많다. 아내에게는 그저 잘 되어 간다고 얼버무리지만 아내에 대한 미안함과 솔직하게 고백하지 못하고 있다는 자괴감 등은 결과적으로 가정을 어둡게 만드는 주요 원인이 된다.

　인생에는 돈보다 귀한 것들이 너무나 많다. 그러나 단기 증권투자는 돈보다 귀중한 인생의 많은 것들을 보지 못하게 하고 듣지 못하게 하다가 결국은 잃어버리게 만드는 주범임을 우리는 기억해야 한다.

단기투자의 폐해 ❻
신앙생활에 많은 지장을 받는다

| steward

　신앙의 성숙은 하나님을 향해 한 마음을 가질 때에만 가능하다. 야고보 사도는 두 마음을 품는 사람을 향해 "이런 사람은 무엇이든지 주께 얻기를 생각하지 말라 두 마음을 품어 모든 일에 정함이 없는 자로다"(약 1:7, 8)라고 경고한다. 증권투자에 몰두하게 되면 마음이 나뉘고, 그렇게 되면 올바른 신앙생활을 하기가 어려워진다. 순전하게 하나님을 바라볼 때 우리는 하나님의 사랑을 있는 그대로 느끼며 받아들일 수 있다. 내 마음이 나뉘면 나를 향하신 하나님의 사랑을 스스로 변질시켜 바라보게 된다.

　특별히 하나님께서는 혼합하는 것을 싫어하신다. 무엇이든지 혼합할 때 거룩은 깨어지기 때문이다. 하나님께서는 이스라엘 백성들에게 여러 가지 면에서 성별의 진리를 가르치셨다. 그들에게 밭에 두 종자를 섞어 뿌리는 것을 금하셨고, 두 재료로 직조한 옷을 입는 것도 금하셨다. 또한 육축도 다른 종류와 교합시키는 것을 금하셨다(레 19:19). 심지어 소와 나귀의 멍에를 함께 매어 밭을 갈지도 못하게 하셨다(신 22:10). 하나님께서는 순수한 마음을 원하신다. 하나님을 향한 한 마음을 요구하시는 것이다. 하나님께서 우상을 섬기는 것을 싫어하시고 또한 간음에 대해 크게 정죄하시는 것도 같은 이유에서이다.

　단기 증권투자는 하나님을 향해 한 마음을 갖지 못하도록 유혹한다.

나도 모르게 증권 동향에 관심과 신경을 쓰다 보면 하나님을 향했던 마음이 흩어지고 만다. 하나님께서 귀히 여기시는, 작지만 소중한 것들에는 무관심하게 되고 내 마음은 단지 돈에만 혈안이 되어 있다. 이런 상황을 예수님께서는 씨 뿌리는 비유를 통해 지적하셨다. 가시밭에 떨어진 씨앗이 가시 기운으로 말미암아 열매를 맺지 못한다는 말씀을 통해 '재물에 대한 염려'가 '하나님의 말씀'을 내 영혼 가운데 뿌리내리지 못하도록 막고 있음을 지적하신다.

그리스도인이 단기 증권투자에 몰입하면 하나님보다 돈이 우선순위로 다가온다. 하나님을 향한 충성되고 성실한 마음을 지속시키기가 어렵다. 전심으로 기도하거나 전심으로 찬양을 드릴 수가 없다. 기도를 하되 정욕에 쓰려고 잘못된 기도를 하는 경우가 많고, 찬양을 드려도 주님을 묵상하며 찬양하지 않게 된다. 그만큼 증권은 우리의 시선을 하나님이 아닌 재물로 돌려놓게 만드는 강력한 유혹거리가 된다는 것이다.

이상 여섯 가지 외에도 단기 증권투자의 폐해는 참으로 많다. 결론적으로 말하자면 일반인들에게 증권투자는 이미 투자를 넘어 투기에 가깝게 다가오므로 바람직한 투자 요소라고 보기 어렵다. 물론 부동산 투자도 하기에 따라 투기 쪽에 가깝게 진행될 수 있고, 그 외 다른 투자도 마찬가지 요소가 있지만 증권투자는 시시각각 삶을 조이고 비트는 요소가 강할 뿐더러 단시간 내에 대박 아니면 쪽박이라는 결론을 던져주기 때문에 어떤 투자보다 신중해야 할 투자 분야라는 것이다.

하나님께서는 아담에게 "네가 얼굴에 땀이 흘러야 식물을 먹게 된다"(창 3:19)라고 말씀하셨다. 이것이 하나님의 법칙임을 잊지 말아야 한다. 쉽게 번 돈은 쉽게 나가기에 결국 시간과 에너지를 헛된 곳에 쓰는 결과를 가져온다. 손쉽게 돈 벌려는 태도보다는 하나님께서 복 주실 만한 삶의 자세를 하나씩 배양해 가는 충실한 인생이 될 때 우리 삶은 넘치도록 부유한 대박 인생이 될 것이다.

실패를 딛고 일어서라

Chapter 07

궁극적인 성공은 '반응'이 결정한다

| steward

사람은 누구나 실패를 경험하며 산다. 내가 무엇엔가 실패했을 때 '아, 맞다. 나는 불완전한 인간이었지.'라고 생각하면 될 정도로 사람은 본질상 실패할 수밖에 없다. 인간이란 그렇게 불완전한 존재이다.

그러나 하나님 안에 사는 인간은 실패를 성공으로, 고난을 축복으로 바꿔 놓을 줄 아는 능력을 부여받았다. 하나님께서는 우리가 실패를 반복할 때, 거듭 고난 가운데 있을 때 인생의 참의미와 성공의 지혜를 배우도록 인도하시는 분이시다. 그 하나님과 함께라면 아무리 참담한 실패가 내 앞을 가로막아도 성공을 배우는 기회로 활용하여 일어설 수 있다.

물론 실패하지 않고 성공의 가도를 달릴 수 있다면 그 얼마나 좋겠는가. 그러나 우리 모두는 실패와 실수를 통해 지혜와 사명을 발견하는 사람들이다. 하다못해 연애에도 실패를 해봐야 사랑의 기술을 배우고 사랑의 의미를 발견할 수 있다. 물질문제에 실패하는 것은 썩 좋은 일만은 아니지만 실패의 산을 한두 번씩 넘을 때 물질에 대한 사명자가 나온다. 가정에도 위기가 닥칠 때 그 위기를 잘 넘어서면서 가정의 소중함을 일깨우는 가정 사역자가 배출된다. 결국 실패를 어떻게 넘어서는가에 따라 우리는 성공자가 될 수도, 영원한 실패자가 될 수도 있다.

아픔은 곧 사명이라 했다. 하나님께서는 우리가 아픔을 당할 때 그 아픔에 대한 우리의 반응이 어떠한가에 따라 우리를 그에 대한 사명자이자 성공자로 세워 주신다. 혹 당신이 가정문제로 심각한 고통을 당해왔는가? 그렇다면 당신의 가정을 천국으로 만들라. 당신은 세계적인 가정 사역자로 세움받을 것이다. 물질문제로 뼈아픈 고통을 느껴봤는가? 이제부터 당신은 철저하게 하나님을 의뢰하며 돈을 벌고 돈 문제에 가장 성경적인 사람이 되라. 성경 속에서 물질 경영의 지혜를 배우라. 하나님께서 당신을 깨끗한 부자로 쓰실 것이다. 물론 그 과정은 쉽지가 않다. 하지만 모두들 실패 속에 움츠러들어 자기연민에 빠져 있을 때 우리는 하나님을 믿는 믿음의 실력을 발휘해서 일어설 수 있어야 한다. 그것이 그리스도인의 자세다. 실패의 시간들을 내 인생의 부끄러운 오점으로 바라보는 게 아니라 나를 귀하게 사용하시려는 하나님의 특별한 시간으로 바라볼 줄 아는 통찰력 있는 사람이 되라.

궁극적으로 성공한 인생인가, 실패한 인생인가는 실패와 마주했을 때 나의 반응이 어떠한가에 달려 있다. 기왕 실패한 기정 사실 앞에 주저앉지 말고 이때야말로 하나님과 손잡고 내 인생을 재건할 기회라는 사실을 놓치지 않는 우리 모두가 되기를 바란다.

실패의 핸디캡을 사명으로 발전시킨다 | STEWARD

우리 주변에는 물질문제로 고통받는 사람들이 참 많다. 그러나 나 자신도 물질문제로 심각하게 고통받기 전까지는 이런 현실에 대해 심각하게 고민한 적이 거의 없었다. 재정전문가라 자부하면서도 각 가정들이 재정문제로 얼마나 애태우고 있고 그 원인과 대처방법이 무엇인지를 잘 모르고 있었다. 물론 나는 결혼 후 맨손으로 미국으로 건너가 극한 가난을 경험했고, 역경 끝에 어느 정도의 재산을 일구었기 때문에 가난을 모른다고는 말할 수 없었다. 하지만 지금의 사회문제는 극한 가난을 딛고 일어서기의 문제가 아니었다. 절대가난을 탈출하여 어느 정도 먹고 살 만 하다가 갑자기 불어닥친 물질적 한파에 완전히 몰락하게 된 가정들이 속출한다는 게 가장 큰 사회문제였다. 신용불량자 배출이 그렇고 IMF로 인한 각 가정의 갑작스런 경제위기가 그렇다.

때를 같이하여 나도 그 물살의 급류에 휘말렸다고 해야 할까? 나는 어리석게도 대박을 노리며 그 물살에 뛰어들었고 여지없이 실패를 경험하고 말았다. 이 사실은 나를 큰 고통으로 이끌기도 했지만 하나님 안에서 그 시간들을 바라보니 오히려 큰 은혜가 되기도 했다. 그동안 잊고 지냈던 인생의 소중한 것들을 다시금 껴안는 계기가 되기도 했거니와 하나님께서 내 인생에 허락하신 사명이 무엇인지를 하나님의 관점에서 바라보게 된 것이다. 그간 나는 돈을 멋지게 벌어 출세한 재정전문가를 꿈꿔왔지만, 이제는 실패를 딛고 주님 안에서 다시 일어서는 진정한 재정전문가가 되고 싶다는 소망이 생겼다. 물질문제로 고통받는 고객들의 마음이 내 마음이 되어 함께 문제를 풀어가는 그런 회계사가 되고 싶은 소망이 생겼다.

　같은 경우는 아니지만 명의 이제마의 이야기는 우리에게 많은 교훈을 던져준다. 의사가 아프다는 건 환자들에게는 썩 신뢰감을 주는 요소는 아니다. "자기 자신의 몸도 제대로 추스르지 못하면서 어찌 병자들을 고칠 수 있으랴."는 평판을 듣기 쉽기 때문이다. 그러나 이제마는 똑같은 약을 써도 다른 환자는 낫는데 자신만은 낫지 않는 남다른 자신의 신체적 특징 때문에 연구에 연구를 거듭하다가 사상체질을 발견하여 자신의 병도 고치고 다른 사람의 병도 고치는 성과를 거두었다. 사람마다 체질별 특징이 있어 똑같은 병에도 다른 약을 써야 한다는 사실을 처음으로 발견했던 것이다.

　명의 이제마의 경우처럼 우리가 가진 핸디캡은 잘만 극복하면 내게 주신 하나님의 사명으로 발전시킬 수 있다. 나도 사실 그런 믿음이 있기에 부끄러운 나의 고백을 여과 없이 쓸 수 있는 것 같다. 이제는 돈 많은 재정전문가로서가 아닌, 실패를 극복한 재정전문가로서 고객들에게 그리고 독자들에게 다가가고 싶은 것이다.

투자 원칙을 지키지 않았던 첫 번째 투자 실패 | steward

나의 투자 실패는 몇 해 전 한 고객이 상담을 요구해 오면서 시작되었다. 그는 컴퓨터 부품을 조립해서 인터넷을 통해 판매하는 사업을 하고 있었다. 그의 사업은 미국에서도 워낙 빠르게 확장되고 있었고, 이참에 한국에 부품 공장을 세워 컴퓨터를 싼 값에 공급하려는 계획까지 세우고 있었다. 그는 또한 당시 큰 화제를 몰고 왔던 코스닥에도 상장하려는 목표를 지니고 있었다. 코스닥에 상장만 되면 떼돈을 벌던 시절이라 그의 사업 계획과 투자가를 소개해 달라는 부탁은 나의 귀를 솔깃하게 했다. 미국에서도 잘 되는 기업이니 한국에서 안 될 리 만무했기에 그런 안정성 있는 사업에 나도 한번 투자해 보고 싶은 생각이 솟구쳤다. 무엇보다 빠른 시간 안에 횡재하려는 내 심리가 발동해서 나는 선뜻 투자를 결심하기에 이르렀다.

이때 나는 투자의 몇 가지 원칙 중 제대로 지킨 게 거의 없다고 할 정도로 무모한 투자를 하고 말았다.

첫째는 목표를 세우고 하나님께 기도하며 투자에 대한 계획을 세워야 하는데, 기도보다 먼저 내 뜻이 앞서갔다. 기도하고 말 것도 없다고 판단되었다. 성공이 거의 확실시되는 사업이니만큼 열심히 뛰기만 하면 큰돈을 벌 수 있으리라고 생각했다. 많이 벌어서 좋은 일에 쓰고 싶었다. 이런 내 마음을 하나님이 아시는데 기도하며 계획하고 기다리고 할 필요가 뭐가 있으랴 싶었다. 아무리 수익성 있는 사업이라 해도 돈이란 그리 쉽게 들어오는 게 아니라는 돈의 속성을 다시 한번 생각했어야 하는데 욕심에 눈이 멀어 섣불리 그 사업에 뛰어들고 말았다.

둘째는 분산투자를 하지 않았다는 게 문제였다. 내 평생 처음으로 투자다운 투자를 하는 터라 "만에 하나 잃어도 추스릴 수 있을 정도의 투자"를 했어야 옳았다. 그러나 거의 수익성이 보장된 사업이라는 판단 하에 그동안 열심히 벌어서 저축했던 돈과 아내가 꽃가게를 팔아 모아둔 돈 등 가진 돈을 몽땅 모아 새 사업에 투자했다. 요즘 말로 하면 올인 한 것이다.

그만큼 그 사업에 대한 내 의욕과 기대는 컸다. 나는 직접 대주주가 되어 한국에도 같이 나가서 사업을 돕기 시작했다. 용산에 매장을 얻어 직접 소매도 하면서 인터넷으로 물건을 팔기 시작했다. 한국에서도 투자가들이 여러 명 생겨 성남에 공장을 세우는 등 사업 확장에 대한 조짐이 매우 좋아 보였다.

그런데 시대의 흐름은 한치 앞도 예측할 수가 없었다. 갑자기 '국민PC'라고 해서 싼값에 컴퓨터가 팔리는 등 경쟁이 치열해지는데다 불경기가 시작되면서 사업은 얼어붙기 시작했다. 코스닥에 상장하려고 했지만 갑자기 규정이 까다로워지면서 그 목표도 좌절되었다.

그 후 2년이라는 세월이 지나면서 결국 사업은 문을 닫았고 투자했던 돈은 모두 잃고 말았다. 그동안 모은 재산을 다 잃은 것은 물론이거니와 마음고생과 시간 낭비, 정력 낭비라는 엄청난 손실까지 겪안은 뒤에야 사업에서 손을 떼었다.

또 한 번의 유혹에 걸려들고 나서야 | STEWARD

이 일의 실패로 인해 나는 늘 마음이 불편했다. 겪지 않았으면 좋았겠지만 겪었더라도 그 일을 통해 하나님의 메시지를 발견하고 다시 착실하게 본연의 자리로 돌아가 살았으면 좋았을 것이다. 그런데 나는 그만 또 한 번의 덫에 걸려들고 말았다.

우리 사무실은 세금 및 회계 관련 업무만 맡아 처리하지 않고 고객들의 가정문제 상담까지도 함께 해오는 그런 사무실이 되고자 노력해 왔다. 그리고 시카고와 뉴욕 기독교 방송을 통해 그리스도인의 경제생활에 대해 여러 해 동안 매주일 방송을 하다 보니 상담의뢰가 많아졌다. 나는 그것이 하나님께서 내게 맡겨주신 사역이라 여기며 내 일처럼 진실하게 상담하고 예수님 안에서 회복을 꿈꾸며 지내왔다. 그래서일까? 당장의 이익에 급급하지 않고 고객 입장에서 고객과 함께 일을 처리하다 보니 물질의 복까지도 하나님께서 많이 부어주셨다. 그것은 하루아침에 이루어진 것이 아닌, 오랜 세월 동안 시간과 마음과 정성을 투자한 끝에 이루어진 성과였다.

그렇게 시간을 두고 성실함과 주님께서 주신 사명감으로 승부를 낸 것은 성공을 거둔 반면, 단기간에 성공하려는 내 욕심으로 승부수를 던진 것들은 하나같이 실패했다. 그것이 바로 증권투자였다. 1999년 12월, 평소 가족처럼 여기는 한 고객이 찾아와 자기가 증권을 해서 얼마나 큰돈을 벌었는지 자랑하면서 나에게도 증권을 한번 해볼 것을 강력하게 추천했다. 사실 내가 증권시장에 대해 전혀 모르고 있었다면 그의 이야기를 그저 듣고만 있었을 것이다. 그런데 제법 그의 이야기에 신빙성을 갖게 된 것은 그동안 고객들의 세금 보고를 해주면서 느낀 현실 중에 하나가 모두 증권을 해서 돈을 벌었다는 사실 때문이었다.

나는 한국에 투자해서 잃은 돈을 증권을 통해 회복하려고 마음을 먹었다. 현금은 이미 한국에 투자해서 몽땅 날렸으니 이제 빚을 내는 것 외에 다른 방법이 없었다. 집을 담보로 은행에서 융자를 얻어 증권을 시작했다. 여러 정보를 종합한 결과 R주식이 전망이 좋다는 생각이 들어 대량 구입했다. 그런데 이게 웬 횡재인가. 그때부터 이 증권가격이 오르기 시작하는데 날마다 상한가를 치는 것이었다. 두 달이 안 되어 계산해 보니 약 2억을 벌게 되었다. '야, 돈 버는 게 이렇게 쉬운 거구나. 그동안 내가 인생 헛산 게 아닌가.' 하는 생각이 들 정도였다. 직장에서 날마다 힘들게 일하는 사람들이 불쌍해 보였다. 어떤 면에서는 미련스러워 보이기까지 했다. 주식 첫판에 대박을 올린 나는 기가 살아서 간이 부을 대로 붓기 시작했다. 가지고 있던 증권을 모두 팔았다. 그리고 거기에 돈을 더 보태어 전망이 좋은 다른 증권을 대량으로 구입했다. 그동안 이민사회에서 워낙 신용이 좋았던 터라 돈을 빌리는 일은 너무도 쉬운 일이었다.

그러나 욕심이 더한즉 사망을 낳는다고 했던가. 그렇게 하염없이 치솟던 주가는 2000년 초순이 지나며 사정없이 내리막길을 달리기 시작했다. 그러다가 터진 '9.11 사태'는 증권시장에 치명타를 가해 버렸다. 원금은커녕 투자한 돈 모두를 날릴 판이었다.

오르고 내리는 증권가격의 변동에 따라 내 심장이 오그라들기를 수십 차례 반복했다. 오를 대로 올랐던 내 교만은 어느새 사라지고 잔뜩 풀이 죽고 온몸에 기운이 하나도 없었다. 그야말로 "주식이 무엇이관데" 사람의 마음을 쥐락펴락하는지 모를 일이었다. 식사도 제대로 할 수 없었다. 밥알을 씹으면 모래알을 씹는 것처럼 느껴졌다. 증권으로 돈을 벌어보지 못한 직장인들을 불쌍히 여기던 내가 이제는 증권에 '증'자도 모르며 살아가는 성실하고 평범한 사람들이 부럽기까지 했다.

낮에 일을 해도 능률이 오를 리 없었다. 고객의 문제를 나 자신의 문제처럼 여기며 고객과 상담하던 내가 모든 상담을 업무적인 처리 안에서 끝내기 시작했다. 얼른 상담을 마치면 방으로 들어와 컴퓨터를 들여다보며 증권가격의 변동을 체크했다. 사람 만나는 것도 귀찮고, 앉으나 서나 '증권 생각' 뿐이었다.

새벽기도에 가서 앉아 있어도 증권 생각에 기도다운 기도를 드려보지 못했다. 내 기도는 거의 한결 같았다. "증권을 그냥 들고 있어야 합니까, 팔아야 합니까? 지혜를 주시옵소서." 그것은 기도가 아니었다. 푸념이자 답답한 마음의 표현일 뿐이었다. 이웃의 아픔이나 고통에 눈을 돌릴 여력이 없었다. 하나님 나라 확장을 위해 뜨겁게 기도하던 때가 언제인가 싶었다. 아무것도 내 관심권 안에 들어오질 못했다. 집에 무슨 일이 일어나는지, 가족들은 어떤 고민을 하며 사는지, 내 동료가 무엇 때문에 근심 어린 표정을 짓고 있는지 상관할 바가 아니었다. 자고 나면 큰돈이 없어지는 상황을 지켜보느라 피가 마르는 것 같았다. 사업에 실패한 사람들이 왜 자살하려는 마음을 갖는지 조금은 이해할 수 있었다. 증권가격이 내려갈수록 은행에서 융자를 더 얻어 마진(margin)으로 물타기를 했지만 버티다 못해 결국은 다 거덜내고 말았다. 모든 것을 다 잃고 더 이상 손을 쓸 수 없는 상황에까지 이르러서야 나는 정신을 차려 하나님을 바라보기 시작했다.

'아, 내가 무모한 욕심을 부렸구나.'

마치 도박하는 사람이 모든 재산을 다 잃어야 그 자리를 털고 일어서는 것처럼, 나도 더 이상 투자할 수 없을 지경에 이르러서야 정신을 수습하게 된 것이다.

사람들이 인생을 살면서 여러 가지를 상실하겠지만 돈의 상실 또한 얼마만큼 치명적인지를 나는 온몸으로 체험한 후에야 비로소 그 부끄러운 시간들로부터 탈출할 수 있었다. 그리고 주변을 둘러보니 주변에는 온통 돈 문제로 쓰러진 사람들이 가득했다. 미국도 그렇고 한국은 더욱 심했다. 그렇게 쓰러진 사람들이 이제는 고객이 아닌 바로 나 자신이라는 사실 앞에 나는 한없이 좌절했다. 특히 이런 사정을 자세히 모르는 아내에게 미안했다. 나는 이 문제를 어떻게 하나님 앞에서 극복해 가야 하는지 묻기 시작했다. 불과 몇 년 전, 나는 이렇게 무력한 눈물을 흘려야 하는 사람이었다.

삼백육십 만의 신용불량자, 그들의 고통 | steward

한국은 지금 몸살을 앓고 있다. 경제적인 고통 속에서 무력한 눈물을 흘리는 사람들이 주위에 가득하다. IMF 이후 실직 가장들이 늘어난 것도 문제지만 그보다는 신용불량자가 속출한 데서 문제가 터졌다. 경제 인구 일곱 명당 한 명이 신용불량자로 낙인찍혔다는 것은 일곱 가정당 한 가정이, 아니 어쩌면 그 이상이 그 문제로 고통받고 있다는 증거다. 한 가정 내에 한 명의 신용불량자가 나왔다는 것은 그 가정 안에서 신용카드의 문제를 해결할 능력이 없다는 뜻이기도 하다. 또한 한 가정 안에 한 사람의 신용불량자가 나오면 사돈에 팔촌까지도 고통을 받는다고 볼 수 있다.

내가 아는 어떤 가정은 셋째 아들이 사업에 손을 대면서 불행이 시작되었다. 그리 넉넉지 않은 가정에서 아버지께 손을 벌려 사업자금을 빌린 그는 큰형과 작은형에게도 잇따라 손을 벌렸다. 그렇게 큰 액수는 아니었지만 모두가 넉넉지 않은 형편인지라 돈을 빌려준 당사자들에게는 엄청나게 큰돈을 빌려준 셈이었다. 그런데 한국에 불어 닥친 경제적 불황과 사업운영의 미숙으로 셋째 아들의 사업은 좀처럼 풀리지 않았다. 아주 조그맣게 시작한 사업이지만 직원 한두 사람의 월급을 주는 일도 벅차기 시작했다. 더 이상 손을 벌릴 데가 없어지자 그는 신용카드를 쓰기 시작했고 2-3천만 원 빌려 쓴 신용카드의 빚이 돌려막기를 반복하면서 불과 1-2년 내에 억대로 불어버렸다. 그리고 마침내 사업은 문을 닫았고 그는 신용불량자로 낙인찍히고 말았다.

이 경우 한 사람의 신용불량자가 나옴으로 인해 벌써 몇 가정이 고통을 받는지 모른다. 그 부모님은 집을 팔아 시골로 내려갔고, 첫째형과 둘째형 내외는 "우리 형편도 어려운데 되지도 않는 사업에 돈을 댔다"는 이유로 아내와 불화에 시달리며 가정의 위기를 맞아야 했다.

만약 그가 부모님과 형들에게 빌린 돈의 한계 내에서만 사업을 포기했어도 일은 그렇게 크게 터지지 않았을 것이다. 신용카드를 빌리고 돌려막기를 반복하고 친구들에게까지 거짓말을 해가며 돈을 빌리다가 신용불량자로 낙인찍히고 만 것이다. 그렇게 되면 다시 일어서기까지 엄청난 고통을 견뎌야만 한다.

물론 한국의 신용카드 제도는 너무도 문제가 많다. 일단 신용불량자가 되면 직장에서 일할 수 있는 기회까지도 박탈당한다. 일할 기회를 줘야 빚을 갚을 텐데 아예 원천적으로 고립시켜 버리는 나라는 우리나라 밖에 없을 것이다. 카드를 발급할 때는 무분별하게 사용해도 되도록 각종 규제 조치를 다 무장해제했다가 돈을 갚지 못하면 완전히 사람을 고립시켜 버리는 것이다. 게다가 그 이자에 이자를 합하다 보면 어느새 빚더미에 올라앉게 되니 누가 이것을 감당할 수 있겠는가. 이것이 신용카드의 함정이다.

외국의 카드사들은 이와는 좀 다르다. 내가 홍콩에 여행 갔을 때 카드를 사용하려는데 카드 회사측에서 '사용 불가'라는 지침이 내려왔는지 카드를 사용할 수 없었다. 회사에 연락하여 이유를 물었더니 이렇게 답변을 해주었다.

"카드 사용의 실제 소지자가 홍콩에 가 있다는 것이 확인되지 않은 상태에서는 카드를 사용할 수 없게 한다."

나는 그 말을 듣고 "Thanks you."를 반복했다. 정말 내 카드를 갖고 누가 맘대로 홍콩까지 가서 사용해 버린다면 그 피해는 결국 나에게로 돌아오게 되어 있는데 회사측에서 그런 피해가 없도록 원천적으로 막아주고 있는 것이다.

이처럼 카드발급부터 사용까지 계속적인 규제와 보호를 철저히 하는 외국 카드사와는 달리 우리나라는 무분별한 카드 사용의 남발을 허용하는 듯한 분위기에다가 제대로 보호도 안 해주는 형편이다. 그러다가 신용불량자가 되면 철저하게 고립시켜 버리니 큰 문제가 아닐 수 없다. 게다가 미국에서는 신용불량자라 해도 직장에서 일할 기회를 원천적으로 박탈당하지는 않는다. "일을 해야 빚을 갚는다"는 원리를 카드사들도 잘 알기 때문이다.

결국 한국에서는 신용불량자가 많이 나올 수밖에 없다. 이러한 고통을 줄이기 위해서는 무엇보다 카드 사용을 안 하는 것이 가장 좋은 방법이다. 처음부터 카드를 쉽게 발급받지 말라는 뜻이다. 카드빚은 사람에게 빚을 지는 것보다 엄청난 결과를 초래한다는 사실 앞에 두려워할 줄 알아야 한다.

그렇다면 이왕 벌어진 신용불량자 문제는 어떻게 극복해야 할까? 그 문제에 대한 정확한 답은 하나님만이 아실 것이다. 그리고 하나님을 찾고 찾을 때 하나님께서는 우리에게 피할 길과 해결책도 알려주실 것이다. 우리의 무력한 눈물을 씻고 봄 햇살처럼 눈부신 웃음을 웃게 될 날이 반드시 올 것이다. 이제 그 길을 찾아가 보자.

극복의 단계 ❶
현실을 인정하고 받아들이라 | STEWARD

이왕 벌어진 엄청난 현실 앞에 우리가 가장 먼저 해야 할 일은 "현실을 인정해야 한다"는 점이다. 현실을 인정하고 받아들이면 문제 해결은 이미 시작되었다고 볼 수 있다.

내가 진심으로 존경하는 목사님을 소개한다. 그분은 초등학교 때 시골에서 친구들과 놀다가 화살에 맞아 한쪽 눈을 실명하고 말았다. 손자를 너무나 예뻐하시던 그의 할머니는 그 일로 인해 화병으로 돌아가셨다. 그분 역시 오랜 시간 고통과 방황 속에서 학업을 중단하기도 했다. 그러나 그분은 믿음의 힘으로 늦은 나이에 고등학교에 들어가 공부에 전념했고, 나중에는 신학대학원장까지 지내며 후학을 양성했다. 지금은 교회를 개척해서 목회를 성공적으로 하고 계신다.

내가 증권에 실패하고 절망 속에 있을 때 미국 코스타에서 그분을 만날 기회가 있었다. 나는 물었다. "목사님은 어떻게 해서 그 절망을 극복하고 다시 시작할 수 있었습니까?" 목사님은 한마디로 대답했다.

"한 눈을 실명한 나의 현실을 인정하는 것이었습니다."

누가복음 15장에는 '탕자의 비유'가 나온다. 거기에 등장하는 둘째 아들은 부모에게 유산을 미리 달라고 요구하고는 많은 돈을 안고 먼 곳으로 떠난다. 그러나 세월이 흐르면서 그 아들은 유산을 다 탕진해 버렸고, 먹을 것이 없어 돼지가 먹는 쥐엄열매로 목숨을 연명하는 신세가 되고 만다. 인생의 막다른 골목에 이른 것이다. 그러나 탕자의 비유는 그 아들이 부모에게 돌아가 다시 행복하게 살게 되었다는 이야기로 결말을 맺는다.

이런 결말이 맺어진 데는 둘째 아들의 "현실을 빨리 인정하고 받아들이는" 자세도 한몫 했다고 볼 수 있다. 그는 "아버지 집에는 양식이 많아서 그 많은 일꾼들도 먹고 남는데 나는 여기서 굶어죽게 되었구나."라고 말하며 있는 현실을 빨리 받아들였다. 인생 막바지에 이른 자신의 현실을 깨달은 것이다.

사람이 위기에서 벗어나려면 현재 내가 어디에 와 있는지, 내가 많은 돈을 잃고 지금 어떻게 어떤 마음으로 살아가고 있는지 자신의 처지를 정확하게 인식해야 한다. 그리고 그 현실을 받아들여야 한다. 현실을 부정하려 한다거나 좋았던 과거만을 떠올리며 사는 비현실적인 태도는 현실의 고통을 더욱 가중시킬 뿐이다. 오히려 있는 그대로의 현실을 나의 현실로 다 받아들이고 나면 마음에 평강이 찾아오고 그때부터 해결의 실마리가 하나씩 보이기 시작한다.

사람들은 돈을 다 잃고 난 후 자신에게 주어진 변화를 인정하지 않으려고 한다. 이런 과정 속에서 분하고 억울한 생각이 그 사람을 지배하게 된다. '옛날에는 차도 몇 대 굴렸는데 이젠 단칸방에서 살게 되다니…' 이런 상태가 지속되면 우울증에 빠지거나 자포자기 상태가 될 수 있다. 심하면 화병에 걸려 죽기까지 한다.

위기를 극복하는 시발점은 현실 인정에 있다는 사실을 기억하라. 이런 과정이 없이 새로운 변화는 주어지지 않는다.

나 역시 모든 것을 거덜 낸 뒤에 그야말로 "빈손 들고 앞에 가 십자가를 붙드네"를 부르며 해결책을 찾을 때, 무엇보다 주어진 현실을 있는 그대로 받아들이는 것이 가장 급선무라는 사실을 발견했다. 아무리 속이 쓰리고 아파도 지난 20년간 저축해 놓은 돈이 모두 없어진 것은 물론이거니와 추가로 빚까지 지게 된 것은 엄연한 현실이었다. 현실에 대한 수용 없이는 앞으로 한 발짝도 나갈 수가 없었다. 이미 일어난 일은 일어난 일이고 앞으로가 더 중요했다. 나는 그동안에 생긴 내 인생의 변화를 인정하기로 했다.

"하나님, 맞습니다. 제가 한순간의 실수로 여기까지 왔습니다. 가진 것 다 잃고 빈손 들고 왔습니다. 그게 바로 저의 모습입니다."

그렇게 고백하고 나자 마음에 평안이 찾아왔다. 있는 그대로의 현실을 인정하는 것은 거기서부터 재출발하겠다는 결연한 의지의 표현이기도 했다. 그동안에 빚어진 나의 실수와 허물을 인정한다는 뜻이며, 주어진 현실의 고통을 이겨내기 위해 포기해야 할 것들은 완전히 포기하고 최선을 다해 재기의 노력을 다하겠다는 뜻이기도 했다. 만약 이런 현실 인정이 이루어지지 않으면 비참한 현실을 만회하기 위해 또 다른 무모한 짓을 벌이거나 도피자로 살아갈 수밖에 없다. 현실을 있는 그대로 인정할 때 현실과 맞닥뜨릴 수 있는 용기도 생겨나는 법이다.

내가 그렇게 주어진 현실을 있는 그대로 받아들이자 인생에 대한 깊은 통찰이 생겨나는 듯했다. 인생은 어차피 안전한 곳이 하나도 없음을 발견했다. 끊임없이 상실하면서 살아가는 것이 우리의 인생이었다. 무엇인가 가지고 있는 것 같아도 그 모든 것들은 궁극적으로 내가 주관할 수 없는 것들이었다. 나의 생명, 사랑하는 가족들, 건강, 명예, 직업, 불의의 사고…. 이 모두는 어느 날 갑자기 예고 없이 상실할 수 있는 것들이 아닌가. 그중 재산을 잃었다면 여러 가지 잃어버릴 수 있는 요소 중에 가장 쉬운 것을 잃은 것에 불과했다.

재산 잃은 것을 생명 잃은 것과 비교할 수 있는가? 사랑하는 자식을 잃고 오열하는 부모의 마음과 감히 비교할 수 있는가? 한참 일할 나이에 건강을 잃고 살아남기 위해 투병생활에 전념하는 사람들의 아픔과 비교할 수 있는가? 투병생활에 전념하면서도 용기를 잃지 않는 자들 앞에 감히 명함도 내밀지 못할 아픔을 갖고 나는 고통스러워하고 있음을 발견했다. 그러고 보니 나는 너무도 가벼운 문제를 놓고 고민하고 있었던 것이다.

오늘날 많은 신용불량자들에게도 나는 감히 그렇게 말하고 싶다. 돈 문제가 아무리 우리 앞에 켜켜이 쌓여 있어도 우리 생명이 온전하다면 우리는 꼭 다시 일어설 수 있다고. 문제는 우리가 하나님을 붙들고 얼마만큼 우리 생에 최선을 다할 수 있느냐에 달려 있다고.

얼마 전 청각과 언어장애를 가진 한 장애인이 하루 품팔이를 십여 년 이상 해서 1억 이상을 모아 저축상을 받았다는 보도를 접한 적이 있다. 그는 하루에 몇 천 원에서 몇 만 원까지 꼬박꼬박 저축할 뿐 아니라 성당에서 열심히 봉사를 하고 있었고, 한 달에 몇 구좌씩 어려운 이웃에게 돈을 송금하고 있었다. 그는 오로지 일하고 봉사하고 섬기는 것에 기쁨을 두며 살아온 사람처럼 보였다.

그런 자세로 살아갈 수 있다면 우리도 일어설 수 있다. 10년이 걸리든 20년이 걸리든 언젠가 우리는 과거에 힘들었던 일들을 감사함으로 추억할 수 있는 날을 맞이할 수 있다. 돈은 다시 벌 수 있는 성질의 것이다. 그 사실 앞에 감사함으로 현실을 인정하면 자신이 벌려놓은 일들을 책임질 수 있다.

실제로 나는 그런 젊은이를 보았다. 신용불량자가 된 그 젊은이는 카드사에 1억 이상을 빚진 것 외에도 친구들에게 얼마의 빚을 더 지고 있었다. 그래서 그는 얼마간 방황하기도 했지만 곧 주어진 현실을 받아들여 지금은 어느 지인 밑에 들어가 열심히 일하며 산다. 한 달 140만 원의 봉급을 받으면 용돈을 뺀 나머지 백만 원 가까이 되는 돈은 친구들의 빚을 갚는 데 몽땅 쓰고 있다. 한 달 내내 열심히 일한 돈을 빚 갚는 데 다 써버린다고 불평하지 않는다. 당연히 자신이 해야 할 일을 하고 있다는 자세로 묵묵히 살아가는 그 젊은이를 보며 나는 축복의 두 손을 모으고 싶어진다. 무엇보다 그 젊은이가 주어진 현실을 빨리 받아들였다는 것에 대해 박수를 보내고 싶다.

극복의 단계 ❷
하나님 앞에서 회개하고 돌아서라

| STEWARD

하나님께서 우리를 단련하실 때 사용하시는 도구 가운데 하나가 재물이다. 모든 것이 풍성하고 안정되었을 때보다는 역시 경제적으로 어렵고 고통당할 때 하나님을 더욱 가까이 하게 되어 있다. 부족함이 없을 때에는 풍성하다는 것이 하나님을 바라보는 교만의 장애물이 되어 하나님과 나 사이를 가로막을 때가 많지만 내 손 안에 아무것도 없을 때에는 비

로소 가장 가난한 심령으로 하나님을 풍성하게 바라볼 수 있는 까닭이다. 따라서 지금 우리가 물질적인 것으로 고통이나 시험을 받고 있다면 '내가 과연 지금까지 하나님만 의지하고 하나님께 순종하며 살아왔는가?'를 자문해 볼 일이다. 하나님 앞에서 겸손하게 살아가는 법을 배우게 하시려고 때때로 하나님께서는 축복을 미루실 수도 있다. 하나님께 전적으로 순종하는 믿음의 삶을 살게 하시려고 때때로 경제적인 어려움 가운데 그대로 두게 하실 수도 있다.

하나님께서는 우리 각 개인에게 인생을 허락하시며 한 사람 한 사람을 향한 계획을 갖고 계셨다. 그런데 우리는 '나를 향한 하나님의 계획'에는 무관심한 채 '나를 향한 나의 계획'만을 중요하게 다루며 살아가곤 한다. 나를 향한 하나님의 뜻이 무엇인지 묻거나 알려고 하지도 않는다. 그저 나의 욕심과 성취욕을 만족시키기 위한 계획을 내가 세우고, 그 뒤에 내가 세운 계획을 이루기 위한 도구로 하나님을 사용하려고 한다. 그럴 때 하나님께서는 제동을 걸어 우리를 더 멀리 가지 않도록 붙드신다.

또한 우리를 향한 하나님의 큰 계획을 이루시고자 고난의 과정을 필수적으로 통과하게도 하신다. 고난 중이 아니면 보지 못하는 세계가 얼마나 많은지 모른다. 고난 속에 들어가 참된 감사와 참된 만족을 배운 위대한 인물들이 얼마나 많은가? 고난 속에서 인생의 참된 가치와 이웃의 소중함과 섬김의 과정을 배운 사람들은 또 얼마나 많은가? 하나님께서는 우리를 사용하시되 교만한 그릇이 아닌 겸손한 그릇으로 사용하시려고 당신의 계획 가운데 고난이라는 시간을 통과하게 하신다.

그러므로 무엇엔가 실패하거나 인생이 풀리지 않을 때 우리는 먼저 '나를 향하신 하나님의 계획'을 바라봐야 한다. "하나님의 계획이 무엇인가?" 나를 비관하거나 좌절하거나 원망하기보다는 '하나님의 계획'에 초점을 맞춰 나 자신의 시간과 에너지와 모든 정성과 뜻을 다 드릴 수 있어야 한다. 그러면 내가 내 욕심대로 계획하고 하나님을 이용해 그 욕심을 성취하려 했던 지난날들이 보이기 시작한다.

그렇게 하나님 앞에서의 과오가 생각나거든 회개의 눈물을 흘려야 한다. 회개의 영이 임하면 그 자리가 복된 자리가 된다. 회개하고 돌아서는 자를 하나님께서는 다시 세워 주시되, 더 높이 세워 주시기 때문이다.

실패한 사람 중에 어떤 사람은 봉급 인상만을 고집하며 파업하는 노동자처럼, 무조건 하나님의 축복만을 요구하기도 한다. 이렇게 되면 문제에서 빠져나오기가 어렵다. 물질적 고통이나 어려움을 통해 하나님께서 무엇을 요구하시는지를 먼저 살펴보는 것이 첫 번째 순서다.

나 역시 재산을 모두 잃은 후 내게 왜 이런 일이 일어났는지를 하나님 앞에 생각해 보니 모든 문제의 원인은 다름 아닌, 쉽게 빨리 돈을 벌려는 내 마음이었다는 것을 알게 되었다. 노름판에서 한번 큰 돈을 딴 사람이 그 맛에 취해 패가망신할 때까지 노름을 하는 것처럼, 나 역시도 처음에 너무 빨리, 너무나 많이 번 것이 도리어 독이 되어서 무서운 줄 모르고 증권시장에 첨벙첨벙 뛰어든 것이었다. 땀 흘려 버는 돈의 귀중함을 잠시나마 잊어버린 것도 문제였다. 무엇보다 증권을 하면서 하나님과의 관계가 멀어지고 있었다는 것은 벌써 패망으로 가고 있다는 증거였다.

그때 과감히 모든 걸 벗어 던졌어야 했는데 나를 안타깝게 바라보시는 하나님의 시선을 외면한 채 증권시장에 자꾸만 빠져들었다는 게 큰 잘못이었다.

생각이 거기에 미치자 하나님 앞에 회개하지 않을 수 없었다. 하나님과의 관계보다 돈을 더 귀하게 여기며 지냈던 시간들은 죄악 중에 죄악이었다. 회개의 눈물을 쏟으며 다시는 그런 방식의 삶을 살아가지 않겠노라 결단했다. 하나님께서 인도하시는 선한 길로 묵묵히 걸어가겠노라고, 이제는 주님 뜻보다 내 계획이나 내 마음대로 앞서 행하지 않겠다고 고백했다. 그러자 앞날에 대한 소망과 의욕이 거짓말처럼 솟아났다.

예수님께서는 요한복음 10장 14, 15절에서 "나는 선한 목자라 내가 내 양을 알고 양도 나를 아는 것이 아버지께서 나를 아시고 내가 아버지를 아는 것 같으니 나는 양을 위하여 목숨을 버리노라."고 말씀하신다. 주님과 우리의 관계는 목자와 양의 관계요 사랑과 신뢰의 관계라는 것이다. 그렇다면 우리는 목자인 주님과 늘 교통하며 그분의 뜻을 따르고 있는가? 목자인 주님께서 앞서가시면 양인 우리는 그 뒤를 따라가야 하는데 혹시 우리 자신이 목자 앞에 서서 제 갈 길로 가버린 것은 아닌가? 그러다가 길을 잃거나 엉뚱한 낭떠러지 앞에 이르러서야 "하나님 왜 나에게 이런 시련을 주십니까?" 하고 따지고 있지는 않은가? 하나님께서는 그런 우리를 향해 "네 맘대로 하다가 그렇게 된 것 갖고 왜 나를 원망하느냐? 네가 언제 나에게 어디로 가야 할지 묻기라도 했느냐?"라고 말씀하실지도 모른다.

당신도 혹시 낭떠러지 앞에 서 있지는 않은가? 지금이라도 돌이켜 주님께서 가시는 길을 따라가야 하리라. 목자이신 주님을 바라보며 목자가 가자는 대로 그 뒤를 좇는 연습을 해야 한다. 주님께서는 돌이키는 자를 귀하게 세워 주시되 때가 이르면 더 높이 세워 주시는 분이시다. 그분을 믿음으로 지금의 자리에서 돌이킬 수 있는 자가 참으로 복된 자이다.

극복의 단계 ❸
가치관을 점검한다

| STEWARd

고난 중에 있을 때 가치관을 점검하는 일은 매우 중요하다. "내가 어떤 눈으로 세상을 바라보는가?"의 문제는 "어떤 상황에서도 예수님의 향기를 전하며 살 수 있는가?"의 문제와 직결되는 까닭이다. 많은 사람들은 하나님을 믿는다 하면서도 정작 마음과 생각을 복음 안에서 정복하지 못한 채 살아가는 것 같다. 마음과 생각 따로, 신앙 따로인 경우가 태반인 것이다.

나는 고통에 직면했을 때 "내가 과연 무엇을 가장 귀하게 여기며 살아왔는가?"를 짚어보았다. "돈이었는가? 명예였는가? 하나님이었는가?" 이 질문 앞에 맞닥뜨렸을 때 나는 그토록 내가 괴로워하는 이유를 명백하게 알 수 있었다. 일시적으로나마 나는 하나님보다 돈을 더 귀히 여기고 있었던 것이다. 그렇다면 내가 살아가는 이유나 목적은 돈이었단 말인가? 나는 고개를 절레절레 흔들었다. 이제부터는 그야말로 '하나님의 영광'을 위해 살면 될 일이었다. 돈을 위해 살지 말고 하나님의 영광을 위해 내 인생을 온전히 드리는 그런 삶이고 싶었다. 돈이나 명예나 건강이 우리 삶에 최고의 가치일 수 없었다. 그것은 어차피 유한한 것이며 썩어 없어질 것이기 때문이었다. 영원하신 여호와 하나님을 위해 사는 삶만이 최고의 가치 있는 삶이었다.

그런 가치관 속에서 살아갈 때 세상을 이기는 비결을 배울 수 있음을 나는 깨달았다. 그런 참 믿음의 사람들이야말로 가난 속에서도 하나님의 영광을 위해 감사할 수 있고, 건강 악화 속에서도 하나님의 영광을 보며 기뻐할 수 있는 사람들이 아닌가. 생각이 거기까지 이르렀을 때 나는 돈 문제로 절망하던 나 자신이 부끄러웠다. 하나님께서 여전히 나를 사랑하고 계시고, 하나님과 나와의 관계가 끊어지지 않았기에 나는 더 이상 절망할 이유가 없는 것이었다.

그때부터 내 인생의 가치관은 완전히 달라졌다. 내가 살아가는 이유도, 돈을 벌어야 하는 이유도 완전히 바뀌었다. 삶에 대한 태도도 달라질 수밖에 없었다.

신용불량자가 되어 고통받고 있는가? 더 이상 소망이라곤 없어 보이는가? 무엇을 위해 어떻게 살아야 할지 몰라 답답해 하고 있는가? 세상 모든 것이 우리를 버려도 하나님만은 우리를 버리지 않으신다. 하나님께서는 살아 계시고 우리의 인생을 주관하고 계신다. 우리는 하나님의 영광을 위해 살아가는 사람들이다. 지금이 인생의 위기라면 이때야말로 인생의 목적을 새롭게 하는 기회가 되기를 바란다. 이제부터는 나의 영광이 아닌 하나님의 영광을 위해 일하고, 하나님의 영광을 위해 섬기고, 하나님의 영광을 위해 기뻐하는 것! 그것이 내 인생의 최대 목표가 되게 하라. 고달프게만 느껴졌던 인생이 하나님의 영광 안에서 찬란하게 느껴질 것이다. 하나님을 위해 죽고 하나님을 위해 살면 하나님께서는 우리를 살리시고 우리를 높여 주신다.

극복의 단계 ❹
하나님을 소망한다

극복의 가장 중요한 최종 단계는 하나님을 바라보는 것이다. 그분 안에서 내 인생을 돌아보면 그분 안에서 내 인생의 앞날도 보이기 시작한다. 한번 조용히 지나온 발자취를 돌아보라. 하나님께서 주신 은혜가 얼마나 많았는지 정직하게 고백할 수 있다.

나 또한 힘겨운 시간 속에서 하나님께서 주신 복을 세어보기 시작했다. 그러자 그분께서 주신 복이 헤아릴 수 없이 많다는 사실을 알 수 있었다. 무엇보다 돈 좀 없기로서니 아주 죽게 된 것은 아님을 객관적으로 인지할 수 있었다. 일할 수 있는 직업과 사무실이 있고, 고객은 꾸준히 늘어나고, 아직 몸이 건강하며, 사랑하는 아내와 자녀들이 있고, 부모님 또한 건강하게 장수하고 계셨다. 섬길 수 있는 교회가 있으며 무엇보다 하나님께서 부족한 나를 방송 일로, 집회로 계속 사용해 주고 계셨다. 이런 저런 감사거리를 찾다보니 나는 정말 감사할 것밖에 없는 사람이었다.

우리 주변에는 정말 극한 상황에서도 감사거리를 발견할 줄 아는 참 믿음의 사람이 많다. 돈이 없고 건강도 좋지 못하고 가족 중 힘겨운 상황에 처해 사면초가에 놓였을지라도 감사의 고백을 토해 놓는 사람이 있다. 가을바람에 출렁이는 들꽃을 보게 하심에 감사하고, 하루 한 끼니가 해결된 것에 감사하고, 동네 아이들의 해맑은 웃음소리를 들을 수 있게 하심에 감사해 하는 그런 사람들이다. 그런 사람들은 감사거리를 누군가와 비교하면서 찾지 않는다. 즉, 누구보다는 그나마 나은 삶이어서 감사한, 그런 상대적인 감사가 아닌, 하나님 앞에서 살아가는 하루하루의 시간들이 소중해서 감사의 고백을 토해 놓는다. 그렇게 감사할 수 있으면 힘겨운 상황은 곧 극복할 수 있다.

교통사고로 온몸과 얼굴에 형체를 알아보기 힘들 만큼의 화상을 입은 이지선 자매를 우리는 기억한다. 우리는 그 자매를 보면서 "그나마 나는 저 자매보다는 나은 모습이어서 감사합니다."라고 고백할지 모른다. 그러나 그 감사고백이야말로 얼마나 교만한 고백인가. 감사가 그렇게 조건적인 것, 상대적인 비교 속에서만 이루어지면 이지선 자매는 누구를 보며 위로받고 누구를 보며 감사해 할 수 있을까? 이지선 자매가 드리는 감사는 그런 차원의 감사가 아니다. 그녀는 자신이 그토록 가혹한 시간을 보냈을지라도 하나님의 영광을 위한 도구로 쓰임받는 것을 감사해 한다. 자신의 얼굴이 누구의 얼굴보다는 조금이라도 나은 데가 있어서가 아니라 오로지 하나님의 영광을 위한 도구가 되었다는 사실, 그 사실에 감격해서 감사를 쏟고 있는 것이다. 상황에 따라 상대적으로 변하는 감사가 아닌, 하나님 앞에서 늘 흔들리지 않는 감사인 것이다.

우리도 그런 관점에서 삶을 바라보면 하나님께서 주신 복이 보이기 시작한다. 비록 물질적으로 망하긴 했지만 이제 회복의 시간을 통해 하나님의 영광을 드러낼 수 있으니 감사하다. 그 자리에 쓰러져 있지 않고 하나님을 소망하며 일어선다면 그것이 얼마나 하나님의 영광을 드러내는 일이 되겠는가. 하나님께서는 그렇게 하나님의 영광을 위한 도구로 우리를 사용하고 싶어 하신다. 그 얼마나 감사한 일인가. 우리가 비록 실패했더라도 그분의 영광을 위해 우리를 일으키신다.

그런 하나님을 바라볼 수 있다면 앞날에 대한 소망도 가질 수 있다. 마치 밤길에 여행객이 달빛을 받아 한 걸음씩 앞으로 나아가듯이 하나님께서 인도하시는 대로 한 걸음씩 감사함으로 나아가면 된다. 나는 그런 시간 속에서 찬송가 429장 "내 갈길 멀고 밤은 깊은데"를 천 번은 넘게 불렀던 것 같다.

우리가 그렇게 하나님께 시선을 고정하면 하나님께서는 그때부터 나를 위해 역사하신다. 인간이 할 수 없음을 고백하며 하나님을 바라볼 때 그분께서는 기적을 창조하신다.

여리고 성의 소경 바디메오를 보라(막 10:46-52). 그는 동전 몇 닢밖에 가진 게 없는 소경이자 거지였다. 객관적인 시각으로 보면 그에게는 소망이라곤 전혀 없어 보였다. 그러나 소망이 없는 인생이었기에 그는 강렬하게 주님만을 소망했다. "예수여, 이 절망에서 나를 꺼내 주소서." 그러자 주님께서 물으셨다. "내가 무엇을 하여 주기를 원하느냐?" 예수님이 그것을 모르셔서 물으셨을까? 전혀 그렇지 않다. 주님께서는 우리 마음속에 내재된 강렬한 소망을 주를 향해 표출하기를 기다리고 계셨던 것이다. 바디메오는 때를 놓치지 않고 외쳤다.

"주여 낫기를 원하나이다."

바디메오의 이 간절한 한마디가 터지자 마침내 주님께서 기적을 창조하셨다. 바디메오가 눈을 뜬 것이다.

하나님께서는 우리도 바디메오의 간절한 소망을 안고 주님께 나아가기를 기다리고 계신다. 우리의 무력함을 철저히 고백할 때, 그때야말로 하나님께서 우리보다 앞서 맘껏 일하실 때이다. 아무리 절망적인 상황일지라도 그런 하나님을 소망하며 앞으로 나아가자. 하나님을 소망하며 믿음으로 한 걸음씩 내딛는 사람에게는 오늘의 실패가 복의 기초를 다지는 특별한 시간들이 될 수 있다. 하나님은 "나를 간절히 찾는 자가 나를 만날 것"(잠 8:17)이라고 약속하신다. 하나님을 만나면 살 수 있다. 절망 속에 있는가? 하나님을 소망하자. 그것이 우리의 힘이다.

극복의 실제적 단계

가계부를 쓰고 허리를 동이라

| steward

이와 같이 하나님을 소망하면 우리는 얼마든지 일어설 수 있다. 하나님이 어떤 분이신가. 3년 6개월의 마른하늘이었지만 엘리야가 기도할 때 비를 내려준 분이시다. 100살이 될 때까지 무자했던 아브라함을 축복하사 그 자손들로 하늘의 뭇별만큼 많게 하신 분이시다. 그 하나님께서 작정만 하시면 우리는 하나님의 기적을 체험할 수 있다.

하나님의 손을 잡고 일어서야 한다. 그리고 현실의 치열한 벽과 싸워 이겨내야 한다. 현실적인 문제 앞에 인내와 성실로 부딪치면서 나의 물질관념을 바꾸고 절제의 열매를 맺으며 살아가야 한다. 그 속에서 물질의 청지기는 어떤 자세로 살아야 하는지를 체득하며 내 삶이 청지기적 삶으로 달라질 때 하나님께서는 그분의 두 손을 들어 우리를 맘껏 축복해 주실 것이다.

그 첫째 단계가 가계부를 철저하게 쓰는 일이다. 빚을 안 지고 사는 가정의 특징 중의 하나는 가계부를 철저하게 쓴다는 점이다. 이와 반대로 빚이 많은 가정에서는 십중팔구 가계부를 쓰지 않는다는 공통점을 안고 있다. 가계부를 쓰면 수입과 지출의 균형을 잡아주기 때문에 쓸데없는 지출을 통제하는 능력이 생겨난다. 예산을 적절하게 세우고 관리할 수 있다. 그러나 가계부를 쓰지 않으면 빚을 져도 도대체 무엇 때문에 빚을 지게 되는지 원인을 모른다. 잘못된 예산이 무엇인지, 돈이 어디로 새어 나가는지를 알지 못한다. 시행착오의 반복 속에서도 올바른 예산과 지출의 균형을 잡지 못한다. 자기 가정의 수입 한도 내에서 지출 계획을 세우고 돈을 소모하는 법부터 배워야 한다. 특별히 많은 빚을 졌을 때는 단돈 10원도 관리하는 습관을 지니는 것이 좋다.

둘째로 빚을 갚기 위해서는 <u>수입을 늘리는 것보다 지출을 줄이는 것이 더 우선</u>이라는 사실을 알아야 한다. 대부분의 사람들은 빚을 갚으려면 우선 수입을 늘려야 한다고 생각한다. 그래서 직업을 두 개 갖거나 새로운 일을 서둘러 시작하기도 한다. 하지만 그렇게 해서 수입이 더 많아졌다 해도 빚은 더 줄어들지 않는 경우가 많다. 그 이유가 무엇인가? 새로운 일을 하면서 부수적으로 들어가는 돈이 많을 뿐더러 수입이 많아졌다는 생각에 은근히 지출을 늘려가기 때문이다. 돈은 정말 잠깐만 방심해도 새어나가는 속성을 지니고 있다. '이 정도쯤이야'라고 생각하며 만원, 이만 원 쓰기 시작한 돈이 한 달 후 정산해 보면 곧 백만 원이 넘어가 있음을 본다. 빚이 있는가? 섣불리 많은 돈을 벌려고 하기보다는 작은 돈이라도 아껴 쓰는 습관을 지녀라. 그것이 빚을 갚는 지름길이다.

당장 갚아야 할 빚이 급한데도 중고차가 말썽이라고 차를 바꾼다거나, 남들이 이사 간다고 덩달아서 주거환경을 옮겨가다 보면 빚은 더 늘어나게 되어 있다. 아쉬움이 있더라도 급한 빚을 갚기 위해서는 인내해야 한다. 빚을 갚는 게 먼저다. 자가용을 타고 다녔다면 버스를 타고 다

닌다거나, 부식비를 줄인다거나, 친구들과의 만남을 절제하는 등 지출 여건을 꼼꼼히 점검해 보고 어떻게든 지출 내역을 줄여야 한다. 줄인 지출 내역이 나중에는 목돈이 되어 돌아오기 때문이다.

셋째로 구매 욕구를 절제해야 한다. 빚을 갚아야 할 사람이 기본생활필수품 외에 더 좋은 것을 갖고 싶은 욕구를 이기지 못해 과소비를 한다면 절대로 빚은 갚을 수가 없고 상황은 더 나빠질 수밖에 없다. 명품을 사는 친구들과 비교하며 5만 원짜리 보세가방을 사고는 '이 정도야 뭐'라고 자위하지 말라. 구매욕구에 시달리는 사람들은 꼭 명품족들과 자신을 비교한다. 더 어려운 처지에서도 절제하고 그러면서도 풍성하게 살아가는 사람들과 비교하지 않는다. 자신의 처지를 객관적으로 분명하게 직시하고 허리띠를 졸라매는 내핍생활을 견뎌내지 못하면 빚은 줄어들지 않는다. 성경은 "우리가 먹을 것과 입을 것이 있은즉 족한 줄로 알라"(딤전 6:8)고 권면한다. 자족하는 마음을 가지라. 꼭 필요한 것도 아닌데 더 좋은 것이기 때문에 구입하고 싶어 하는 욕구를 무자비할 정도로 자를 줄 아는 사람이 결국에는 큰 부자가 될 수 있다. 이러한 노력과 희생 없이는 절대로 빚을 갚을 수 없다.

사실 우리나라 사람들의 소비 성향은 전 세계인을 놀라게 할 정도다. 우리나라 여자들만큼 매일 화장 짙게 하고 외출할 때마다 옷을 바꿔 입는 나라도 드물다. 우리나라 남자들만큼 만나면 술이 고주망태가 되도록 마시고 2차, 3차까지 가는 나라가 없다. 그 엄청난 술값이며 외식값,

화장품값, 옷값, 가방값, 신발값은 다 어디서 나오는가. 친구를 만나면 영화도 보고 술도 마시고 밥도 사먹어야 하는 그런 문화 풍토가 언제부터 생겨났는지 모르겠다.

미국인들은 우리나라 국민 소득의 4배가 넘게 돈을 벌지만 한국인들보다 몇 배나 더 검소한 편이다. 가까운 나라 일본은 어떠한가. 그들 역시 절약하고 아끼는 습관이 몸에 밴 민족이다. 우리는 남들이 다 명품 가방을 멜 때 혼자 2-3년 전에 산 2만 원짜리 가방을 메고 다니면 창피해서 못 견뎌한다. 스스로 당당하고 기품 있게 살아갈 수 있는 권리를 가방 하나 때문에 포기하고 마는 것이다. 그게 다 우리 내면이 궁핍하기 때문이 아닐까? 내면이 참부자라면 그깟 가방 하나 갖고 기죽을 일이 아니다. 빚이 있으면 "절약해야 한다"고 당당히 말할 수 있는 사람이 나는 좋다. 화려한 명동의 값비싼 찻집에서가 아니라 교회 뜨락이나 공원에서 만나 자판기 커피 한 잔 마시며 이야기 나누자고 말할 수 있는 그런 사람이 그립다.

빚을 갚는 네 번째 방법은 빚을 지고 있더라도 반드시 저축을 하는 것이다. 사람은 저축하면서 희망과 보람을 느끼게 되어 있다. 매월 5만 원씩이어도 좋다. 비록 빚을 지더라도 매월 얼마씩 저축하는 습관을 들이면 그것이 내게 절약하고 아끼는 생활에 대한 성취의욕을 안겨다 주기 때문에 기쁨으로 절약할 수 있게 하는 원인제공을 해준다. 또한 미래의 어느 때, 빚 때문에 어려움을 당하더라도 또다시 값비싼 이자를 물어줘야 하는 신용카드를 사용하지 않아도 되는 결과를 가져다준다.

빚을 갚아가는 그 시간은 빚을 갚는 것은 물론 앞날을 위해 물질관리의 지혜를 배우는 인생의 값진 시간으로 활용해야 할 것이다. 빚에 마음까지 쪼들리지 말고 이 위기의 기회를 오히려 인생 역전의 기회로 선용하는 사람들이 많아지기를 소원한다.

3부 | 가정을 다스리는 청지기
Steward Managing Home

내게 보여 주신
하나님의 경제원리 /Chapter 08

깨진 독부터 수리하라 | steward

　돈을 벌고 돈을 모으고 돈을 잘 관리하여 부자가 되려면 가정 이야기를 하지 않을 수 없다. 가정은 마치 물독과 같아서 독이 깨어지면 아무리 물을 갖다 부어도 가득 찰 수가 없다. 좋은 독에 물을 담아야 물도 차오를 수 있거니와 물맛도 좋은 법이다. 따라서 가정을 잘 다스리는 일은 물질의 청지기로서 해야 할 가장 최우선의 일이요, 최고의 일이기도 하다. 가정이 아름답고 견고하게 서 있으면 현재가 아무리 가난하고 어렵더라도 보이지 않게 차곡차곡 복이 임하기 마련이다. 그러나 불신의 벽이 가족 상호간에 쌓여 있고 하나님 앞에 불신앙의 모습으로 서 있으면 아무리 돈이 많은 대기업 총수의 집도 순식간에 무너질 수 있음을 알아야 한다.

오늘날 가정의 위기는 직접적인 돈 문제로도 시작되지만 주로 관계적인 측면에서 문제가 시작되는 경우가 많다. 그러다가 그 불신의 관계가 물질문제로 연관되어 가정이 파괴되는 고통을 낳는다. 관계에서 비롯된, 물질의 위험신호를 보이는 가정들이 의외로 많다는 것이다. 예를 들어 남편과 아내의 재정이 분리되는 경우가 그렇다. '나도 널 믿지 못하고 너도 날 믿지 못하니까 서로 딴 주머니를 차자.'는 심산이다. 주로 재혼한 가정들은 이런 경우가 많다. 한번 상처를 받았기 때문에 미리 대비책을 마련해 놓는 것이다.

그 가정의 물질이 어디로 흘러갔는지, 돈이 어떤 용도로 사용되고 있는지 전혀 모르는 부부들도 있다. 대화가 부족한 부부의 모습이다. 남편이 돈을 벌어 아내에게 갖다 준 후에는 서로 묻지도 말하지도 않는다. 그러다가 나중에 "그 돈 다 어디로 갔느냐?", "웬 빚이 이렇게 많으냐?"며 큰 소동이 벌어지기도 한다.

그와는 반대로, 남편이 경제권을 완전 장악한 탓에 아내는 속옷 하나까지도 남편에게 돈을 얻어 사야 하는 가정도 있다. 아내는 저녁 식탁에 고기를 올리고 싶어도 남편의 결재를 얻어야만 올릴 수 있을 정도로 돈에 관한 권리를 조금도 가져보지 못한다. 이런 경우 황혼에 이르면 아내의 인내심이 폭발하여 이혼을 하기도 한다.

아내나 남편의 낭비벽 때문에 고민하는 배우자들도 있다. 친정이나 시댁에 몰래 돈을 보내고 있는 건 아닌지 서로 의심하는 부부가 있는가

하면, 부부싸움 할 때마다 혼수문제나 가난한 시댁을 들먹이는 부부들도 있다. 남편 몰래 빚을 지는 아내, 아내 몰래 증권투자나 부동산 투자를 했다가 고민하는 경우도 얼마나 많은지 모른다.

이런 모든 위험신호들은 물질 관리의 문제이면서 동시에 대화가 부족한 부부 관계의 문제이거나 하나님 앞에 바로 서지 못한 불신앙의 문제임을 알아야 한다. 때문에 "어떻게 나 몰래 딴 주머니를 찰 수 있느냐?"를 놓고 따지기 전에 그 가정이 과연 사랑과 용서 속에 하나 된 가정의 모습으로 서 있는지를 돌아봐야 한다.

어떤 집은 부자 관계, 부부 관계의 문제 때문에 가정경제가 파탄된 적이 있었다. 이상하게도 그 집은 아버지와 아들의 관계가 오랫동안 틀어져 있었다. 그렇게 된 데에는 아버지의 책임이 컸다. 아버지는 늘 세상이 못마땅했고 가족들이 못마땅했다. 아버지의 기준으로 보면 매사가 그렇게 못마땅한 것투성이였다. 집안 살림에 충실한 아내를 보면 다른 집 아내들처럼 바깥일에도 유능해서 돈도 좀 벌어왔으면 좋겠고, 그저 착하기만 한 아들들은 다른 자식들처럼 공부도 좀 뛰어나게 잘했으면 좋겠는데 하나같이 평범하기 그지없었다. 그렇다고 아버지 자신에게 특별한 능력이 있는 것도 아니었다. 툭 하면 직장을 사임할 정도로 사회에 못마땅한 것이 많았다. 마음먹은 대로 돈이 모이는 것도 아니어서 자연스레 가족들에게는 야박하게 굴 수밖에 없었다. 집안 분위기는 늘 냉랭했고, 가족들은 아버지 앞에서 숨을 죽이며 살아야 했다. 그 속에서 아들은 어떻게든 아버지에게 인정받고 싶었다. 주유소 아르바이트를 해도 "니 까짓 게 그런 거 해 가지고 언제 돈 벌래?"라며 핀잔을 줬던 아버지께 어떻게든 자랑스러운 아들이고 싶었다. 그래서 아들은 미숙한 사회 경험에도 불구하고 사업에 뛰어들었건만 경제 불황이 지속되면서 일은 자꾸 어려워져만 갔다. 어려운 사업 형편을 아버지께 소상히 말씀드릴 용기가 없었던 아들은 자신을 연민의 정으로 바라보는 어머니를 설득해서 아버지 몰래 집을 담보로 대출까지 받기에 이르렀다. 부족한 사업 자금을 댈 길이 없었기 때문이다. 그런데도 사업은 계속해서 어려워졌고 마음이 쫓긴 아들은 카드를 이용해 대출을 받다가 완전히 파산지경에 이르고 말았다.

이 경우, 우리 대부분은 철없이 사업부터 뛰어든 그 아들에게 손가락질하기 쉽다. 게다가 아버지를 속이고 어머니를 설득해 담보대출을 받다가 집까지 날렸으니 이 얼마나 통탄할 일인가. "돈을 그렇게 쉽게 벌 수 있다고 생각하면 안 되지." "애당초 돈 버는 방법부터 잘못되었어." 이런 말들을 쏟아놓을 수 있다.

물론 이 아들은 돈 버는 방법이나 돈에 대한 생각을 잘못 가졌다. 아버지를 속인 일도 잘못되었다. 겁 없이 신용카드를 남발한 것도 물질의 몰락으로 가는 지름길을 택한 격이었다. 그러나 이 경우는 아들의 잘못된 선택이 근본적인 문제가 아니었다. 아버지와 아들의 오래 된 불신 관계, 부부 사이의 대화 단절, 어려운 일이 있을 때 가족 상호간에 터놓고 상의하며 가장 최선의 길을 선택하는 분위기가 조성되지 못한 점 등 총체적인 문제가 그 가정 안에 있었다.

아버지와 아들의 대화만 살아 있었어도 그 가정은 그렇게까지 큰 어려움을 당하지 않았을 것이다. 아버지가 아들을 조금만 사랑했었어도, 그 사랑을 조금만 표현해 주며 아들을 키웠어도, 아들이 그렇게 무모한 도전을 하지 않았을 것이다. 부부 사이에 대화가 트였더라면 그 아내가 남편 몰래 아들에게 담보대출을 해 주진 않았을 것이다. 그 아버지가 어린 시절부터 좋은 가정에서 양육받았더라면 그렇게 강퍅한 심정으로 세상을 살진 않았을 것이다.

결국 가정의 돈 문제는 돈 문제 자체로 풀려고 해선 안 된다. 그 가정이 하나님 앞에 바로 서서 믿음과 사랑 안에서 세워져야만 물질 문제도 올바로 해결될 수 있다. 하나님 안에서 서로를 바라보고, 하나님 안에서 미래를 계획하고, 하나님 안에서 하나가 되는 것, 그것이 먼저 선행되어야 한다. 그래서 나는 이 장을 쓴다. 가정의 행복은 좋은 물독을 마련하는 일과 같다. 깨지지 않는 물독이 있어야 물을 채운다. 물을 채우는 열심을 내기 전에 먼저 물독을 정성스럽게 장만해야 하기 때문이다.

아버지가 물려준 경제원리 | STEWARD

부끄러운 고백들이 많지만 나는 이 장에서 우리 가정의 이야기를 짤막하게나마 하려고 한다. 좋든 나쁘든 우리 가정의 이야기를 통해 내가 터득한 하나님의 경제원리를 가장 솔직하게 이야기할 수 있는 까닭이다.

어느 가정이든 한번에 부자가 되거나 한번에 행복을 이룬 집은 없는 것 같다. 우리 가정도 남들 겪는 만큼의 과정을 지나며 지금에 이르고 있다. 남들이 겪는 가난, 남들이 겪는 불화, 남들이 겪는 고통을 조금씩 맛보며 우리 가정의 경제도, 행복도 세워져 나갔다.

그중 먼저는, 경제가 세워지고 무너지고 다시 세워지는 과정을 우리 가정의 이야기 속에서 고백하고 싶다. 앞서 이야기한 대로, 가정은 물을 채우는 물독과 같기에 물독의 이야기가 빠지면 물을 채우는 이야기를 제대로 할 수 없기 때문이다.

나는 평범한 가정에서 평범하게 자란 편이었다. 그 속에서 알게 모르게 물질에 관한 교훈을 받으며 자랐지만 그때는 그 사실도 잘 알지 못했다. 당시 은행 대리이셨던 아버지는 정년퇴직을 맞으실 때까지 언제나 정직하고 꼿꼿하게 그분의 일을 감당하셨다. 그래서인지 우리집은 가난하진 않았지만 그렇다고 부자도 아니었다.

중학교에 입학할 때였을 것이다. 교복을 사 입지 못하고 보통 옷을 입고 입학식을 한 기억이 난다. 그것이 어머니께는 내내 속상한 일이었나 보다. 그날 저녁, 어머니와 아버지가 그 문제로 다투셨던 게 기억이 난다. 어머니는 화가 잔뜩 나셔서 볼멘소리를 하셨고, 그런 어머니를 향해 아버지는 이렇게 말씀하셨다.

"나는 봉급만 갖고 사는데 날 보고 어쩌라는 거요. 그럼 나 보고 도둑질이라도 하란 말이요?"

예전에는 은행 대리 정도 되면 사는 형편이 괜찮을 거라고 다들 생각했다. 불법융자를 해주고 돈을 받는 등의 부정적인 관례가 적지 않았기 때문이다. 그러나 아버지는 매우 정직한 분이셨다. 나중에 아버지가 지점장이 되어 은행에서 나오는 지프차를 타고 출퇴근하던 시절에도 아버지는 그 차를 온전하게(?) 이용하시지 않을 정도였다. 당시 은행은 안양에 있었고 우리 집은 서울 이문동에 있었다. 하루 일을 마치고 퇴근하실 때, 아버지는 운전기사가 달린 그 차를 타고 오시다 굳이 서울역에 내리셔서 버스를 타고 집에 오셨다. 우리는 왜 집까지 지프차를 타고 오지 않냐고 성화였지만 아버지는 "서울역에서 한번만 버스 타면 집까지 오는데 어찌 관차에 비싼 기름 값 들어가게 할 수 있느냐?"며 끝까지 버스를 타고 다니셨다.

게다가 아버지의 효성은 얼마나 지극하셨는지 치매에 걸려 똥오줌을 벽에 바르는 할아버지 방에 들어가 할아버지의 온몸을 손수 닦아드리곤 하셨다.

나는 그런 가정의 분위기 속에서 알게 모르게 아버지의 경제관념을 배웠던 것 같다. 물론 내 가정을 꾸리고 가난과 직접 부딪쳐보기 전에는 돈에 관한 개념조차 없었지만 내 가정을 세워 가난과 부딪치고 돈을 관리하면서 나는 어느덧 그 시절의 아버지가 되어 있는 나 자신을 발견했다. 경제의 기초는 가정이고, 가정이 바로 서야 경제가 서게 되어 있다는 원리로 언제나 내 가정을 바라보았고, 중간에 비록 실수는 했지만 아무리 적은 돈이어도 정직한 돈의 가치와 검소하고 절약하는 삶의 태도를 경제원리의 중요한 요소로 바라보며 살아가고 있다.

내가 걸어간 경제원리 | steward

군에서 제대하자마자 나는 그동안 사귀어왔던 아내와 무작정 결혼부터 강행했다. 무엇 하나 내세울 것 없는 신랑에 비해 신부는 내세울 만한 집안에서 곱게 자란 처자였기에 시작부터가 만만치 않았다. 결혼을 반대하던 처가쪽 부모님을 겨우 설득해 갖은 폼을 잡고 결혼식을 올렸지만 결혼식장에서 들려오는 하객들의 수군거림은 나를 비참하게 만들었다.

"신랑은 뭐하는 사람이래?"

"응, 논대. 직업이 없대."

게다가 결혼식을 마친 후 신혼여행을 가기 위해 어머니께 신혼 여행비를 타내는 과정에서는 또 얼마나 다투었는지 모른다. 그만큼 나는 아무런 준비도 없이 철도 없이 결혼식부터 올린 사람이었다. 부모님을 모시고 새살림을 시작했지만 나는 계속해서 실업자로 남아 있었다. 은근히 기대했던 모 신문사 기자 시험에 떨어진 뒤에는 그야말로 살 길이 막막했다.

그러자 처형이 유학을 제의해 왔다. 당시는 유학에 대한 어떤 동경이 있을 때였다. 유학을 잘만 마치면 성공이 보장된 것처럼 여겨지던 시절이었기에 한국에서 빈둥거리느니 차라리 유학 가서 조금만 고생해 보라는 주변의 권유가 귀에 솔깃하게 들어왔다. 현실도피의 수단이긴 하지만 나로서는 달리 다른 길을 찾을 수 없었다. 일단 가족이 생겼기 때문에 유학생활이 아무리 힘들더라도 우리 가정의 미래를 위해서 한번 부딪쳐 보고 싶었다.

그래서 문교부에서 치르는 유학자격증 시험(당시는 이 시험에 통과해야 미국에 갈 수 있는 여권이 주어졌다)에 합격한 후 돈 한 푼 없이 아내와 함께 무작정 미국행 비행기에 올랐다. 그 때만 해도 미국생활의 고단함과 막막함을 짐작도 못했다. 비행기 값을 절약하기 위해 홀트 아동복지의 해외 입양아 다섯 명을 데리고 미국까지 데려다 주는 조건으로 오른 비행기였다.

달랑 2백 달러를 손에 쥔 채 미국에 도착한 우리 부부는 입양아 다섯 명을 차례로 양부모에게 인계한 후 휴스턴에 있는 중국집에서 일하기 시작했다. 나는 접시를 닦고 아내는 주방 보조 겸 웨이트리스 보조로 하루 종일 일했다. 도착하자마자 학교에 등록하고 낮에는 학교에서 공부하고 수업이 끝나면 부리나케 식당으로 달려와 일하다가 밤늦은 시간에 리포트와 숙제를 해야 하던 그 시절, 그야말로 하루가 천년처럼 고단하기 짝이 없었다. 특별히 언어의 벽과 홀로 싸워가며 리포트를 써야 했기에 낮이고 밤이고 나는 내내 시달리는 심정이었다. 그래도 남자인 나는 그나마 나았다. 생전 일이라고는 해 보지 않았던 아내가 어떻게 그 궂은 일을 이억 만리 타국 땅에서 잘 감당했는지 지금 생각해도 미안하고 고마운 마음뿐이다.

그러다가 하루는 급하게 연락이 와서 식당으로 달려가 보니 아내가 쓰러져 군용침대에 누워 있는 게 아닌가. 기절해서 쓰러진 아내를 보자 감당할 길 없는 마음의 고통이 치밀어 왔다. 한국인들이 지독하다고 말하지만 사실 중국인들만큼 지독하게 종업원을 부리는 사람들도 드물다. 나는 아내의 손을 잡고 이끌었다.

"이제 집에 가자. 이게 사는 거냐? 그냥 집에 가자."

스스로에게 차오르는 분노를 나는 그런 식으로밖에 표출할 수 없었다. 그러나 아내는 안 가겠다고 버텼다. 조금만 누웠다가 다시 일을 해야 오늘 하루의 일당을 받아갈 수 있다는 것이다. 기가 찰 노릇이었다.

또 한번은 이런 일도 있었다. 중국접시는 워낙 무거워서 조심스럽게 다뤄야 하는데 그날은 접시를 닦다가 그만 접시 하나를 깨뜨리고 말았다. 없는 형편에 그 접시 값까지 물어주면 하루 일당이 완전히 날아가 버리기에 나는 허겁지겁 접시를 쓰레기통에 버렸다. 그런데 이게 웬일인가. 접시를 닦는 주방 싱크대 안의 물이 벌겋게 변하는 게 아닌가. 깨진 접시에 손이 베인 줄도 모르고 접시 숨기기에만 급급하다가 사건 현장을 발각당하고 말았다. 그 모습을 본 주인이 큰소리를 질렀다.

"김아, 이게 뭐야? 빨리 가. 빨리 가란 말이야."

손은 너무도 쓰리고 아팠지만 나는 사정을 하며 집에 가지 않았다. 하루 일당을 놓치면 그만큼 생활비가 모자라기 때문이었다.

그렇게 살아가기를 몇 년이나 했을까. 유학 후 5년 동안은 거의 깨어 있는 아이 얼굴도 못 볼 정도였다. 새벽에 나가 일하다가 학교에 갔다가 집에 오면 밤 10시. 이미 아이는 잠들어 있었고, 나는 나대로 숙제하기에 바빠 아이 얼굴을 제대로 들여다 볼 새가 없었다.

아이가 햄버거 먹고 싶다고 떼를 써도 햄버거 사 줄 돈이 없었고, 남이 먹다 버린 콜라 캔을 부러운 듯이 갖고 놀다가 아이의 손이 베어도 그 손을 감싸줄 밴드 하나 살 돈이 없었다. 에어컨도 없는 주방에서 한여름에 땀을 비 오듯이 흘리며 일하고, 그러면서도 우리 가정이 살기 위해서는 억척같이, 정말 이를 악물고 뛰어야 한다는 원리를 나는 그때 깨달았다. 그것이 내가 체득한 경제원리였다. 내가 살아남기 위해서는 남들보다 강해져야 하고 남들보다 열심히 뛰어야 한다는 것, 그 생각만이 나를 지배했다.

은총 속에 보여 주신 하나님의 경제원리 | STEWARD

당시 나의 꿈과 희망은 오직 웨이터였다. 웨이터가 되면 그래도 찜통 더위 속의 숨 막히는 노동을 피할 수 있고, 음식 찌꺼기 냄새가 몸에 안 배어서 좋았기 때문이다. 접시 닦기는 그저 주어진 시간 내내 접시만 닦아야 하는, 정말 숨 쉴 겨를도 없는 직종이었다.

그러다 보니 알게 모르게 내 마음은 거칠고 강퍅해져 갔다. 강해야 살아남을 수 있다는 생각이 나를 지배했다. 눈치도 빨라지고 아무리 피곤해도 게으름을 피우지 않았다. 아마도 이민자들 모두가 겪는 과정이었으리라. 생존에 대한 그 강한 집념은 좋은 쪽으로도 작용했다. 누구보다 성실하고 부지런히 살 수 있게 하는 힘이 되었다.

그러기를 얼마나 했을까. 경험 있다고 속이고 고급 중국식당에 웨이터로 취직했는데 주문을 받을 때의 미묘한 영어표현의 차이를 잘 알아듣지 못해 출근 첫날 해고를 당했다. 우여곡절 끝에 '데니스'(Denny's)라는 체인점 식당에 들어가 웨이터 보조 일을 하기 시작했다. 손님 테이블의 접시들을 재빠르게 치우고 깨끗하게 정돈하는 그 일은 일반적으로 청소년들이 하기 때문에 그 직종을 '버스보이'라고 불렀다. 그런데 28세 된 내가 소년들 틈에 끼어 이 일을 하려니 여간 창피한 게 아니었다. 그러나 당시로서는 그런 것까지 깊이 생각할 여유가 없었다. 어떻게든 버스보이 중에 제일 열심히 일을 해서 웨이터로 진급하는 것이 나의 목표였다.

내 목표는 적중했다. 누구보다 성실하고 열심인 나에게 모두들 플러스 점수를 주었고, 그 덕분에 드디어 웨이터를 하게 되었다. 정말 꿈만 같았고, 이제 숨통이 트이겠구나 싶었다.

그러나 또다시 가난한 유학생의 생존을 위협하는 축복의 사건(?)이 생겼다. 첫째 아이가 생긴 것이다. 그 엄청난 축복을 축복으로 받지 못하고 나와 아내는 막막한 한숨만 쉬어야 했다. 어떻게 그 아이를 낳아 키울지, 생각만 해도 아찔했다. 게다가 아내는 임신중독증으로 하루가 다르게 몸이 부풀어 올랐고 혈압은 위험수치를 기록했다. 병원비도 없고 유학생 신분이라 의료보험 적용도 안 되었다. 최선을 다해 그렇게 살아보려고 발버둥쳤건만 우리 가정은 왜 이렇게 고통 속에서 헤어 나오지 못하는지 답답할 노릇이었다. 아내는 숨쉬기조차 버거워서 하루하루를 위태롭게 보내고 있었기 때문에 어떻게든 병원에 입원부터 해야 했다. 그간 나는 "최선을 다하면 성공한다."는 막연하지만 분명한 삶의 원리를 마음에 품고 살아가고 있었다. 그러나 아무리 최선을 다해도 내 힘으로 어쩔 수 없는 현실의 벽이 너무 많았다. 나는 사랑하는 아내조차 병원에 입원시킬 수 없는 무능한 남편이었다. 아무리 최선을 다해도 내가 감당할 수 없는 상황들이 많다는 사실을 그때 절실히 깨달았다.

그러자 하나님의 손길이 왔다. 하나님의 경제원리인 '은혜'가 다가와 손을 내밀었다. 그 은혜의 방편은 '닥터 다우디'라는 분이었다. 그분은 한국에 선교사로 왔었던 유태인계 미국인이었다. 그분이 우리의 처지를 긍휼 어린 시선으로 보시더니 극빈자 병원을 소개해 주었다. 그곳에 가면 혹시 의료보험 적용이 될지도 모른다고 했다. 그러나 그곳도 유학생에게는 냉혹했다. 국가 보조를 받을 수 없다는 것이었다. 미국은 의료보험 적용이 안 되면 병원비가 엄청나게 많이 나오는 곳이다. 도저히 그 병원비를 감당할 수가 없었다.

다시 닥터 다우디에게 갔더니 그때부터 그의 헌신적인 보살핌이 시작되었다. 그는 먼저 자신이 몸담고 있는 병원에 아내를 응급으로 들어가도록 조치해서 병원 중환자실에 입원할 수 있게 했다. 미국은 병원법상 응급 환자는 무조건 받아야 했기에 그 방법으로 들어가는 게 제일 나았다.

그로부터 한 달, 그야말로 피 말리는 한 달이었다. 아내의 배에는 날마다 주사바늘이 꽂혀 있고, 오르락 내리락 하는 혈압을 체크하느라 의사들도 분주히 움직였다. 당장이라도 수술해서 아기가 나오면 산모야 안전하겠지만, 그렇게 되면 아기가 위험하다고 했다. 아직 폐며 내장기관이 완전히 조성되지 않았기 때문에 어떻게든 산모의 건강상태를 도와서 아기의 출산일을 늦춰야 한다는 것이었다.

이때 닥터 다우디는 마치 가족의 일처럼 우리를 돌보아줬다. 밤 11시, 12시에도 산모 상태가 위험하면 한번도 귀찮은 내색 없이 달려나와 산모를 살폈다. 시도 때도 없이 위험신호를 보내는 산모를 위해 자신이 못 올 때는 자신의 아내나 어머니를 보내서 상태를 보도록 했다. 하나님께서 보내 주신 천사가 아니라면 어떻게 그리 할 수 있었겠는가. 식당 일과 학교 일과 아내를 보살피는 일들을 겸하는 내 몸과 마음은 지칠 대로 지쳐 있었다. 못 먹고 못 자고 근심하는 내 몰골이 말이 아니었다. 당시 미숙한 영어로 쓴 일기장에도 날마다 "I want die today."(죽고 싶다), "No face to see my wife."(아내 볼 면목이 없다)라고 적을 만큼 삶에 대한 소망이 없었다. 그 일기장을 지금도 나는 소중하게 보관하고 있다.

그런 가운데 병원 행정실의 압박은 나를 더 코너로 몰고 갔다. "병원비를 빨리 내라."는 것이다. 결국 이도 저도 안 되는 상황까지 갔을 때 나는 한국으로 돌아가기로 결심했다. 모든 걸 포기하고 돌아가는 수밖에 다른 묘책이 없었다.

그때 하나님께서는 다시 하나님의 경제원리로 내게 다가오셨다. 닥터 다우디의 헌신적인 사랑과 데니스 식당 동료들의 조건 없는 사랑을 통해서….

닥터 다우디의 헌신적인 보살핌으로 결국 아이는 건강하게 태어날 수 있었고, 데니스 식당 동료들의 주선으로 본사의 도움을 받아 어마어마한 병원비까지 해결되었다. 내 힘으로 어찌할 바 없는 막다른 상황에 도달했을 때 하나님께서는 그분의 은총으로 내가 살아가고 있음을 분명하게 보여 주셨다. 위험한 상황, 위험한 수술을 다 마치고 첫째아이는 그렇게 하나님의 은혜 속에 건강한 모습으로 내 곁으로 왔다.

"미스터 김, 축하합니다. 아들을 낳으셨습니다."

축하인사를 건네는 닥터 다우디에게 나는 감격스럽게 말을 이었다.

"고맙습니다. 고맙습니다."

그러자 그는 미소를 지으며 이렇게 대답했다.

"내게 고맙다고 하지 말고 이 일을 시키신 하나님께 감사하세요."

그때 닥터 다우디가 들려준 그 한마디는 평생 잊을 수 없는 내 인생의 좌우명이 되었다.

어떻게든 내 힘으로 바둥거리며 살아보겠다는 나에게 하나님은 너무나 많은 메시지를 들려주셨다. 내 힘으로 살아가는 인생이 아니라 이웃이 있어 살아가는 인생임을 알게 하셨고, 내 능력으로 살아가는 인생이 아니라 하나님의 은혜로 살아가는 인생임을 깨닫게 하셨다. 우리 가정이 온전하게 세워지는 데는 그렇게 하나님의 기가 막힌 은총 속에, 많은 분들의 도움 속에 세워진다는 사실을 알게 해주신 것이다.

자수성가를 자랑하지 말라 | STEWARD

가정이 온전히 세워지는 데는, 나의 최선 위에 가족 모두의 최선이 결합되어야 하고, 거기에 하나님의 은혜가 임해야만 한다. 결국 하나님의 도우심으로 가정은 세워지는 것이다. 이 사실을 알지 못하면 가장은 가장대로 "나 혼자 뼈 빠지게 일해서 그나마 여기까지 왔지, 너희들이 한 게 대체 뭐냐?"라며 독불장군이 되기 쉽고, 아내는 아내대로 "시집 와서 이날 이때껏 가족들 위해 헌신하고 희생했는데 내게 돌아온 게 고작 이거냐?"며 채워지지 않는 마음속의 공허감을 해결할 길이 없다.

하나님의 은혜에 주목하면 허물투성이인 나를 도우사 우리 가정을 이만큼 세워 주신 것에 한없이 감사하고, 그만큼 또 겸손해질 수밖에 없다. 하나님의 선물로 주신 자녀들을 보는 시선도 감사의 시선이 될 수밖에 없다. "하나님께서 여기까지 우리를 도우셨다."는 가장의 고백 아래 온 가족이 하나님의 은혜를 주목하면 그 가정은 서로를 귀히 여기는 은혜스러운 가정이 되는 것이다.

나는 닥터 다우디의 그 말을 들은 이후로 삶에 대한 가치관을 바꿀 수 있었다. 물론, 그후에도 말할 수 없는 갖은 고생과 시행착오도 많았지만 그 속에서 너무도 큰 하나님의 은혜를 주목하며 살 수 있었다. 그 전에도 이미 하나님의 은혜는 수없이 임했지만 내가 깨닫지 못했기에 그 은혜를 누리지 못했다면, 그 후에는 하나님의 은혜를 주목하여 바라보았기에 더 많이 누리며 살았던 것 같다.

현재 내가 섬기는 회계사 사무실은 참 많은 사람들이 들락거린다. 특별히 가정의 재정문제를 상담하기보다는 부부문제, 자녀문제 등 깊은 상처를 안고 찾아오는 손님들이 있으면 그분들과 조용히 상담하면서 내가 발로 뛰어야 할 문제, 섬겨야 할 문제가 있다면 최선을 다해 도움을 드리려고 노력하는 편이다. 아니, 노력보다는 그러고 싶은 마음이 저절로 찾아든다. 누가 보면 "괜히 오지랖도 넓다."고 할 정도로 이 일, 저 일 남의 가정 일에 참견해서 뛰어다닐 때가 많다. 그러면 그들은 내게 한결같이 "고맙다"는 말을 해 온다. 이때 나는 닥터 다우디의 그 말을 전한다.

"내게 고맙다고 하지 말고 이 일을 시키신 하나님께 감사하세요."

나는 미국 유학 후 지금에 이르기까지 고생도 하며 나름대로 최선을 다해 달려왔다.

그런데 문제는, 우리는 자칫 그런 고생담을 영웅담처럼 늘어놓으며 내 힘으로 여기까지 온 것 마냥 목에 핏대를 세우고 목소리를 높이는 교만을 범하기 쉽다는 것이다. 누가 경제적으로 어려워 신음소리를 내면 "고생을 안 해 봐서 그래. 내가 얼마나 고생하며 여기까지 왔는지 알아?"

라며 자신이 걸어온 길이 가장 옳은 것처럼 마냥 이야기한다. 고통받는 이웃을 한번 안아주고 먹여주기보다는 빵 없는 교훈만을 유창하게 늘어놓는다.

우리가 우리에게 주어진 시간에 최선을 다해 달려올 수 있었다면 그것은 은혜다. 최선을 다할 수 있도록 힘을 주신 분도 하나님이시고, 위태로움 속에서도 감당할 수 있는 건강을 주신 분도 하나님이시기 때문이다. 거기에다 알게 모르게 나를 도와줬던 천사의 손길들은 얼마나 많았던가. 하나님의 보시고 들으시고 살피시는 손길이 궁극적으로 나를 여기까지 이끄셨음을 우리는 알아야 한다. 성경은 이렇게 말한다.

> 까마귀 새끼가 하나님을 향하여 부르짖으며 먹을 것이 없어서 오락가락 할 때에 그것을 위하여 먹을 것을 예비하는 자가 누구냐 (욥 38:41)

우리는 최선을 다해서 먹이를 찾았지만, 그 먹이를 예비하신 분은 하나님이시다. 그러기에 우리의 모든 결실은 하나님의 선물로 주어진 것들임을 알아야 한다. 궁극적으로 가정경제를 일으키시는 분도 하나님이시다.

자수성가했다고 자랑할 일이 아니다. 자수성가했다고 믿는 사람들은 얼마나 교만한지 모른다. 이웃과 더불어 나눌 줄 모를 뿐 아니라 그 가정의 자녀들에게 인간적인 경제원리만을 고집스럽게 가르친다. 먹고 먹히는 생존세계에서 살아남기 위해서는 강해져야 한다는 사실을 뼛속 깊이 새겨놓는다. 그래서 세상은 얼마나 강퍅해지는지 모른다.

그러나 하나님의 경제원리 안에서 교육받은 자녀들은 그분의 은혜에 주목한다. 그 은혜 속에서 최선을 다해 일하고, 최선을 다해 섬기며, 최선을 다해 누릴 줄 안다. 세상을 이길 만큼 겸손하고 온유하며 그 겸손과 온유가 능력으로 나타난다. 내가 걸어온 길에는 자랑할 것이 없지만 그분이 나를 도와주신 손길만큼은 자랑하고 싶어 한다. 고생담이 영웅담으로가 아니라 고생담을 은혜담으로 쏟아놓는다.

나는 부디 이 어려운 시대에 모든 가정들이 하나님의 경제원리 안에 들어갔으면 좋겠다. 고생 중에도 실망 중에도 "내가 이렇게 열심히 살아왔는데 왜 이런 일이 생기냐?"며 자기 자신의 공로에 주목하지 말고, "지금 비록 세상적으로 가진 것이 없어도 하나님께서 은혜를 주시면 얼마든지 일어설 수 있다."는 하나님의 경제원리를 소망하며 최선을 다해 위기를 헤쳐나가는 가정들이 넘쳐나기를 기도한다.

대화가 풀려야 돈이 풀린다

Chapter 09

돈 문제를 돈으로 풀면 엉킨다

| STEWARd

성경에는 가정을 향한 하나님 아버지의 마음이 절절하게 기록되어 있다. 가정을 세우시고 가꾸시며 가정에 복 주시길 원하시는 하나님 아버지의 애틋한 마음이 성경 곳곳에 녹아 있는 것이다. 가정을 통해 천국의 모형을 나타내길 원하시고 가정을 통해 사랑과 행복이 샘솟길 원하신다. 그래서 사단은 가정을 파괴함으로써 가정을 향한 하나님의 계획하심을 막으려고 한다. 그 방법 중 하나가 돈 문제를 일으키는 것이다. 돈 문제로 부부간의 불신을 조장하고 돈 문제로 가족 모두를 절망시킨다. 돈 문제를 일으켜 "이젠 못살겠다" 결론 내리게 하고, 돈 문제를 일으켜

자살을 유도한다. 특히나 현대자본주의 사회는 돈 없이는 살기 힘든 사회다. 돈의 중요성이 날이 갈수록 더해져간다. 사회 분위기도 황금만능주의 풍조로 흐르다 보니 "돈 없이 사는 것은 곧 지옥생활"이라는 이상한 생각들이 사람들을 지배한다.

그렇다면 이렇게 돈 문제로 얽히고설킨 가정 문제를 어떻게 풀어가야 할까? 돈 때문에 부부가 싸우고 돈 때문에 자녀가 가출하는 문제들을 어떻게 순차적으로 풀어야 할까? 어떻게 해서든 돈을 많이 벌면 이 모든 문제가 한꺼번에 해결될까? 결코 그렇지 않다. 가정 내의 돈 문제는 돈으로 풀어선 풀리지 않는다. 오히려 더 엉키기만 할 뿐이다.

결국은 관계의 문제임을 알아야 한다. 사단은 교묘한 속임수로 우리를 속인다. 가족 간의 관계가 병들었음을 알려주지 않고 돈에 모든 시선을 집중하도록 만든다. 관계적인 측면에서 풀어 가면 쉽게 해결할 수 있는데 말이다.

앞장에서 언급한 대로, 각 가정마다 재정의 위험신호들이 있다. 그중 하나가 남편과 아내의 재정이 분리되는 일이다. 또한 가족 중 누군가가 신용불량자가 됨으로써 가족 모두가 겪어야 하는 가정의 고통도 매우 크다.

이런 모든 문제들은 결국 대화 부족에서 비롯된다. 대화 속에 사랑이 있고 대화 속에 위로가 있고 용서가 있고 격려가 있고 교훈이 있으면 해결될 수 있는 문제들이다. 그러나 오늘날 가정 안에는 대화가 없다. 왜 그런가? 서로를 믿지 못하는 불신감이 자리 잡고 있기 때문에 대화가 되지 않는 것이다. 대화가 없다 보니 문제는 계속 꼬여가고, 문제가 터지면서 대화는 더 막히기만 한다. 결국 가정 내 악순환이 이어지는 것이다.

따라서 대화의 단절만큼 가정을 병들게 하는 요소는 없다. 부부간이나 가족 간에 서로 마음을 터놓고 이야기할 수 없다는 것은 그만큼 신뢰를 쌓거나 친밀해질 수 있는 기회가 없다는 것을 의미한다. 특히 돈과 같은 민감한 문제일수록 가족 간에 마음을 터놓고 상의하고 조언하는 가운데 가족 간의 결속력이 깊어지는 법인데 그러지 못하기 때문에 가족 간의 관계는 심각한 국면에 빠지고 만다. 서로 간에 대화가 없는 가운데 돈 문제에 대한 작은 오해가 시작되고 그 오해가 섭섭함이나 미움으로 발전해서 나중에는 큰 벽들이 가정 내에 자꾸 생겨나는 것이다. 대화가 살아나면 불신의 벽도 무너지고 막혔던 가정경제의 흐름도 원활해지기 마련이다. 가정의 새는 바가지가 무엇인지를 대화를 통해 찾고 해결해가면 서로의 사랑도 깊어지고 가정경제도 견고하게 세워져 나간다. 결국 사랑의 대화가 살아나면 가정의 경제도 조금씩 살아날 수 있다.

효과적인 대화를 위한 제언 | steward

가정 안에 대화가 살려면 먼저 부부간의 대화가 살아 있어야 한다. 대화가 살아 있다는 것은 서로 원활한 의사소통은 물론 정서적 교감까지

활발하게 이루어지고 있다는 뜻이다.

이처럼 살아 있는 대화를 위해서는 꼭 필요한 전제조건이 하나 있다. 그것은 말하는 사람의 정직성과 듣는 사람의 경청하는 자세이다. 정직하고 진실한 대화는 자신을 상대방에게 이해시킬 뿐만 아니라 냉담했던 마음을 녹여주고 오해도 풀어준다. 그 결과 부부는 서로를 이해하고 용납하며 인정할 수 있게 된다.

반면, 부부 사이에 거짓말을 하거나 대충 얼버무리거나 침묵으로 일관해 버리면 둘 사이는 깊은 불신이 생길 수밖에 없다. 부부는 일심동체라 했다. 따라서 배우자에게 성실하지 못하거나 정직하지 못하다면 그것은 곧 자기 자신을 기만하는 행위이다. 부부는 영혼의 친구라 했다. 영혼의 친구인 배우자에게조차 정직하지 못하다면 그 사람은 어떤 친구도 얻을 수 없다.

말하는 자세가 그렇게 중요하다면 듣는 태도 역시 매우 중요하다. 아무리 서로 대화를 하고 싶어도 한쪽 편에서 듣는 태도가 좋지 않으면 대화는 막힐 수밖에 없다. 서로의 가슴 깊이 묻어둔 상처까지도 끄집어 낼 수 있도록 인내하며 들어줘야 한다.

우리나라 남자들은 대개 권위주의나 우월감에 사로잡혀 아내의 이야기를 경청하려 하지 않는다. "당신이 뭘 알아?"라는 말로 대화의 싹을 싹둑 잘라버리는 것이다. 그때마다 아내는 가슴이 꽉 막힌다. 다시는 남편과 이야기하지 않으리라고 혼자 결심한다. 그러다가 남편이 기분이 좋아지면 느닷없이 대화자의 자세를 취하며 여러 말을 걸어온다. 자녀들에게도 교훈적인 말들을 늘어놓는다. 그러면 아내는 속으로 콧방귀를 뀐다. "그래, 너 잘났다."는 말을 입 밖에 내지 않았을 뿐, 겉으로 드러나는 태도 속에 그 말이 다 배어 있다. 이런 아내의 태도에 남편은 버럭 화를 낸다. "무슨 말 좀 하려고 하면 저 모양이야. 이러니 내가 이놈의 집구석에서 무슨 재미를 느끼겠어?" 남편은 자신의 말을 경청해 주지 않는 아내와 자식들을 탓하며 대화하려던 시도를 접어버린다. 결국, 그 가정은 침묵할 때가 더 나은, 누군가 입을 열면 평화가 깨지는 가정이 되고 만다.

그러나 침묵으로 인해 찾아오는 평화는 진정한 평화가 아니다. 마치 폭풍 전야의 고요처럼 더 큰 고통을 창출하는 암흑일 뿐이다. 일이 터지고 나서야 "왜 진작 우리가 서로 상의하지 못했던가?"라고 후회할 때는 이미 돌이킬 수 없는 고통만이 남는다.

더 늦기 전에 대화를 시도하라. 특히 재정적인 문제만큼은 더욱더 투명하게 대화해야 한다. 대화가 살면 그 가정의 재정문제도 보다 빠르고 확실하게 해결할 수 있다. 대화가 살기 시작할 때 재정문제도 살아난다고 보면 된다. 부부간에, 부자간에 민감한 돈 문제를 놓고 함께 상의하고 함께 머리를 맞대는 그런 가정들이 많아지기를 빈다.

어떤 집에 가 보면 일곱 살 난 큰아이가 다섯 살짜리 동생에게 "불을 이렇게 켜두고 다니면 안 돼. 다음부터는 불 좀 끄고 다녀."라며 전기료 교육을 시키는 모습을 본다. 그러자 동생이 형에게 묻는다.

"왜 전기세가 많이 나오면 안 돼?"

"응, 전기세가 많이 나오면 우리 집은 돈이 없어져. 너 돈 없으면 맛있는 거 사먹을 수 있어?"

"없어."

"그러니까 아껴야지. 아껴야 부자 되는 거야. 알았지?"

"알았어."

나는 그 귀여운 두 꼬마 아이들의 대화를 들으며 부모가 그 아이들과 평소 어떤 대화를 나누었는지, 대화하는 태도는 어땠는지를 짐작할 수 있었다. 동시에 그 아이들의 미래도 어느 정도 그려볼 수 있었다. 무조건 윽박지르거나 침묵으로 일관하는 것이 아닌, 서로 상의해 주고 설명해 주는 그 집안의 분위기가 느껴졌던 것이다.

이와 달리 어떤 집에 가 보면 부부 중 어느 한쪽이 일방적으로 가정의 재정을 관리하고 주장하는 모습을 보게 된다. 정수기 필터를 교환하라는 전화를 받고도 "남편 허락이 있어야 하는데요. 제 마음대로 바꿀 수가 없어요."라는 집안이 있다. 꼭 써야 하는 돈도 남편의 결재가 있어야만 쓸 수 있는 것이다. 사정이 이쯤 되면 그 가정의 관계 흐름을 대충 짐작할 수 있다. 재정뿐 아니라 서로간의 정서와 마음의 교류가 전혀 이루어지지 않고 있는 가정이다.

이런 집안에서는 아무리 돈의 흐름이 원활하다 해도 결국 원활하지 않은 관계로 인해 재정문제가 막힐 수밖에 없다. 부부 사이에든 부자 사이에든 무슨 문제가 터져도 터지고 만다. 대화는 모든 막힌 담을 허는 물꼬이다. 대화가 막히면 결국 행복이 막힐 수밖에 없다.

어떤 사람들은 대화의 중요성을 말하는 나에게 이렇게 항변하기도 한다. "우리 부부는 너무 달라요. 달라도 이렇게 다를 수가 없어요. 그래서 도대체 말이 안 통해요." 다르다는 것은 물론 대화의 장애가 될 수 있다. 그러나 서로 다르다는 것 때문에 부부는 서로 만나 결혼까지 이를 수 있었는지 모른다. 서로 다른 두 사람이 만나 완벽한 하모니를 이룰 수 있기 때문이다. 서로 달라야만 서로의 부족을 채울 수 있고, 그 때문에 더욱 서로를 소중히 여길 수 있다. 그러나 사람들은 그 다르다는 사실 때문에 미워한다. 다르다는 사실 때문에 대화의 벽을 쌓아버린다. 오히려 더 좋은 대화, 더 많은 대화를 나눌 수 있는 가능성을 차단해 버리는 것이다.

부부는 동업관계(partnership)라 했다. 동업관계가 어떤 관계인가? 오른손과 왼손의 관계가 바로 동업관계다. 왼손과 오른손은 한 몸에 속해 있으면서도 서로 반대되는 위치에 있다. 그런데 오른손이 왼손보다 더 많이 사용된다고 해서 왼손보다 오른손을 질적으로 우수하다고 말할 수 있을까? 혹은 왼손에게 "너는 필요 없다. 내가 온몸의 기능을 다 할 수 있다."고 말할 수 있을까? 아니다. 왼손이 없는 오른손은 제대로 그 기능을 발휘할 수 없다. 오른손으로 가위를 잡고 종이를 자른다 해도 왼손이 종이를 잡아주지 않으면 그 종이를 자를 수가 없다. 오른손으로 칼을 집어 두부를 썬다 해도 왼손이 두부를 잡아줘야 예쁘게 두부를 자를 수 있다. 물건을 들어올릴 때는 어떤가. 양손을 사용해야만 무거운 물건도 번

쩍 올릴 수 있다. 물론 전적으로 오른손만 사용하는 경우도 있지만 그때에도 왼손이 옆에서 균형을 이루어 줘야만 안정되게 일할 수 있다. 일의 결과를 계산해 볼 때도 한 손이 하는 일은 두 손이 하는 일의 절반도 성취할 수 없다. 양손이 같이 해야만 한 손이 하는 일의 몇 배를 성취할 수 있는 것이다.

부부관계도 마찬가지다. 남편과 아내가 협력할 때, 남편과 아내의 서로 다른 의견이 조화를 이룰 때는 홀로 살거나 혼자 의견을 결정할 때보다 몇 배의 결실을 얻을 수 있다. 하나님께서는 남편과 아내에게 각각 다른 특징과 능력을 주셔서 서로의 필요와 부족을 채워가도록 하심으로써 서로를 소중하게 여기는 행복한 가정을 만들고 싶어 하신다.

배우자의 물질관 점검은 신혼 초부터 | steward

이미 결혼하여 자녀를 낳아 오래 산 부부들은 쉽게 가정경제의 원칙이나 원리를 바꾸기 어려울 것이다. 그간 남편이 독단적으로 돈을 관리했거나 아내가 일방적으로 관리한 경우도 있을 것이고, 그 사이에 남편이든 아내든 재정 사고를 한두 건씩 낸 가정들도 있을 것이다. 서로를 바라보며 '저 사람한테 돈을 맡겼다가는 큰일 나지. 그나마 내가 감시자의 역할을 했으니까 이만큼 우리 가정이 버티는 거지.'라고 생각하는 집들도 많다. 돈은 좋은 것이지만 한편으로는 매우 위험한 속성을 지녔다. 아차 하는 순간 이미 우리를 함정에 빠뜨리고 만다. 배우자가 그런 함정에 빠졌다고 해서 그 배우자를 나무랄 수만은 없는 것은 나 역시 같은 상황이라면 그런 함정에 빠질 수 있는, 똑같이 연약한 인간이기 때문이다. 따라서 과거의 재정 실수를 들먹이며 경제권을 완전히 빼앗아버리는 행위는 매우 잔인하고 어리석은 행위이다. 그렇게 되면 부부간의 신뢰를 영영 회복하기 어려워진다.

물론 오죽했으면 그러랴 싶은 가정들도 많다. 갖은 고생과 근검절약 끝에 언제부터인가 집안에 약간의 여유가 생기기 시작하면서 남편의 신용카드 사건(?)이 때마다 터지는 가정도 있다. 술자리에서 한턱내는 것을 즐기기 시작하면서 한 달 카드 값이 수백만 원이 넘게 나와 기절하게 만드는 남편에게는 아내로서도 달리 대처방안이 없다. 온갖 카드란 카드는 다 잘라버리고 각서를 쓰기도 여러 번이었지만 몇 달 만에 또 그런 사고를 반복하는 남편을 아내는 더 이상 지켜보기가 힘든 것이다. 이런 경우는 전문가에게 상담을 받아보는 것이 좋다. 아무리 경제권을 통제한다고 해도 통제될 수도 없거니와 남편의 깊은 내면 속에 어떤 공허감이 자리 잡고 있는지를 상담받고 부부가 함께 그 문제를 치료해 나가야 한다. "이 웬수야. 너 죽고 나 죽자."며 아무리 싸워봐야 남편이 갖고 있는 문제는 해결되기가 어렵다.

그런 면에서 가정경제에 대한 계획과 씀씀이에 대한 습관은 신혼 초부터 함께 점검하며 교정해 나가야 한다. 실제로 어떤 부부는 신혼 초부터 가계 예산을 쓰며 서로를 오픈하고 그에 대해 서로에게 조언해 주고 격려해 주는 모범적인 사례를 보이기도 했다. 이를 테면 이런 것이다.

"나는 어릴 때부터 좋은 옷을 입어보고 자라지 못해서인지 옷에 대한 욕심이 많아. 어떤 때는 내 분수에 넘게 옷을 사고 싶은 욕망에 시달릴 정도야. 그렇다고 사치를 부릴 수는 없고, 그래서도 안 되는데 어떻게 조절해야 할까?"

"여보, 나는 너무 가난하게 자라서 베푸는 일에 너무 인색해. 때론 식탁에 반찬이 서너 가지 이상 올라오면 불안하기도 해. 이렇게 많은 반찬을 해 먹다가 언제 돈이 바닥날지 모른다는 생각이 들 정도로 마음이 옹색한 거 있지."

"나는 어려서부터 부족함 없이 자라서인지 당신 월급으로 어떻게 한 달을 꾸려갈지, 내가 과연 살림을 잘 할 수 있을지 걱정이 돼."

"나는 기분파여서 사람들이 몇몇 모인 자리에 가면 왠지 막 기분을 내고 싶어져. 거들먹거리고 싶고 내가 이 사람들을 다 행복하게 해주고 싶고. 나는 왜 이렇게 허풍이 많지 싶으면서도 조절이 잘 안 돼. 어떻게 해야 할까?"

상대방이 이런 이야기를 꺼낼 때는 진지하게 들어주고 받아줄 수 있어야 한다.

"당신 마음이 참 허전한가보다. 너무 허전해서 그걸 돈으로라도 채우고 싶은 거지."

그렇게 상대방의 마음을 먼저 안아주고 치료해 주면서 대안을 세워나

가야 한다. 먼저 대안부터 세우고 상대방을 몰아치면 문제가 해결될 수 없다.

"뭐? 그 월급으로 한 달 꾸려나가기가 어렵다고? 나 보고 지금 월급 적게 받아온다고 무시하는 거야?"

"우리 살림에 옷은 무슨 옷이야? 당신 정신 똑바로 차려. 지금 있는 옷만도 얼마나 많은데. 정신이 썩었구먼, 썩었어."

"당신 허풍쟁이인 거 이제야 알았나? 분수에 맞게 살아야지. 한턱은 무슨 한턱이야? 당신 그럴 때마다 대접받는 사람들은 속으로 비웃어. 없는 주제에 기분만 낸다고."

이런 식으로 상대방의 약점을 비웃으며 공격해 버리면 절대로 그 약점이 고쳐질 수가 없다. 먼저 그렇게밖에 말할 수 없는 상대방의 처지를 이해해 주고 공감해 주면 상대방은 스스로 알아서 길을 찾아가게 되어 있다.

"당신 힘든 거 알아. 오죽 했으면 그러겠어. 내가 당신 입고 싶은 옷 하나 제대로 못 사주고 정말 미안하다. 하지만 절약해서 열심히 살다 보면 좋은 날 오겠지. 그때까지 우리 하나님 앞에서 최선을 다해 살자."

그런 후에 우리 삶의 가치관에 관한 책이나, 인생에서 진정으로 소중한 것이 무엇인지를 알려주는 책들을 사다줘 보라. 배우자는 그런 책들을 읽으면서 자연스럽게 자신에게 잘못 습득된 물질관이나 가치관들을 점검할 수 있을 것이다. 그런 과정을 통해 부부 사이의 대화는 더욱 아름답게 교류할 수 있으리라.

계획을 세워야 잘산다
| steward

경제적으로 질서가 있고 안정된 가정을 이루기 위해서는 무엇보다도 올바른 재정계획을 세울 줄 알아야 한다. 만약 이런 계획이나 목표가 없다면 돈을 다스리기보다는 돈에 끌려다니는 가정이 될 수밖에 없다. 흥청망청 돈을 쓰다가 거덜이 나거나, 장래를 위해 무조건 저축하는 것만이 능사라고 생각하거나, 자녀들을 위해 불필요하게 유산을 많이 남기면 결국 자녀들을 경제적으로 무력하게 만들고 만다.

가정은 이런 일들을 미리 예방하는 곳이 되어야 한다. 그러기 위해서는 부부가 머리를 맞대어 가정경제의 장·단기 계획을 함께 세워야 한다. 어느 한 사람이 일방적으로 그 계획을 세워 추진한다면 따라가는 사람은 별로 재미도 없기에 능동적인 자세도 나올 수 없다. "앞으로 10년 후에 우리 가정이 이런 모습이었으면 좋겠다. 그러려면 이런 재정 계획이 있어야 한다."는 구체적인 대화가 오고가야 절약을 해도 재미있고, 돈을 써도 재미가 있는 것이다. 만약 함께 계획을 나눔이 없이 무조건 절약을 강요받거나 무조건 저축을 강요받으면 따라가는 사람은 수동적이 될 수밖에 없다.

그렇다면 무엇을 어떻게 계획해야 할까? 단기계획으로는 십일조와 생활비, 부채상환, 납세, 교육비, 과외비, 헌금 등이 있을 수 있고, 장기계획으로는 은퇴 준비, 자녀교육비, 결혼 비용, 내 집 마련, 사업자금 마련,

자동차 구입 등을 들 수 있다. 이 많은 재정계획 중 굵직굵직한 계획들 몇 가지만 좀더 자세히 살펴보도록 하자.

재정계획 ❶
생활비 지출계획

| STEWARD

생활비 지출계획을 세우는 것은 가정 경제를 세우는 기초요 기본이다. 수입과 지출의 균형을 잘 맞춰 생활비를 계획하고 그에 따라 살림을 잘 일궈나가면 그 가정의 경제는 안정적인 방향으로 흘러간다고 볼 수 있다. 그렇다면 생활비 지출계획을 세울 때 가장 먼저 고려해야 할 사항은 무엇일까.

물론 그 가정의 수입일 것이다. 수입이 얼마인가에 따라 생활비 지출계획은 달라질 수 있다. 그러나 그것이 전부는 아니다. 그 외에도 자기 가정이 지켜야 할 생활수준의 한계를 올바로 정해 놓는 것이 매우 중요하다. 즉, 아무리 돈을 많이 벌어도 어느 수준 이상의 지출을 하지 않는다는 분명한 경계선을 만드는 것이다. 이렇게 생활의 한계와 수준을 분명히 하지 않으면 다른 사람이나 주위 환경의 지배를 받으며 살기 쉽다. 맘껏 돈 쓰는 사람과 친하게 지낼 때는 그 사람의 소비 성향을 따라가면서 '이 정도도 못 쓰고 살면 말이 안 되지.'라고 생각하게 된다는 것이다.

우리는 자신이 처해 있는 현실을 있는 그대로 보고 받아들이는 지혜를 가져야 한다. 속담에 "뱁새가 황새 따라 가려다가 가랑이가 찢어진다."는 말이 있듯이 자신의 분수와 처지를 모르고 남들이 가졌으니 나도 가져야 하고, 남들이 하니까 나도 해야 한다는 생각을 갖고 살다 보면 지나친 지출과 소비 때문에 나중에는 심한 물질적 고통과 구속을 받게 된다. 앞서 이야기한 대로 우리나라 사람들은 1인당 국민소득에 비해 지나친 메이커 경쟁을 하며 산다. 제품의 질적 수준보다는 메이커에 대한 선호도 때문에 비싼 명품들을 스스럼없이 구입한다. 매우 부끄러운 일이다. 동대문에서 5만 원에 코트를 구입해 입었어도 5백만 원짜리 명품 코트를 아무런 가책도 없이 사서 입는 사람들 앞에서 기죽지 않는 우리가 되었으면 좋겠다.

오늘날 많은 젊은 부부들이 신용카드빚에 시달리는 이유도 부모로부터 올바른 재정 훈련을 받지 못하고 소비 위주의 생활을 하기 때문이다. 잠언 13장 22절에 보면 부모는 자녀에게 산업(inheritance)을 물려준다고 했다. 여기서 부모가 물려줘야 할 산업이란 올바른 재정훈련 및 지출계획을 포함한다고 볼 수 있다.

각 가정마다 수입 한도 내에서, 또 성경의 기준에 비추어 볼 때 가장 올바른 지출의 적정선이 무엇인지를 찾아 계획하고 지출하는 지혜로운 사람들이 많아지기를 바란다. 이런 지혜가 모아질 때 건강하고 안정된 가정이 더욱 많아질 것이다.

재정계획 ❷
이웃과 함께 나누어 쓰는 계획

| steward

가정의 재정계획은 일차적으로 가족들을 위한 계획이어야 한다. 즉, 집안의 모든 식구들이 하나님의 뜻에 따라 모든 것을 함께 나누어 쓰는 방향으로 계획을 세워야 한다는 것이다. 이때, 부모는 가족끼리 무엇을 함께 나누어 쓸 수 있는지 가족 모두와 의논하는 자세를 가질 필요가 있다. 한 가정에 주어진 재물은 어느 한 사람의 것이 아닌, 그 가정 전체에 부어주시는 하나님의 선물이기 때문이다.

또한 가정에 부어주시는 하나님의 재물은 가족만을 위해 쓰라는 뜻이 아니라 나누고 섬기라는 뜻이 담겨 있음을 가족 모두는 알고 있어야 한다. 교회에서 예산을 세울 때 구제비나 선교비가 반드시 있어야 하듯이 가정의 재정계획 속에도 이웃을 생각하는 마음이 반드시 포함되어야 한다는 것이다.

이런 재정계획서를 하나님께서는 어떻게 보실까? 기뻐하시며 기꺼이 결재해 주시지 않으시겠는가? 또한 이러한 계획에 자녀들을 참여시킴으로써 자녀들에게 섬김의 기쁨, 나눔의 기쁨을 맛보게 하고 동시에 물질에 대한 거룩한 책임감을 심어줄 수 있다. 자녀가 벌어들인 용돈(세뱃돈까지)의 일부도 당연히 이웃 섬김의 물질로 떼어 구별할 수 있게 된다면 그 아이는 어른이 된 뒤에도 물질적인 욕심이나 속박으로부터 자유함을 누리게 될 것이다.

재정계획 ❸
저축계획

| STEWARd

장래를 위해 일정한 액수를 미리 저축하는 것과 지나친 욕심으로 인해 무작정 쌓아 두는 것은 전혀 다른 문제이다. 저축은 불확실한 미래에 대해 재정적으로 준비하는 작업이다. 그러므로 아무런 목적도 없이 무작정 축재하는 일과는 차원이 다르다고 말할 수 있다.

저축하는 마음은 결코 요행이나 대박을 바라지 않는다. 저축을 꾸준히 하다 보면 성실하게 하루하루 살아가는 것이 얼마나 의미 있고 보람된 일인지를 깨달을 수 있다. 저축의 대가는 금방 나타나지 않는다. 예를 들어 돈 5만 원을 들여 파마를 하면 금방 돈의 효과가 시각적으로 나타나지만, 5만 원을 저축하면 그만큼의 기쁨이나 효과가 나타나는 것 같지 않다. 그러나 그 작은 돈을 모으고 모으면 나중에는 우리 가정에 큰 역할을 해 준다. 그런 면에서 저축은 곧 기다림이다. 조급하게 욕심내지 않는 마음이다. 대박을 바라는 사람이나 허영을 즐기는 사람들은 절대로 저축할 수 없다. 기다릴 줄 아는 자, 삶의 가치관을 미래 지향적으로 두는 자만이 저축할 수 있다.

저축의 원칙은 무엇보다 먼저 떼어 저축하라는 것 외에 다른 길이 없다. 다 쓰고 난 후에 남는 돈을 저축한다는 사람치고 꾸준히 저축하는 사람을 본 적이 없다. 수입이 들어오면 맨 먼저 십일조를 구별해야 꾸준히 십일조를 드릴 수 있듯이, 저축도 먼저 해버려야 돈이 모아지는 법이다.

저축의 적정선을 정했으면 일단 은행에 예치하되 가장 좋은 상품이 어떤 것인지를 꼼꼼히 상담하고 체크하는 지혜가 필요하다. 은행별로 저축 상품의 종류도 다르고 푼돈이냐 목돈이냐에 따라 이자율도 다르다. 푼돈을 저축할 때와 3년 뒤나 5년 뒤 종자돈을 다시 은행에 맡길 때에도 항상 은행 상품을 점검해서 돈을 맡겨야 한다. 일반 은행과 신탁에 예치하는 것 중 어떤 것이 좋은지를 잘 구별해 내는 지혜도 발휘할 줄 알아야 한다.

이렇게 열심히 저축을 해두면 내 집 마련 등의 장기계획도 현실적으로 이뤄갈 수 있을 뿐 아니라 급박한 일이 일어났을 때 값비싼 카드빚을 지지 않아도 되는 장점이 있다. 비상시를 위한 금전적 준비가 되어 있지 않으면 가족 모두가 얼마나 큰 고통을 당하는지 모른다. 또한 돈을 벌 수 있는 기회가 주어져도 저축으로 준비된 돈이 없으면 아까운 기회도 놓칠 수 있다.

보통 결혼 직후에는 내 집 마련을 위한 저축으로 저축의 방향이 정해지고, 그 후에는 자녀 교육비와 결혼 자금 마련, 은퇴 후를 위한 저축 등으로 방향이 정해진다. 방향이야 어떻든 분명한 목표를 갖고 저축을 하면 저축의 진행과 효과 면에서 매우 탁월한 열매를 거둘 수 있다.

이래저래 저축의 중요성은 아무리 강조해도 지나침이 없다. 성경에서도 저축할 것을 이렇게 권유하고 있지 않은가.

지혜 있는 자의 집에는 귀한 보배와 기름이 있으나 미련한 자는 이것을 다

삼켜 버리느니라. (잠 21:20)

이웃을 돕기 위해서도 여유를 가져야 한다. 빚을 져 가며 이웃을 도울 수는 없기 때문이다. 여유를 가지기 위해 우리는 저축을 하는 것이다.

그러나 명심해야 할 것이 있는데 저축(saving)과 비축(accumulation)은 다르다는 것이다. 즉, 어떤 목적을 위해 돈을 저축하며 준비해 두는 것은 좋은 일이지만 물질에 대한 욕심에 사로잡혀 무작정 재물을 쌓아 두는 것은 어리석은 일이다. 특히 다른 가족들의 필요를 무시하면서까지 자린고비의 정신으로 저축에만 몰두하면 또 다른 탐심의 나쁜 결과를 가져온다. 재물은 얻을지언정 가족의 마음은 얻지 못하는, 가장 외롭고 비참한 신세가 될 수 있음을 기억하라. 알뜰하게 저축하되 인정 많고 너그러운 부모의 모습도 잃지 않는 우리 모두가 되기를 바란다.

재정계획 ❹
은퇴계획
| STEWARd

노후를 아무런 준비 없이 맞게 되면 여러 가지 어려움을 겪게 된다. 자녀들의 눈치를 보며 같이 살거나, 자녀들로부터 어렵사리 경제적인 지원을 받아 근근이 노년생활을 이어가는 것이다.

적절한 은퇴계획을 세울 겨를도 없이 자식들을 위해 온전히 헌신하며 살아온 분들일수록 이런 어려움을 맞게 되는 것 같아 안타까움을 금할 수 없다. 살아온 세월 동안 헌신과 고생이 가득했음에도 불구하고 노년에도 고생이 끝나지 않은 것 같아 그 허무함은 더하다.

그런데 우리는 노년의 삶에 대해 보다 냉정하고 객관적인 계획을 세울 필요가 있다. 당장 써야 할 돈이 시급하지만(늘 당장 써야 할 돈은 시급하기 마련이다) 그럼에도 불구하고 은퇴 후를 위한 최소한의 연금보험 정도는 들어둘 필요가 있다는 것이다. 물론 은퇴를 위한 재정계획은 반드시 균형을 갖고 세워야 한다. 노년을 위해 지나치게 많은 액수를 계획하는 것도 신앙인의 바람직한 태도가 아니지만, 그렇다고 아무런 준비를 하지 않는 것도 무책임한 태도라 볼 수 있다.

은퇴 후의 생활수준은 은퇴 전과 확연히 다르다. 때문에 현재보다 수입이 줄어든다 해도 크게 염려할 바는 못 된다. 다만, 아무런 경제 능력이 없는 그때를 대비해 최소한의 생활비를 마련해 둔다면 적어도 자식에게나 스스로에게 보다 가벼운 심정이 되어 인생의 황혼을 즐길 수 있을 것이다.

자녀들에게
돈을 가르치라 / Chapter 10

부모는 자녀의 재정교육 교사
steward

요즘은 누구를 만나든 "살기 어렵다."는 말을 자주 하는 것 같다. 게다가 시대가 이렇게 어려운데도 흥청거리는 젊은 세대의 문화는 사라지지 않는다고 걱정하는 소리가 높다. 젊은이들의 취업이 사상 최악의 상황이라는데도 왜 여전히 술집에는 술에 취한 젊은이들이 넘쳐나고 유흥가에는 젊은이들의 발길이 끊이지 않는지 모를 일이라고 말한다. 좁은 땅덩어리에서 자가용 없는 청년들은 거의 없는 것 같고 어디서 돈을 벌어 기름값을 충당하는지 모를 일이라고들 한다. 한국처럼 버스와 지하철

노선이 잘 되어 있는 나라가 드문데도 왜 대중교통 수단을 이용하는 젊은이들이 날이 갈수록 줄어드는지 알 수 없다고도 한다.

그래서 어떤 이들은 나라 살림이 어려운 것이 이 나라의 위기가 아니라 젊은이들에게 경제관념이 없다는 것이 이 나라의 진짜 경제 위기라고 말하기도 한다.

그렇다면 왜 이렇게 되었을까? 왜 이 땅의 젊은이들이 신용불량자가 되고 명품족이 되며 어려운 가운데서도 위기극복 능력을 발휘하지 못하는 것일까?

그것은 누구의 탓도 아닌, 바로 우리 부모들의 잘못이라고 말할 수밖에 없다. 자라나는 우리 자녀들에게 재물에 대해, 돈에 대해 성경적으로 가르치지 못했기 때문이다. 그저 자녀들 귀하다고 부족함 없이 다 사주거나, 부모들 바쁘다고 돈 버는 일에만 몰두했거나, 돈 모으는 일에 욕심 내느라 자녀들의 소비심리를 지나치게 억제했기 때문에 우리의 자녀들이 현재 이런 모습으로 세상을 살아가고 있는 것이다. 특히 우리나라 부모들은 자녀들에게 요구하는 것이 오직 한 가지였다. "공부해라!" 공부만 잘한다면 신앙과 인격과 실제 삶에 있어서는 잘못해도 상관없다는 듯 가르쳐 왔다. 어려서부터 경제관념을 가르친다는 건 거의 상상할 수 없는 일이었다. 그 결과 극단적으로는 돈 때문에 부모를 죽이는 끔찍한 일까지 벌어지고 있는 실정이다. 열심히 일해서 많은 유산을 남겨 주어도 몇 해 못 가 다 탕진해 버리고 알거지로 살아가는 경제에 무력한 자녀들도 많다. "돈 없으면 빚지고 살면 된다."는 생각에 겁 없이 빚을 지다 파산선고를 받은 젊은이들은 또 얼마나 많은지 모른다. 가난하게 사는 것을 곧 지옥생활이라고 생각해서 자살을 시도하는 사람들도 많다. 이 모두가 물질에 대한 개념 없이 자라다가 맞이하는 사건과 사고들이다.

성경에 등장하는 인물 중 제사장 엘리는 두 아들을 올바르게 교육하지 못했기 때문에 자식도 죽고 자신도 목이 부러져 죽는 비참한 종말을 맞이하고 만다(삼상 4:17, 18). 그러나 한나는 기도로 얻은 아들 사무엘 덕분에 믿음의 어머니로 인정받고 있다(삼상 3:19-21).

우리는 부모로서 자녀들에게 가장 귀한 것들을 남겨주고 싶어 한다. 그중 올바른 경제관을 심어주는 것은 이 땅을 살아가는 가장 기초적인 원리를 남겨주는 것이기에 매우 귀한 일이라 할 수 있다. 많은 돈을 남겨 주거나, 좋은 물건을 사주려고 애쓰기 전에 먼저 자녀들이 성경적인 재물관을 갖도록 교육하는 부모는 정말 훌륭한 부모다. 좋은 밭에 뿌려진 씨가 좋은 열매를 맺듯이 좋은 믿음과 인격을 가진 사람에게 재물이 주어질 때 그 재물이 하나님의 영광을 위해 쓰인다. 부모는 우리 자녀에게 맡겨진 돈이 그렇게 값지게 쓰일 수 있도록 토양을 마련해 주는 사람이어야 한다. 돈이 인간을 지배하기 쉬운 현실 속에서 하나님께서는 부모를 자녀들의 재정교육 교사로 불러 주셨다는 사실을 잊지 말자.

자녀를 보기 전에 먼저 부모 자신을 보라 | steward

자녀를 가르치는 교사의 입장에서 부모는 다음과 같은 질문을 스스로 해 보아야 한다.

첫째, 자녀들에게 부모의 재산에 대해 욕심을 갖게 한 적은 없는가?

둘째, 자녀들이 부모의 도움 없이 경제적으로 자립하기를 진정 원하는가?

셋째, 자녀들이 받는 사람보다는 주는 사람이 될 것을 바라며 올바르게 키우고 있는가?

물론 이 세 가지 질문에 대해 대부분은 "욕심을 내게 한 적 없지요."라거나 "당연히 주는 사람이 되게 해야지요."라고 대답을 한다. 그러나 집집마다 가만히 살펴보면 그 대답과는 상반된 분위기를 연출할 때가 많음을 알 수 있다. 가령, "너 이 아버지 말 들어야 유산이라도 남겨줄 거 아냐? 안 그러면 국물도 없어."라는 말을 아무 생각 없이 내뱉는 부모가 많다. 자녀가 경제적으로 자립하기를 원한다면 그런 말을 해서는 안 된다. 부모의 유산에 대해 은연중 기대감을 갖도록 유도해서도 안 된다. 부모의 유산을 미끼로 효도하는 아들이 되도록 유도하는 것은 더욱 안 될 일이다.

그렇다면 어떻게 말하고 가르쳐야 자녀들에게 올바른 경제관념과 경제적 지혜를 얻게 할 수 있을까?

그것은 첫째도 둘째도 셋째도 물질에 관해 '부모 자신의 모범'이 있어야 한다는 것이다.

부모는 자녀에게 모든 면에서 모델이 된다. 오죽했으면 자녀를 부모의 거울이라 하겠는가. 따라서 자녀들의 잘못된 행동에 제일 먼저 책임져야 할 사람은 부모이다. 하지만 자녀들이 잘못된 길로 나갈 경우 부모로서 모범을 보이며 올바르게 양육하지 못한 죄를 놓고 회개하기보다는 주위 사람들과 타락한 세대를 원망하는 부모가 얼마나 많은지 모른다.

부모 자신이 잘못된 재물관을 가지고 있거나, 부모 자신이 훈련되어 있지 않은 상태에서는 자녀들의 재정교육과 훈련은 사실상 불가능하다. 무절제한 부모가 어떻게 자녀들에게 절제를 말할 수 있으며, 방탕한 부모가 어떻게 질서 있는 생활을 자녀에게 요구할 수 있겠는가? 이기적이며 인색한 부모가 어떻게 가난한 사람을 도와줘야 한다고 교훈하겠으며, 십일조와 감사헌금을 드리지 않는 부모가 어떻게 항상 감사하며 살아야 한다고 말할 수 있겠는가?

자녀들에게 물질문제든 다른 문제든 문제가 생길 때는 부모 자신을 먼저 살필 줄 아는 사람이 좋은 부모이다. 내 자녀의 잘못은 곧 나의 잘못이라는 사실을 알고 먼저 나의 죄를 회개해야 하는 사람이 부모라는 것이다. 무조건 자녀를 책망하고 채근하고 언성을 높이는 것은 관계만 악화시킬 뿐이다.

가면을 벗은 아버지, 믿음으로 살아가는 아버지를 보여 주라
| steward

아들과 내가 가까이 친해질 수 있었던 한 가지 사건이 있었다. 아들이 고등학교를 다닐 때였다. 학교 선생님으로부터 학교에 오라는 연락을 받았다. 이유인즉슨 아들이 대마초를 피웠다는 것이었다.

나는 내가 고등학교를 다닐 때도 말썽 피우는 친구들 때문에 학교에 찾아와 우는 부모들을 많이 봤었다. 그런데 내가 그 상황에 처할 줄은 상상도 못했다. 내가 문제학생 부모로 학교에 불려가다니, 공부 못하는 것도 마음에 안 드는데 이제는 사고까지 치고…. 그 당황스러움과 분노와 자존심 상함은 이루 말할 수 없었다.

전후사정을 들어보니 아들이 대마초를 피웠다는 명확한 증거가 없었다. 다만 이 아들이 대마초를 피우는 그룹의 친구들과 점심시간에 어울려 나갔다 들어왔다는 보고만 있을 뿐이었다. 선생님은 걱정스러운 눈초리와 의심의 눈초리를 보내며 아들을 채근했다. 그러나 아들은 답답하다는 듯이 하소연을 하며 자신의 결백을 주장했다. 정 의심되면 소변 검사를 해보자는 것이었다. 그런 아들을 향해 선생님은 정직하게 고백하라고 요구했다. 이때 내가 나서서 선생님께 나의 이야기를 말씀드렸다.

"선생님!"

선생님도 아들도 일제히 나를 쳐다봤다. 나는 진심으로 선생님께 나 자신의 정체성을 고백했다.

"선생님, 저도 문제 학생이었습니다."

난데없는 나의 정체성 고백에 선생님도 아들도 어리둥절해 하는 눈치였다.

"저도 사고투성이었습니다. 그러나 저 같은 사람도 여기까지 왔습니다. 하나님께서 기회를 주셔서 여기까지 왔습니다. 우리 아들에게도 기회를 주십시오. 이 아들이 대마초를 하지 않았다고 고백한다면 저는 하지 않은 걸로 믿습니다. 그리고 설령 했다 해도 다시는 손을 대지 않을 아들입니다. 이 아들을 믿어주십시오."

그때 선생님 앞에서 고백한 나의 신앙고백은 진심이었다. 나는 아들의 문제 앞에 비로소 나를 보기 시작했다. 또한 아들의 문제가 곧 나의 문제임을 알았기에 나의 부족함을 돌아보지 않을 수 없었다.

이로 인해 아들과 나의 관계는 일대 대전환을 맞게 되었다. 어느 자식보다 사려 깊은 아들로, 아버지의 말을 어느 누구의 말보다 정직한 말로 받아들이는 자식이 되었다. 그런 사건들을 겪으며 내가 하나님 앞에 분명하게 깨달은 것은 부모는 자식 앞에 절대로 가면을 써서는 안 되고, 또 쓸 수도 없다는 사실이었다. 부족한 모습은 부족한 대로 고백하고, 또한 그 모습을 하나님 앞에서 회복시켜 나가면 그게 가장 좋은 교육이 됨을 알 수 있었다.

경제교육도 마찬가지다. 내가 돈을 벌기 위해 얼마나 열심히 사는지, 그리고 그 돈을 어떻게 사용하는지를 그대로 보여 주면 자식들에게는 그 자체가 가장 좋은 교육이 되었다. 내가 헌금하는 마음과 정성만큼 자녀들도 따라했고, 내가 예산을 세워 돈을 쓰는 습관만큼 자녀들의 경제습관도 그렇게 굳혀져 갔다. 어머니가 절제 있는 생활 속에서 풍성하게 이웃과 나누는 만큼, 자녀들도 당연히 그렇게 살아야 하는 걸로 여겼다.

결국 자녀의 경제교육은 부모가 보여 주는 만큼의 분량대로 이루어지는 것이었다. 따라서 부모는 경제적인 생활에서 마땅히 성경적인 삶을 살아야 한다. 나누는 삶, 성실하게 일하는 삶, 드리는 삶, 저축하는 삶을 몸소 행해 보여야 하는 것이다. 거기에다 반드시 적당한 양의 일을 요구한 뒤에 그에 대한 대가로 용돈을 주는 세부적인 지침을 분명하게 세우는 것도 좋다. 무엇보다 경제관념을 어려서부터 철저하게 보여 주고 가르치되 가정경제를 움직이는 궁극적인 힘은 하나님의 손에 달려 있음을 가르쳐서 자자손손 하나님으로 인해 복을 얻는 가정이 되게 하는 것이 부모의 영원한 사명일 것이다.

신용카드의 위험성을 가르치라 | STEWARD

기업은 이익의 극대화를 위해 무슨 짓이든 서슴치 않는다. 그들은 소비자가 성인이건 청소년이건 가리지 않고 소비자를 유혹한다. 이른바 '명품'을 만들어 내며 유행을 창조하고 리드한다. 소비자 중에서도 특히 미숙한 청소년들은 거기에 쉽게 함몰될 수밖에 없다. 그리고 그들은 앞으로 다가올 고통을 감내할 여력도 없이 일단 신용카드를 사용하며 욕구 충족을 달성한다. 그러나 이에 대한 대가는 혹독하다. 본인뿐 아니라 온 가족의 고통이 시작되는 것이다. 카드빚에 쫓기는 딸을 둔 어머니의 일기 내용을 소개한다.

아침저녁으로 쌀쌀하다. 저절로 몸이 움츠려 들고 옷깃이 여며진다. 딸 아이가 벌써 며칠째 전화 한 통 없다. 불쌍한 내 딸, 밥이나 제대로 먹는지, 잠이나 제대로 자는지 모르겠다. 촌음을 아껴 쓰며 한창 학업에 열중하면서 인생을 준비해야 할 나이에 언제까지 이렇게 피해 있어야 한단 말인가.

카드빚, 정말이지 남의 이야기인 줄만 알았다. 카드빚으로 인생이 망가지는 것을 그동안 숱하게 보고 들어왔지만 내 이야기가 될 줄이야…. 아, 어쩌다 이렇게 됐단 말인가. 커 오면서 덜렁거리긴 했어도 곱게 곱게 자라는 줄로만 알았다. 아무리 밖에서 친구들을 만나고 집에 들어오면 제 방에서 은밀히 지냈다고 하지만, 한 지붕 아래 한 가족으로 살면서 수백만 원도 아닌 수천만 원의 빚을 지게 되었는데도 엄마로서 그 낌새조차 눈치 채지 못했다는 사실이 부끄럽고 한스럽다. 결국 절반 이상의 책임이 나에게 있는데도 이를 해결할 능력이 나에겐 없으니 어찌 한스럽지 않겠는가. 추석 때도 카드사 추심원들이 올지 몰라 집에 오지도 못했던 딸이다.

가진 건 없지만 남편 월급 한도에서 자족하며 평화롭게 살아왔었는데, 지금은 고통의 세월이다. 소비를 부추기는 정부와 사회, 그리고 직업도 없는 여대생에게 카드를 남발하는 카드사들에 대한 원망과, 딸 아이를 단속 못한 부모로서의 끝없는 자책과, 이 세상에서 단 하나뿐인 사랑하는 딸이 서서히 무너지는데도 아무런 힘이 못 되는 보호자로서의 무능이 뒤범벅돼 이제는 나 자신을 지탱하기조차 힘들다. 카드빚 자살이 그래서 빚어지나보다.

청소년들은 아직도 자신을 절제하는 능력이 부족하다. 또 이들은 아직 세상의 잔혹한 현실에 대해 실감을 느끼지 못하고 있다. 그러나 일단 카드빚이라는 구덩이에 빠지면 부모에게 꾸중을 들을까봐 털어놓지 못하고 혼자서 문제를 해결하려다가 더욱더 파멸로 다가간다. 일부이지만 카드빚 갚으려고 범죄를 하는 청소년들이 바로 사랑하는 우리의 아들딸들임을 간과해서는 안 된다.

우리의 자녀들이 카드라는 구렁텅이에 빠지지 않도록 부모가 미연에 교육하고 방지해야 한다. 카드빚이 얼마나 무서운 것이요, 단순한 빚으로 끝나는 것이 아니라 인생을 망치는 계기가 될 수 있음을 가르쳐야 한다. 내 자녀가 카드빚 때문에 고민하고 있지는 않은지 관심을 가지고 알아보아야 할 것이다. 만약 벌써 어려운 상황에 처해 있다면 그들을 무조건 꾸짖을 것이 아니라 같이 고민하며 문제를 해결해야 한다. "네가 저지른 일이니 네가 알아서 해라"가 아니다. 그들은 아직 능력이 없다. 관용과 아량을 가지고 그들의 눈높이에서 이해하려고 해야 한다. 이렇게 어려움을 같이 극복하면서 가족들은 더욱더 사랑과 결속을 다지게 될 것이다.

하나님께 드리되 티 나게 드려라 | STEWARd

나는 내가 터득한 하나님의 경제원리를 우리 자녀들에게 가르쳐 주고 싶은 간절한 소망이 있다. 사실, 하나님의 경제원리는 복잡하고 어려운 것이 아니다. 인생을 향한 그분의 주권을 믿고 의뢰하며 그분의 말씀대로 살아가면 복을 받는다는 것이다. 특별히 물질에 있어 그 소유권을 전적으로 주님의 것으로 인정하는 것, 그것이 가장 중요하기에 나는 자녀들에게 헌금문제만큼은 정성껏 가르치려 한다.

옛날 우리 믿음의 선조들은 헌금을 드려도 그냥 드리지 않았다. 꼭 티를 내어(?) 헌금을 드렸다. 지갑에 꼬깃꼬깃 구겨진 돈을 살짝 꺼내 헌금통에 넣지 않았다. 토요일 저녁에 미리 헌금을 구별하여 다리미로 다리고 헌금을 드릴 때는 두 손으로 드렸다. 그것은 무슨 의미인가? 이 물질을 주신 하나님께 조그만 것을 구별하여 드릴 수 있게 하심에 대한 내 마음의 정성을 표현하는 것이다.

"하나님, 저의 빈손에 하나님께서는 너무도 큰 은혜를 부어주셨습니다. 하나님, 감사합니다. 감사하되 너무나 감사합니다."

이 마음을 담아 물질을 드려도 특별하게 드렸던 사람들이 바로 믿음의 선조들이었다.

그런데 우리는 지금 어떠한가? 주머니에 넣었다가 적선하듯이 툭 던져 넣는 것은 아닌가? 우리는 고마운 분에게 선물을 드릴 때 특별히 그 내용에도 신경을 쓰지만 포장에도 많은 신경을 쓴다. "내용이 중요하지 포장이 중요한가?"라고 말하며 가방에 넥타이 하나를 구겨 넣었다가 그 자리에서 꺼내 먼지를 털고 툭 던져주지 않는다. 정성껏 포장해서 정성껏 건넨다. 받는 이에게 어떻게든 내 마음이 잘 전달되기를 바라는 심정 때문이다.

하물며 하나님께 헌금할 때는 어떠해야 하겠는가. 미리 준비하고 미리 그 헌금에 내 마음을 담아야 되지 않겠는가. 특별히 자녀들에게 헌금 문제를 가르칠 때는 헌금을 향한 부모의 태도를 보여 주는 게 매우 중요하다. 말보다 보여 주는 것이 훨씬 습득하고 체득하는 데 도움이 된다.

나는 이를 위해 매주 교회 가기에 앞서 아이들과 함께 헌금을 놓고 기도를 드린다. 우리 가정의 십일조와 감사헌금과 선교헌금과 구제헌금 등등을 가족 모두가 모인 자리에서 놓고 기도를 드리는 것이다. 고등학교 다니는 딸아이가 파트타임으로 옷가게에 가서 일한 돈의 십일조도 떼어놓고 함께 기도를 드린다. 물론 얼마의 돈이 교회로 가는지, 아니 하나님께 얼마를 드리는지 아이들도 다 알도록 한다. 그러자 아이들은 차츰 무언가를 깨닫기 시작하는 눈치다.

'아, 이렇게 많은 돈이 하나님께 드려지는구나. 이렇게 구제해야 하는구나. 그런데도 우리 엄마는 싼 옷만 사 입는구나.'

하나님께 드리는 일의 귀중함을, 이를 위해 우리 자신의 정욕을 절제하는 일이 얼마나 감사한지를 아이들 스스로 자연스럽게 깨달아가는 것이다. 또한 그런 기도를 10년 넘게 해 오다 보니 아이들은 "우리가 받는 돈은 아빠를 통해 하나님께서 주신 것이다"라는 생각을 하기 시작했다. 물론 자신들이 아르바이트 해서 번 돈에 대해서도 십일조와 감사헌금 하는 것을 당연시 여긴다.

그래서 나는 그런 자녀들을 보며 한 가지만은 소망 가운데 확신할 수 있었다. 앞으로 우리 자녀들이 혹시 돈을 많이 벌더라도, 혹시 돈 때문에 일시적으로 어려운 일을 만나더라도 돈 때문에 망가지거나 돈에 끌려 다니는 인생은 되지 않을 거라고. 돈이 하나님으로부터 온 것임을 알기에 그 돈으로 나쁜 짓을 하기보다는 그 돈으로 사람 살리는 생명사역을 할 거라고 소망 가운데 기도하게 되는 것이다.

경제교육의 기본은 용돈 교육이다 | STEWARd

서울에 사는 청소년 가운데 절반 가까이(46.6%)가 돈을 지나치게 중요하게 여기며 소비가 건전하지 못한 '과시 소비형'이라는 분석이 나왔다.

이들은 돈에 대한 균형 있는 의식을 가진 '건전 소비형'(21.8%)의 두 배가 넘는다. 돈을 중시하지도 않고 소비도 계획 없이 하는 '무절제형'은 19.4%, 호화생활을 바라면서도 소비는 꼼꼼하게 따져서 하는 '수전노형'은 12.2%다.

"자기가 갑부 딸인 줄 아는 모양이에요." 김씨는 대학 2학년인 딸의 씀씀이 때문에 속이 상한다. 교통비와 식비 조로 하루에 만 원 꼴로 용돈을 주는데 딸은 번번이 모자란다고 야단이기 때문이다. 게다가 한 달에 10만 원도 넘게 나오는 휴대전화 요금도 엄마에게 내달라고 조르는 형편이다. 보다 못해 휴대전화 서비스를 중단시켰더니 집 전화를 멋대로 써 한 달에 요금이 수십만 원 나왔다고 한다.

"제가 잘못 키운 탓이죠. 어릴 적부터 '공부만 잘하면 뭐든지 해준다.'고 했거든요. 아이가 기죽을까봐 집안 형편 살피지 않고 해달라는 것은 다 해주었더니 그만…."

이런 때늦은 후회를 하는 집안이 김씨네만은 아니다. 영어, 수학은 물론 피아노, 미술, 체육까지 조기 교육을 시키면서 정작 자녀가 평생을 살아가는 데 필요한 경제교육은 제대로 시키지 않는 가정이 대부분인 것이다. 아이가 초등학교에 입학할 무렵이면 이미 돈에 대한 관념과 소비 습관이 상당 부분 형성되기 때문에 나중에 바로잡기가 쉽지 않다. 유아기부터 부모가 가정에서 직접 경제교육을 해야 한다.

전문가들은 집안 경제교육의 기본은 용돈 교육이라고 강조한다. 자녀가 돈의 가치를 알기 시작할 무렵부터 일주일 또는 한 달마다 정기적으로 용돈을 주고, 씀씀이를 용돈 기입장에 적도록 하라는 것이다. 자녀가 용돈을 자신의 모든 생활비(준비물 등 필수품 구입, 취미, 오락비용)로 쓰도록 해야 스스로 생계를 관리하는 책임감을 키울 수 있다. 그리고 용돈 교육을 통해 부모가 확실히 심어주어야 할 메시지는 '돈은 공짜로 얻어지는 게 아니라 노력의 대가로 버는 것'이라는 점이다. 그런 점에서 다음의 메시지에 귀기울여야 한다.

> 미국에선 초등학교 저학년부터 대가 없이 돈을 주지 않는다. 심부름이나 집안 일에 값을 매겨 용돈을 준다. 달라는 대로 돈을 주는 한국식 교육은 자녀에게 불로소득에 대한 기대만 높인다는 점을 깨달아야 한다.
>
> — 박명희, 동국대 가정교육과 교수

자녀가 자랄수록 부모는 돈 버는 것 못지않게 자녀의 씀씀이 교육이 매우 어렵다는 점을 실감한다. 24시간 TV와 인터넷을 통해 쏟아지는 현란한 광고, 고급 브랜드의 신발과 학용품을 갖춰야 친구들과 어울릴 수 있다고 믿는 빗나간 또래문화가 청소년의 과소비를 부추기기 때문이다.

세 자녀를 둔 조씨는 아이들이 유명 브랜드나 값비싼 장난감을 원하면 '공동 부담 원칙'으로 대처한다고 한다. "10만 원도 넘는 레고 장난감을 사달라기에 가족회의를 열어 각자 용돈을 모아 3만 원씩 내고 모자라는 것을 부모가 채워 사기로 결정했다. 자기 돈을 부담해 샀기 때문에 더 소중히 다룬다."는 게 그 이유다.

아이와 함께 물건을 사면서 기회비용(하나를 선택함으로써 포기해야 하는 다른 가치)을 가르치는 것도 한 방법이다. 예컨대 유명 브랜드 운동화와 시장 운동화를 함께 살핀 뒤 유명 브랜드를 사면 친구 앞에서 뻐기는 기쁨을 얻는 대신 시장보다 몇 배의 돈을 지불해야 한다는 점을 알려주라는 것이다. 집안 형편을 자녀에게 솔직히 알려줘 가계의 한 구성원으로서 재정문제에 대한 책임감을 느끼게 하는 방법도 필요하다.

지인 중에는 아들의 씀씀이가 커진 고등학생 무렵부터 식탁 옆 벽에 수입, 지출표를 붙인 채 매달 남편의 월급을 적고 아들이 돈을 타갈 때마다 지출 난에 스스로 액수를 적도록 했다. 그 결과 아들이 쓸데없는 지출을 삼가더라고 그는 말했다. 부모, 특히 엄마가 스스로 합리적이고 계획적인 소비생활을 함으로써 자녀가 보고 배울 수 있는 모범이 되는 게 가정교육의 기본이다. 경제연구소에서 2003년 초·중·고교생과 어머니 4천여 명을 대상으로 설문 조사한 결과, 어머니가 가계부를 쓰고 계획적으로 지출, 저축하는 경우에 자녀도 용돈 기입장을 쓰고 계획적으로 지출, 저축하는 비율이 높게 나타났다는 보고는 의미심장하다.

4부 | 부자를 꿈꾸는 청지기
Steward Dreaming of Rich Man

그리스도인은
잘 살아야 한다 / Chapter 11

당신의 삶은 어떠한가? | steward

지금껏 돈에 관한 여러 이야기를 나누었다. 돈에 관해 어떤 태도를 지녀야 하고, 돈을 잘 벌기 위해서는 어떤 태도로 살아야 하며, 어떻게 실력을 길러 어떻게 벌어야 하는지, 돈의 위기 앞에서 어떻게 대처하고 어떤 목표를 갖고 살아야 하는지, 그리고 그것은 결국 가정을 세우는 일과 무관하지 않기에 가정과 돈에 관해서까지 이야기를 나누었다.

그런데 이 모든 이야기들은 결국 잘 살아보고자 하는 우리들 소망의 이야기이다. 우리는 모두 행복하고 싶고 잘살고 싶다. 하나님 앞에서나 사람 앞에서 잘 살아가는 사람들이 되고 싶어 한다.

그렇다. 우리는 잘살아야 한다. 특별히 그리스도인은 잘살아야 하는 사람들이다. 그리스도인의 삶을 통해 하나님의 영광이 드러나기 때문이다. 그런데 문제는 우리 모두가 '잘산다'는 말의 의미를 왜곡해서 받아들인다는 데 있다. 당신은 어떤가? '잘산다'는 말을 '부자로 산다'는 말과 동의어로 취급하고 있지 않은가? 잘산다는 말을 고작 '돈'에 한정해서 바라보고 있지는 않은가 말이다.

나는 이제 이 장에서 물질관을 포함해서 우리가 어떤 시각으로 살아갈 때 가장 잘사는 것인지에 대해 함께 이야기를 나누고 싶다. 지금껏 물질에 관해 집중적으로 이야기했다면 이제는 좀더 포괄적으로 우리 인생에 대한 이야기를 결론 삼아 내리고 싶은 것이다.

잘산다는 말의 진정한 뜻은 무엇일까? 요즘 유행하는 웰빙족처럼 건강식으로 잘 먹고 잘 자고 규칙적으로 운동하면서 살면 잘사는 것일까? 아니면 돈 걱정 없이 맘껏 부를 누리며 살면 잘사는 것일까? 명예를 얻어 만인의 존경을 받으면 잘사는 것일까?

나 역시 잘살고 싶은 소망을 갖고 있다. 하나님 앞에 가는 그날까지 잘살아서 하나님께도 칭찬받고 이 땅에서도 의미 있게 지내고 싶다. 그러기 위해서는 잘사는 사람들의 공통점을 찾고 배우면 된다. 나는 대략 세 가지로 내가 본 잘사는 사람들의 공통점을 추려 보았다.

기쁨을 소유해야 잘사는 사람 | steward

　기쁨과 즐거움은 전혀 다른 차원의 것이다. 기쁨은 하나님으로부터 오는 것이지만 즐거움은 땅엣것으로도 올 수 있다. 가령, 친구들과 어울려 비싼 술집에 가서 맘껏 즐기면 마음이 즐겁다. 비록 카드빚을 지더라도 명품 가방을 사면 그 또한 즐겁기 짝이 없다. 배우자 몰래 바람을 피울 때는 그 얼마나 스릴 있는 즐거움이 느껴지겠는가.

　그러나 이 즐거움은 그 순간뿐이다. 술 마실 때는 좋았는데 술이 깰 때는 어떠한가? 인생의 적막과 고독이 밀려온다. 명품 가방을 살 때는 즐거웠지만 그 가방에 대한 즐거움은 곧 사라져 또 다른 가방을 사야만 한다. 바람 핀 후에는 죄책감이 가슴을 옭죄어 오고 가정이 깨지는 고통까지 찾아온다. 이와 달리 기쁨은 정반대의 결과를 안겨준다. 교회에서 옷을 적셔가며 청소를 할 때 비록 몸은 고달프더라도 마음만은 기쁘기 한량없다. 집에 가서도 그 기쁨은 계속 이어진다. 가족들을 위해 식사를 준비하는 어머니의 마음은 기쁘다. 커피를 흘려가며 밤새 공부를 하면 몸은 천근만근 무겁지만 마음은 뿌듯하고 기쁘기 짝이 없다. 병들어 몸져누워 있어도 고난 후에 주실 하나님의 축복을 기대하면 마음에 기쁨이 찾아온다. 이렇게 기쁨을 소유한 사람은 그 기쁨의 결과로 진정한 즐거움을 소유하게 된다.

　기뻐하며 사는 사람에게는 힘이 있다. 그런 사람과 함께하면 인생의 기쁨이 넘쳐날 것처럼 느껴진다. 실제로 하나님께서는 기쁨을 소유한 사람들에게 기쁨의 열매들을 풍성하게 안겨주시는 것 같다. 우리는 그런 사람들의 얼굴에서 행복을 찾는다. '아, 행복한 사람의 얼굴이 저런 얼굴이구나.' 라고 깨닫는다.

그런데 그렇게 기쁨을 소유한 사람들의 사정을 자세히 살펴보라. 그들에게는 "돈이 많다."는 공통점을 찾을 수 없다. 때로는 부자이기도 하고, 때로는 가난하기도 하다. 어떤 사람은 병들었지만 기뻐하기도 하고, 어떤 사람은 건강한 가운데 기뻐하기도 한다. 이런 모습을 통해 우리는 한 가지 결론을 내릴 수 있다. 우리 모두는 물론 건강해야 하고, 건강을 위해 열심히 노력도 해야 하지만 건강이 행복의 절대적 기준이 될 수 없다는 것이다. 돈도 마찬가지다. 물질을 많이 얻으면 좋긴 하지만 그것 자체가 우리에게 기쁨을 선물할 수는 없다. 돈도 필요하고 건강도 필요하지만 그 자체를 절대적 기준으로 삼으면 기쁨도 못 얻고 인생에 실패할 확률은 더욱 크다는 사실을 기억해야 한다.

돈은 우리에게 편안함을 주지만 평안을 줄 수는 없다. 따라서 참 평안이신 주님 안에 사는 것만이 진정으로 잘사는 길이다. 열심히 돈을 벌되 돈에 얽매인 인생이 되지 말라는 뜻이다. 주객이 전도되면 우리는 오히려 돈의 함정에 빠져 허우적대는 인생이 될 수밖에 없다. 건강해야 하지만 건강이 인생의 목표가 되어버리면 그 사람은 건강 염려증에 걸려 건강의 하수인 노릇을 하며 살아가게 된다. 돈도 마찬가지다. 돈 그 자체로는 절대 기쁨을 살 수가 없다. 우리 안에 주님으로 충만할 때만이 기쁨이 가득한 인생이 될 수 있다. 따라서 돈을 지나치게 쫓아가는 인생이 되지 말라. 때로는 돈 한 푼 없어도 기뻐할 수 있는 사람, 그런 사람이 진정 잘 사는 사람이다.

그렇게 잘살았던 인물이 바로 다윗이었다. 그는 시편 23편에서 "여호와는 나의 목자시니 내가 부족함이 없으리로다 그가 나를 푸른 초장에 누이시며 쉴 만한 물가로 인도하시는도다."라고 고백했다. 하나님 안에서의 평안과 안전함에 대한 기막힌 표현이다.

본래 양은 잘 눕지 않는 속성을 지녔다고 한다. 언제 늑대나 맹수가 나타나 공격할지 모르기 때문에 편하게 누워 있을 수 없는 것이다. 이러한 속성을 아는 다윗이 얼마나 안전함과 평안함을 느꼈으면 "그가 나를 푸른 초장에 누이시며."라고 고백할 수 있었을까. 하나님 안에서 완전한 기쁨을 소유한 자만이 할 수 있는 고백이다.

적어도 우리는 이런 사람이 되어야 하지 않을까? 하나님으로 인한 완전한 기쁨을 소유한 사람, 그렇게 심지가 견고한 사람이 결국 돈도 건강도 명예도 다스릴 수 있는 사람일 것이다.

잘사는 사람은 남을 잘살게 한다 | steward

잘사는 사람의 두 번째 특징은 자기도 잘살지만 남도 잘살게 한다. 하나님께서는 "너 혼자 잘 먹고 잘살다가 천국으로 오라."고 말씀하지 않으신다. 더불어 사는 세상에서 이웃에게 관심을 가지고 그들을 돌아보라고 끊임없이 말씀하신다. 하나님의 이 말씀에 비추어 볼 때 잘사는 것은 그렇게 하나님의 말씀대로 이웃을 돌아보아 남을 살리는 그런 삶을 뜻한다고 볼 수 있다. 실제로 우리는 배고픈 이웃을 배불리 먹이고 슬픈 영혼을 따뜻하게 감싸 안아 주는 사람을 보면 존경의 눈길을 보내게 된다. 평범한 우리와는 좀더 다른 여유를 그 사람에게서 느낄 수 있다. 매일 한 푼 두 푼에 연연해 하며 살아가는 삶이 아님을 느낄 수 있다. 그런 사람에게는 많은 돈보다 더 귀한 큰 사랑이 있기 때문일 것이다.

몇 년 전에 지미 카터(Jimmy Carter) 대통령이 우리나라에 와서 "집 없는 사람들에게 집을 지어 주자."라는 구호 아래 해비타트(Habitat) 운동을 소개했다. 그런데 이것은 밀러드 풀러(Millard Fuller)라는 한 사람에 의해 30년 전부터 시작된 운동이다. 그는 가난한 기독교 집안에서 태어나 가난 때문에 어릴 때부터 친구들에게 따돌림을 당하는 등 많은 상처를 받아 왔다. 그래서 부유한 친구들을 볼 때면 너무나 부러웠다. 그러나 그가 가난을 딛고 공부한 결과, 변호사이자 사업가가 되었다. 그때부터 많은 돈을 축적할 수 있었고, 호화로운 대저택에 살면서 날마다 파티를 즐겼다. 그런데 어느 날, 신실한 신앙인이었던 아내 린다(Linda)가 "이렇게 사는 것이 무슨 의미가 있나요?"라는 쪽지 한 장을 남겨놓고 가출했다고 한다. 이에 그는 충격을 받고 새로운 결심을 하게 된다. 그는 자기 집 한 채만을 남겨놓고 모든 재산을 복지재단에 기부하고는 아내와 함께 아프리카로 가서 3년간 선교사로 봉사한다. 그리고 다시 돌아와서 해비타트 운동을 시작한 것이다.

그는 이 해비타트 운동을 시작한 이후 30년 동안 무주택자들을 위해 거의 10만 채의 집을 지었다고 한다. 그리고 앞으로 5년 안에 10만 채를 더 짓겠다고 자신의 포부를 밝혔다. 그는 참으로 잘사는 사람이 된 것이다.

우리는 사실 이 땅을 살다 간 많은 재벌들을 거의 기억하지 못한다. '뭐, 배불리 먹고 떵떵거리다 갔겠지.'라고 생각할 뿐이다. 그러나 미국의 록펠러 재단은 많이들 기억한다. 왜 그런가? 그가 가진 많은 돈으로 많은 사람들을 도왔기 때문이다.

록펠러까지 가지 않아도 좋다. 우리 주변에는 수십억의 돈을 혼자 먹고 소아불량에 걸려 끙끙거리는 사람이 있는가 하면 그 돈으로 열 명, 백 명의 사람들을 살려내는 사람이 있다. 과연 누구를 잘사는 사람이라고 볼 수 있을까?

나는 돈 때문에 여러 실수와 실패를 거듭하는 가운데 하나님의 경제 원리를 깨달았다. 내가 누군가의 도움이 절실히 필요할 때 나를 도와줬던 그 손길은 바로 하나님의 은혜에 눈을 뜨게 한 매체가 되었다. 나 역시 그런 매체가 되어 살아간다면 내 인생은 값진 인생이요 잘사는 인생이 될 거라는 걸 깨달았다.

그런 깨달음 이후 무얼 하더라도 누군가를 돕고 싶은 마음이 늘 생겼다. 그렇게 무엇인가를 도울 때 내 인생이 하나님의 영광을 드러내는 인생이 될 수 있음을 알았다. 사람은 무엇을 하느냐가 중요한 게 아니라 어떻게 그 일을 하느냐가 중요한 것임을 알았다. 무엇을 하더라도 섬김의 마인드로, 주께 하듯 일을 하면 그것이 하나님의 영광을 드러내는 일이 된다.

나는 회계사 사무실을 운영하는 일 외에 교포은행의 일을 돕고 있다. 시카고에는 교포들 스스로의 자본으로 세운 포스터 은행이라는 데가 있다. 미국에 이민 온 교포들이 경제적으로 정착하는 데 있어 이 은행은 많은 도움을 준다. 특히 언어장벽의 문제를 가진 사람들, 미국 은행제도에 익숙하지 못한 교민들에게 우리말로 교통할 수 있는 포스터 은행은 많은 유익을 주고 있다. 만약 이런 교포은행이 없으면 한인들은 융자를 얻기 위해 미국 은행을 찾아야만 하는데, 문제는 한인들이 세금 보고를 적게 하거나 신용에 문제가 있는 경우가 많다는 것이다. 그럴 경우, 특히 세탁소를 운영하는 많은 한인들의 경우 세탁소 운영을 위해 수억 원의 융자를 얻는 일은 쉽지가 않다. 왜냐하면 미국 은행에서는 세탁기계 등을 담보로 인정하지 않기 때문에 다른 무리한 기타 담보를 통해서야 융자가 되기 때문이다. 이에 비해 포스터 은행은 교민들의 이러한 형편과 문제에 대한 이해가 있기에 교민들 입장에서 최선을 다해 일하고 있다.

나는 포스터 은행의 이사로 일하면서 이 일을 통해 정말 우리 한국 교민들에게 도움을 줄 수 있기를 간절히 원한다. 뿐만 아니라 모든 이사회는 언제나 기도로 시작하고 기도로 끝맺게 되어 얼마나 감사한지 모른다. 이사들이 매주 모여 중요한 융자심사를 할 때도 하나님의 지혜와 섭리를 구한다. "교민들을 섬기는 은행, 또 건강하게 이익을 많이 남기는 은행, 무엇보다 하나님의 뜻에 합당한 은행이 되게 해 달라."고 모두들 간구한다. 이것은 이사장의 신앙적인 리더십이 없이는 불가능한 일이다. 나는 한 사람의 이사로 기도하는 이사 모임에 참여하고 실제적으로 일을 수행하면서 섬김의 마인드로 일하시는 믿음의 이사들을 깊이 존경하게 되었다. 그리고 하나님께서 이런 은행을 크게 축복하실 것을 믿는다. 융자 심사의 기준도 그 사람이 얼마나 안정된 재산을 갖고 있느냐뿐만 아니라 비록 재산은 부족해도 그 사람이 이 자본을 갖고 성실하게 일해서 일어날 수 있는지를 본다. 적은 자본이었지만 포스터 은행의 도움으로 경제적 자립에 성공한 사람들을 볼 때 하나님께 영광 돌리며 우리는 기뻐하곤 한다.

그리고 나 역시 부족한 대로 한 사람을 살리는 일에 일조하는 사람이 되게 해달라고 기도한다.

이처럼 삶의 일터에서 섬김의 마인드로 일하는 것 외에 남을 잘살게 하는 가장 중요한 길은 바로 전도하는 일일 것이다. 물에 빠진 사람을 구해 주거나 어려운 사람을 취직시켜 주는 일은 모두 중요하다. 그러나 더 귀중한 것은 지옥에서 천국으로 그 영혼을 옮겨주는 일이다. 이것이야말로 한 사람의 인생을 완전히 바꾸어 놓는 일이다. 인생은 한번 지나가고 나면 그뿐이다. 다시 돌이킬 수 없는 것이 인생인 것이다. 이 인생을 주님과 함께 보내느냐, 사탄과 함께 보내느냐에 따라 영원한 세계의 삶이 결정된다. 인생은 유한하고 언젠가는 사라질 것들이다. 그러나 얼마나 많은 사람들이 유한한 인생을 보지 못하고 그냥저냥 살아가며 파멸의 길을 향해 달음질치고 있는가. 이에 대해 "그 길은 위험한 길입니다. 그리로 가면 죽습니다."라고 외칠 수 있는 사람, 생명의 말씀을 이웃에게 전하는 사람이야말로 남을 잘살게 하는 사람일 것이다. 결국, 복음 전도자로 살아가는 인생은 가장 잘사는 인생이라고 나는 확신한다.

몇 해 전에 중국 ○○대학 교수들의 성경공부를 인도한 적이 있다. 밤 11시부터 새벽까지 20명 정도가 모여 며칠간 은혜를 같이 나누었다. 중국은 외부인이 와서 전도를 하게 되면 위법이기 때문에 밤늦게 비밀리에 만날 수밖에 없다. 그런데 이때 나는 그들의 열의에 큰 은혜를 받았다. 그들은 복음을 접하면서 성경의 재물관에 대해 깊은 관심을 보였고, 돈에 대해 어떤 태도를 지녀야 하는지 너무도 진실하게 알고 싶어 했다. 사실 중국 그리스도인들에게 성경적 재물관을 심어주는 일은 시대의 흐름상 매우 필요한 일이었다. 공산주의에서 자본주의 경제구조로 바뀌는 과정에서, 거기다가 성경의 경제 가치관이 더해지면서 많은 혼돈이 그들에게 임하기 때문이다.

전하는 자나 듣는 자나 모두가 성경 안에서 은혜의 비에 흠뻑 젖었던 시간들을 돌아볼 때 나는 지금도 나같이 부족한 인간을 또 한번 '잘 살도록' 해주신 하나님께 감사를 드린다.

투자에 성공하는 사람 | steward

　예수님께서는 산상수훈을 통해 "너희 보물을 이 땅에 쌓아두지 말고 하늘에 쌓아두라."고 말씀하셨다. 우리가 앞으로 이 땅의 삶을 마치고 가야 할 곳, 천국을 믿는다면 우리는 오늘 이 땅에 살면서 그곳의 삶을 준비해야 한다. 결국 인생을 살아가는 동안 투자를 잘했는가, 어디에 투자했는가를 보면 그 인생이 잘산 인생인지 아닌지를 평가할 수 있다는 것이다.

　어떤 부자 할머니가 죽어서 천국에 갔는데 담당천사가 이 할머니에게 앞으로 살 집으로 인도해 주었다고 한다. 그런데 그 집은 골목골목을 지나 가장 누추한 초가집이었다. 할머니는 하도 어이가 없어서 이렇게 말했단다.
　"본래 나는 부자였던 사람이다. 이런 누추한 집에서는 도저히 살 수가 없다. 좋은 집으로 나를 인도해라."
　그러자 천사가 대답했다.
　"할머니가 살아 계실 때 천국에 보낸 재료를 갖고는 이 정도 수준의 집밖에 지을 수가 없었습니다."

　물론, 가상의 이야기지만 새겨들을 필요가 있다. 이 땅에 사는 동안 무엇을, 어디에 투자하며 살아갔는가는 영생에서의 삶을 결정한다는 뜻이다. 특히 내 마음을 어디에 쏟아부었는가를 하나님께서는 중요하게 보신다.

그분께서는 오늘도 우리 마음을 받으시길 원하신다. 우리 마음 중심이 온전히 주님께 속해 있기를 원하신다. 이 땅을 사는 동안 우리 마음을 하늘에 두어 살아가기를 원하신다. 주님께서 얼마나 우리 마음을 중요하게 생각하시는지 말씀을 통해서도 분명히 기록하셨다.

사람이 마음으로 믿어 의에 이르고 입으로 시인하여 구원에 이르느니라.

(롬 10:10)

주님께서는 우리의 마음을 이토록 중요하게 생각하셨다. 마음을 어디에 두며 살아가느냐…. 우리 마음이 천국을 소망하며 살아간다면 절대로 땅엣것에 집착할 수가 없다. 돈을 벌어도 그 돈을 자랑하기 위해서, 떵떵거리기 위해서, 좋은 집을 사기 위해서 돈을 벌지 않는다. 천국소망을 이루기 위해 돈을 번다. 천국소망을 이루는 일을 위해 돈을 사용한다. 그래서 어떤 사람이든 물질을 어디에 어떻게 사용하는가를 보면 그 사람의 마음 상태를 알 수 있다고 하지 않았던가. 주님께서도 말씀하셨다.

네 보물 있는 그곳에는 네 마음도 있느니라. (마 6:21)

당신은 지금 어디에 마음을 둔 채 살아가고 있는가? 천국에 내 마음을 쏟아붓고 있는가? 그런 사람은 정말 잘사는 사람이다. 진정한 투자를 하고 있기 때문이다. 그런 사람은 명품 가방을 매지 않아도 넘치는 기품을 지닌 채 살아간다. 초가삼간에 살아도 궁궐에 사는 이보다 더 큰 기쁨을 소유한다. 하늘 천국이 그의 내면에 이미 자리 잡고 있기 때문이다.

올해 미국에서는 백만장자가 3백만을 넘었다는 보고가 있다. 그런데 그들이 부자가 된 한결같은 특징은 불황 중에도 투자하기를 멈추지 않았다는 점이다.

우리는 미국의 백만장자의 수준을 뛰어넘는 하늘나라의 부자들이다. 그렇다면 우리는 어려운 중에도 천국에 투자하는 삶을 멈추지 않아야 한다. 그것이 궁극적으로 하나님의 마음을 감동시키는 비결이요 잘사는 삶의 비결이다. 하나님께서 두 손 들어 축복해 주시면 아무리 세계 경제 흐름이 어렵고 나라가 어려워도 창고에 보물이 넘칠 수 있다.

성경에 나오는 과부의 두 렙돈 사건을 우리는 다 기억하고 있다(눅 21:1-4 참조). 과부는 자신의 모든 것을 하나님께 투자했다. 그리고 하나님의 인정하심을 받았다. 우리도 이와 같아야 하지 않겠는가? 우리는 지금 어디에 마음을 빼앗긴 채 살아가고 있는가? 돈을 벌되 무엇을 위해 벌고 있는가? 하늘 천국을 소망하며 달려가고 있는가? 그곳에 투자하려고 오늘도 땀을 흘리며 달려가고 있는가?

우리의 마음과 시간과 열정과 돈과 에너지와 정성을 천국에 투자하자. 그것이 우리 인생의 성패를 좌우하는 결정적인 열쇠이다. 천국에 그 모든 것을 투자하는 사람, 그 사람이야말로 세상이 감당치 못하는, 세상을 능히 이기는 신실한 청지기일 것이다.

꿈꾸는 사람이 진정한 부자다

Chapter **12**

나는 오늘도 꿈꾼다 | STEWARd

　오늘도 나는 아버지와 아들과 함께 사무실에서 일을 한다. 한때 공부를 안 하고 방황을 했던 아들은 지금 내게 없어서는 안 될 중요한 회사 동료이자 동역자가 되었다. 여든이 훨씬 넘으신 아버지 역시 여전히 정정하신 모습으로 사무실에 출근하셔서 일을 하신다.

　아버지가 정년퇴직하고 미국으로 이민 오셨을 때 나는 아버지께 일거리를 드리고 싶었다. 그 당시 아버지 나이가 65세가 다 되었어도 노후에 일하는 즐거움을 통해 인생의 보람과 기쁨을 누리도록 해드리고 싶었다. 그래서 우리 사무실에 방을 하나 마련해 드렸다. 그 후 벌써 20년이라는 세월이 흘렀다. 아버지는 우편물 보내는 일도 하시고, 사무실 서류 정리도 하시고, 은행에 다녀오는 잔일도 마다않고 하신다. 그리고 사무실에서 드리는 두둑한(?) 월급으로 십일조도 하시고 선교헌금도 꽤 많이 하신다. 아버지는 그것을 삶의 낙으로 여기시는 것 같다. 한 해를 결산할 때마다 "올해 선교헌금을 이만큼 할 수 있어서 정말 감사했다."고 말씀하신다.

물론 아버지를 한 사무실에서 모시는 일은 약간의 어려움도 있다. 아무래도 연세 높으신 어른이시다 보니 직원들도 조금은 불편해 한다. 하지만 그분을 통해 어른을 모시는 섬김의 습관을 배울 수 있다는 장점도 있다.

아버지는 언제나 내 편이 되어 일해 주시기 때문에 사무실 운영에 매우 큰 도움이 된다. 이를테면 손님 중 한 분이 시간이 없어 급한 서류를 밤 8시가 되어야 사무실에 갖다 놓는다고 했을 때도 아버지는 혼자 남아 이 일을 처리하신다. 직원 중 누가 이런 일들을 하겠는가. 야근수당을 줘야 하거나 주더라도 상당히 미안한 심정으로 이런 일을 맡겨야 한다. 그러나 아버지께는 그런 일들이 문제될 게 없다. 모든 사무실 일을 당신 일로 생각하시기 때문이다.

그러니까 우리 사무실은 3대가 함께 일하는 곳이다. 그 점이 나는 더할 수 없이 감사하고 행복하다. 함께 하나님을 섬기고, 함께 열심히 뛰고, 함께 꿈을 꿀 수 있기 때문이다. 꿈을 꾸면서 함께 하나님 나라를 확장해 갈 수 있기 때문이다. 나는 같은 사무실에서 일하는 우리 3대의 일하는 모습이 가족 공동체의 아름다운 모델이 될 수 있기를 소망한다. 대를 이어 기업 정신을 물려주고, 믿음의 유산을 물려주는 것이 무엇인지를 우리 가정을 통해 보여 줄 수 있기를 소망한다. 그 소망 때문에 오늘도 나는 일하는 것이 너무나 즐겁다.

사무실 운영이 잘 되든 못 되든 아들에게 사람들을 섬기고 돕는 일을 제1원칙으로 삼고 살아가는 아버지의 모습을 보여 줄 수 있어 나는 기쁘다. 먼저 그의 나라와 의를 구할 때 입을 것, 먹을 것을 채워 주시는 하나님의 은혜와 섭리를 함께 느낄 수 있어 너무 좋다. 비록 나는 잘못된 증권투자로 재산을 까먹은 아버지이지만 그것에 집착하지 않고 하나님 안에서 회복하며 하나님 나라의 경제원칙을 붙들고 열심히 살아가는 모습을 아들에게 보여 줄 수 있는 것이 얼마나 감사한지 모른다. 넘어졌지만 다시 꿈을 꾸고, 그 꿈으로 인해 기쁘게 살아갈 수 있어 행복하다. 또한 연로하신 연세에도 일일이 잔소리를 하실 만큼의 열정을 지니신 아버지의 모습을 통해 미래의 내 모습을 꿈꿀 수 있어 감사하다. 그 감사와 기쁨이 오늘도 나를 꿈꾸게 한다.

나는 하나님께서 주신 가르치는 은사를 통해 경제에 실패한 사람들에게 하나님의 경제원리를 전하고, 그들을 경제를 일으키는 사람들이 되도록 양육하고 싶다. 뿐만 아니라 노년의 내 삶을 선교지에서 보내고 싶은 꿈을 꾸고 있다. 그곳에서 성경적 경제의 기초가 무엇인지를 가르치고 나누며 하나님의 복음을 전하고 싶다. 늘 이런 꿈을 꾸고 있기에 나는 내가 부자라고 믿는다.

당신은 어떤 꿈을 꾸고 있는가

| steward

사람은 두 종류가 있다. 문제가 생길 때 그 문제 때문에 낙심하는 사람과 그 문제 때문에 꿈을 꾸는 사람이다. 어떤 사람은 찢어지게 가난하기 때문에 술로 일생을 망치는 사람이 있고, 어떤 사람은 모든 것이 막막하기 때문에 이를 악물고 꿈을 꾸는 사람이 있다.

한국 경제가 70-80년대를 지나며 이렇게 일어설 수 있었던 것은 가난하던 시절에 꿈꾸던 사람들이 있었기 때문이다. 그들은 그 꿈을 이루기 위해 이를 악물고 고난을 헤쳐 왔다. 그래서 급격한 경제성장을 이루었다. 그러나 지금은 그 꿈을 이룬 세대들이 타락해서 정경유착의 뿌리를 조성했을 뿐 아니라, 바통을 이어야 할 다음 세대에게 진정한 꿈을 가르쳐주지 못했다. 그래서 한국 경제가 이토록 흔들리는 것이다.

무엇이 문제였는가? 오늘날 경제세대의 주역들은 꿈을 꾸긴 했지만 '세속적 출세주의'의 꿈을 꾸었다는 게 문제였다. 성공하기 위해서, 출세하기 위해서 그토록 이를 악물고 꿈을 꾸었던 것이다. 그런 꿈은 결국 온갖 비리와 부정축재와 착취를 남겨 놓을 수밖에 없다. 어떻게든 높이 탑을 쌓고자 하는 욕망으로 쌓았던 바벨탑이 무너질 수밖에 없는 이치와 같은 것이다.

그리스도인인 우리는 문제 속에서 꿈을 붙잡되 하나님의 꿈을 꾸어야 한다. 꿈은 반드시 이루어지기에 꿈을 꿔도 좋은 꿈을 꿔야 한다. 그 꿈으로 인해 하나님의 영광을 나타낼 수 있는 꿈 말이다.

그래서 나는 앞장에서 돈을 버는 목적과 목표에 대해 많은 이야기를 하고 싶었다. 그것이 바로 서야 우리는 하나님의 꿈을 꿀 수 있기 때문이다. 인생의 목적을 하나님 안에서 발견하고 하나님의 꿈을 붙잡기 시작하면 그때부터는 우리에게 두려울 게 하나도 없다. 가난해도 기쁘고 실패 중에도 소망한다. 이를 악물고 고난을 헤쳐 나가는 것이 아니라 기쁨과 감사 가운데 고난을 헤쳐 나간다. 그래서 하나님의 꿈을 소유한 사람은 거칠지가 않다. 오히려 부드럽고 따뜻하다. 온유하고 겸손하다. 그 온유와 겸손이 능력이 되어 나타난다. 세속적 출세지향주의에 빠지지 않았기 때문에 자기 의를 드러내지 않는다. 하나님의 영광을 드러낼 것이다. 그리고 그 꿈을 이루는 과정 중에 하나님은 하늘의 신령한 것과 땅의 기름진 것으로 그들을 축복하실 것이다. 먼저 그의 나라와 의를 구하는 자에게 이 모든 것을 더하시는 하나님의 은혜를 기대하자.

진정한 부자는 이런 꿈을 붙잡은 사람이다. 하나님 앞에서 해야 할 일이 있고, 하고 싶은 일이 있으며, 목표가 있는 사람, 그런 사람을 하나님께서 오늘도 찾고 계신다. 우리는 어떤 사람인가? 어떤 꿈을 꾸고 있는가? 세상 속에서가 아닌 하나님 안에서 꿈을 꾸고 있는가? 이것이 우리 인생을 결정한다. 꿈꾸는 자가 진정한 부자다. 하나님을 붙들고 꿈을 꾸는 우리들이 되자. 우리를 통해 하나님께서는 이 땅의 경제를 회복시키실 것이다.

생명의말씀사

사 | 명 | 선 | 언 | 문

> 너희가 흠이 없고 순전하여……세상에서 그들 가운데 빛들로
> 나타내며 생명의 말씀을 밝혀 (빌 2:15-16)

1. 생명을 담겠습니다.
만드는 책에 주님 주신 생명을 담겠습니다.
그 책으로 복음을 선포하겠습니다.

2. 말씀을 밝히겠습니다.
생명의 근본은 말씀입니다.
말씀을 밝혀 성도와 교회의 성장을 돕겠습니다.

3. 빛이 되겠습니다.
시대와 영혼의 어두움을 밝혀 주님 앞으로 이끄는
빛이 되는 책을 만들겠습니다.

4. 순전히 행하겠습니다.
책을 만들고 전하는 일과 경영하는 일에 부끄러움이 없는
정직함으로 행하겠습니다.

5. 끝까지 전파하겠습니다.
모든 사람에게, 땅 끝까지, 주님 오시는 그날까지
복음을 전하는 사명을 다하겠습니다.

생명의말씀사 서점안내

광화문점 110-061 종로구 신문로1가 58-1 구세군 회관 2층
          TEL.(02)737-2288 / FAX.(02)737-4623

강 남 점 137-909 서초구 잠원동 75-19 반포쇼핑타운 3동 2층 전관
          TEL.(02)595-1211 / FAX.(02)595-3549

구 로 점 152-880 구로구 구로 3동 1123-1 3층
          TEL.(02)858-8744 / FAX.(02)838-0653

노 원 점 139-200 노원구 상계동 749-4 삼봉빌딩 지하1층
          TEL.(02)938-7979 / FAX.(02)3391-6169

분 당 점 463-824 경기도 성남시 분당구 서현동 269-5 서원프라자 서현문고 서관 4층
          TEL.(031)707-5566 / FAX.(031)707-4999

신 촌 점 121-806 마포구 노고산동 107-1 동인빌딩 8층
          TEL.(02)702-1411 / FAX.(02)702-1131

일 산 점 411-370 경기도 고양시 일산구 주엽동 83번지 레이크타운 지하 1층
          TEL.(031)916-8787 / FAX.(031)916-8788

의정부점 484-010 경기도 의정부시 금오동 470-4 성산타워 3층
          TEL.(031)845-0600 / FAX.(031)852-6930

파 주 점 413-012 경기도 파주시 금촌 2동 68번지 송운빌딩 2층
          TEL.(031)943-6465 / FAX.(031)949-6690

인터넷서점

http://www.lifebook.co.kr